KATHERINE
PANCOL

Jackie

Jackie

Die Biographie von
KATHERINE PANCOL

Aus dem Französischen
von
Klaus Jöken

LANGEN MÜLLER

Titel der Originalausgabe
Une si belle image. Jackie Kennedy 1929-1994,
erschienen bei Édition du Seuil, Paris

Bildnachweis

Archive Photos 6, 10, 12
Bert und Richard Morgan 3
Keystone 7, 8, 11
KIPA interpress 9
Magnum
Coll. M. Thayer 1, 2, 4
Tony Frisell 5
Sygma
Ron Gallela 13

Sofern die zitierte Sekundärliteratur in deutscher Übersetzung vorliegt, wurde der deutsche Titel wiedergegeben; in allen anderen Fällen der amerikanische oder französische Originaltitel belassen.

1. Auflage September 1995
2. Auflage Oktober 1995
3. Auflage Dezember 1995

Aus dem Französischen von Klaus Jöken

Schutzumschlag: Wolfgang Heinzel
Schutzumschlagfoto: Süddeutscher Verlag, Bilderdienst
Satz: Schaber Satz- und Datentechnik, Wels
Gesetzt aus: 10/12,5 Punkt ITC Giovanni in PostScript
Druck und Binden: Graphischer Großbetrieb Pößneck
Printed in Germany
ISBN 3-7844-2547-X

»Glück ist Talent für das Schicksal.«

Novalis

Prolog

Am 25. November 1963 wurde Jacqueline Bouvier Kennedy vor den versammelten Staatschefs, vor Königinnen und Königen, vor wichtigen Persönlichkeiten aus aller Welt und vor Millionen von Fernsehzuschauern zu dem, was sie bis heute geblieben ist: zu einem Mythos. Für die Präsidentenwitwe war dies kein Tag des Verzeihens. Seit dem schrecklichen Augenblick, in dem der blutüberströmte Kopf ihres Mannes gegen ihr rosafarbenes Chanel-Kostüm gekippt war, kannte sie nur noch einen Gedanken: Der ganzen Welt zu zeigen, »was sie getan hatten«. Wer auch immer hinter diesem Mord stecken mochte, die Erinnerung an dieses schreckliche Verbrechen sollte auf ewig im Gedächtnis der Menschheit bleiben. Da das Leben von John Fitzgerald Kennedy in Dallas, an der Ecke Elm Street und Houston Street ein so plötzliches Ende genommen hatte, wollte sie persönlich dafür sorgen, den Lauf der Geschichte zu beeinflussen und ihren Mann zur Legende werden zu lassen, was ihm zu Lebzeiten versagt geblieben war.

An jenem Tag versetzte sie ganz Amerika in die Rolle eines Büßers, der von Schuldgefühlen gequält wird und starr vor Entsetzen ist. Sie wollte, daß das ganze Land gehorsam wie die Ehefrau drei Schritte hinter dem Sarg seines Präsidenten her schreitet. Die ganze Welt sollte ihr zur Seite stehen und ihr recht geben.

Dies war weder ein Tag des Verzeihens.
Noch der Übereinstimmung.
Noch der Versöhnung.
Dies war ein Tag der Herausforderung.
An diesem Tag wurde ein Mann geweiht, dessen Rolle und Gestalt man mit der Zeit vielleicht vergessen hätte. Und mit ihm zugleich seine Frau, die vollkommene Witwe, und seine beiden Kinder.
An diesem Tag verwandelten sich - für eine lange Zeit - all diejenigen, die keine Kennedys waren, in Zwerge.
Die von Jacqueline Kennedy so gewollte, sehr raffinierte und doch grausame Inszenierung bewirkte, daß all diejenigen, die ihr beiwohnten, ins Unrecht gesetzt wurden. Wie eine Heldin des französischen Dramatikers Racine akzeptierte sie ihr Schicksal, allerdings nur, indem sie die Schuld auf andere abwälzte, auf alle anderen, die in ihrem Schmerz zu Feinden wurden.
War die unendliche Zärtlichkeit, mit der sie an jenem Tag ihre beiden Kinder behandelte - eine Zärtlichkeit, die sie zur Schau stellte und sogar noch betonte, obwohl sie es für gewöhnlich verabscheute, in der Öffentlichkeit auch nur das geringste Gefühl zu zeigen - nicht eine Art und Weise, laut zu verkünden: »Schaut, was ihr getan habt. Schaut, was ihr aus einer glücklichen, hoffnungsvollen Familie gemacht habt, aus einer Familie, die den Traum der gesamten Menschheit verkörperte.«
An jenem Tag hat sie sich ganz allein ein Denkmal gesetzt. An jenem Tag hat sie gestrahlt, wie alle Augenzeugen verlegen berichten.
Und die ganze Welt, vom amerikanischen Hinterwäldler aus Idaho, der in seinem Coffee-Shop in der Main Street an der Theke herumlungert, bis hin zum gelangweilten,

etwas steifen Maharadscha, der zurückgezogen in seinem orientalischen Märchenpalast in Kaschmir lebt, fühlte sich unendlich schuldig und verpflichtet gegenüber dieser stolzen und doch so ergreifenden Frau, gegenüber ihrem Mann, der wie ein Held unter den Kugeln gemeiner Verschwörer gefallen war, und gegenüber diesen beiden Kindern, die den sterblichen Überresten eines geliebten Vaters die letzte Ehre erwiesen.

Wie viele von Ihnen, die im Moment diese Zeilen lesen, haben nicht Tränen vergossen, als sie im Fernsehen zusahen, wie Jackie langsam und vornehm dem Sarg ihres Mannes folgte? Wie viele von Ihnen waren nicht erschüttert, als Caroline kniend die amerikanische Fahne, die den Sarg ihres Vaters bedeckte, küßte und als der kleine John junior im blauen Wollmantel die Hand zum militärischen Gruß hob? Und wie oft haben sich diese Bilder später wiederholt, haben sich überlagert und haben sich Ihre Freuden und Ihr Leid mit Jackies Schmerz vermischt?

Und dennoch ...

Diese Begräbnisfeier war eine Täuschung, ein prunkvolles Spektakel, das über die Unordnung, das wahre innere Chaos in Johns Leben, in Jackies Leben und im Leben der ganzen Kennedys gestülpt wurde. Eine grandiose, theatralische Inszenierung, die das andere, alles andere vergessen lassen sollte.

Erst später, Jahre später sollte man erfahren, daß man bei der Autopsie der Leiche des Präsidenten nicht nur die verheerenden Anzeichen der Addisonschen Krankheit entdeckt hat, sondern auch die diverser Geschlechtskrankheiten, die das Ergebnis eines recht ausschweifenden Sexuallebens waren.

Man sollte erfahren, daß Rose Kennedy, als sie zur Beerdigung ihres Sohnes erschien, lediglich zwei Dinge im Kopf hatte: ihr Trauerkleid und die obligatorischen schwarzen Nylonstrümpfe. Sie hatte solche Angst, ihre Töchter und Schwiegertöchter könnten diese vergessen haben, daß sie mit einem ganzen Koffer voll schwarzer Nylonstrümpfe in Washington erschien, um diese notfalls verteilen zu können.

Man sollte erfahren, daß sich Jackie am Vortag der Beisetzung auf ihr Zimmer geflüchtet hatte, um die endlose Liste all dessen, was sie noch tun mußte, aufzustellen, während der im Weißen Haus versammelte Kennedy-Clan lärmte, trank, sich besoff und Witze riß.

Man sollte auch erfahren, daß dieselben Kennedys Jackie am liebsten nur eine Statistenrolle zugeteilt hätten, daß diese das jedoch nicht mit sich machen ließ. Da ihr Johns Leben entglitten war, sollte ihr zumindest sein Tod gehören. Darum entschied sie alles, empfing persönlich die anwesenden Staatsoberhäupter, unterhielt sich mit Mikojan über Nuklearstrategie, mit de Gaulle über die Zukunft der Welt und plazierte den neuen Präsidenten Lyndon Johnson im offiziellen Trauerzug so weit hinten, daß er und seine texanischen Freunde die Eleganz der Prozession nicht stören konnten. Sie achtete auf alles: sowohl auf die Länge und Qualität des schwarzen Schleiers, den sie tragen wollte und den man in der ganzen Stadt suchen mußte, als auch auf die Gemälde, die das gelbe ovale Zimmer schmückten, in dem sie General de Gaulle empfangen wollte. Sie bat darum, die Bilder von Cézanne, die an den Wänden hingen, durch amerikanische Gemälde von Bennet und Cartwright zu ersetzen.

Und zu guter Letzt sollte man erfahren, daß die ganze Zeit über Aristoteles Onassis heimlich im Weißen Haus gewohnt hat, um Jackie beizustehen.
Man sollte noch vieles mehr erfahren, aber nie aus dem Munde von Jackie selbst. Ihr ganzes Leben lang war Jacqueline Bouvier Kennedy Onassis bestrebt, nach außen hin perfekt zu sein: mit Kleidern, Pomp und Purpur. Sie verwendete ihre ganze Energie darauf, dieses perfekte, schöne und glatte Bild aufrechtzuerhalten und überwachte es sorgsam, indem sie alle Fotoreportagen und Zeitungsartikel über sich ausschnitt und gewaltige Alben anlegte, in denen sie blätterte. Nichts durfte ohne ihre Zustimmung über ihr Privatleben erscheinen. Da sie begriffen hatte, wie wichtig Bilder in diesem Jahrhundert der Massenmedien werden sollten, weigerte sie sich hartnäckig, sich überrumpeln und zu einem Objekt degradieren zu lassen. Sie weigerte sich, zu einem Konsumartikel zu werden. Sie kontrollierte alles. Sie knabberte an den Fingernägeln und wollte nicht, daß man das merkt. Also trug sie bei jeder Gelegenheit zur Kleidung passende lange, mittellange und kurze Handschuhe. Ihr Haar wellte sich beim geringsten Regenguß. Also brachte sie die Mode der kleinen Hüte auf, die den Haaransatz niederhalten und jedes Kräuseln der Haare verhindern. Sie hatte breite, knochige und schwere Füße. Also zog sie nur Pumps an, die ihre Schuhgröße 42 kaschierten. Sie rauchte drei Päckchen Zigaretten am Tag. Also steckte sie, sobald ein Fotograf auftauchte, jemand anderem ihre Zigarette zu. Ganz zu schweigen natürlich von allen Unebenheiten ihres Charakters und allen erlittenen Verletzungen, von denen einige nur kleine Dolchstiche, andere hingegen tief, brennend und schneidend waren

und die sie immer hinter einem breiten Lächeln, weit aufgerissenen, großen schwarzen Augen und einer bettelnden Kleinmädchenstimme verbarg.
Aber sie war so schön und ihre trügerischen Kleider so herrlich, daß die ganze Welt, die seit ihrer Kindheit dazu ermuntert wurde, sie zu betrachten, in diesem Bild versank, diesem wunderschönen Bild...
Wenn in Jacqueline Kennedys Leben alles von Kalkül beherrscht wurde, dann nur, um das Chaos ihres Innenlebens zu verbergen. Diese innere Ordnung, diese Kraft, die es einem gestattet, das Leben aufrecht zu meistern, weiterzugehen, bis an die Grenzen seiner selbst vorzustoßen, um schließlich jener hohen Vorstellung zu entsprechen, die man von sich selbst hat und von der man vorher nie, niemals geglaubt hätte, man könne sie je erreichen aus Mangel an Mut, Beharrlichkeit und Selbstvertrauen, vor allem aber aus Mangel an Liebe.
Jene innere Ordnung wurde bei Jackie bereits in ihrer Kindheit zerstört...

I

Jacqueline Bouvier erblickte am 28. Juli 1929, sechs Wochen nach dem errechneten Geburtstermin, das Licht der Welt. Das war schon keine Geburt mehr, sondern ein Ereignis. Jackie wurde nicht geboren, sie hatte ihren ersten Auftritt in dieser Welt. Und ebenso wie Könige, Königinnen, Prinzen und Prinzessinnen ließ auch sie auf sich warten.

Damit brachte sie ihre Mutter in große Verlegenheit, weil diese nicht mehr wußte, wie sie ihre Zeit richtig planen sollte. Dazu muß gesagt werden, daß Janet Lee Bouvier eine energische, sehr gut organisierte Frau war. Die ganze Woche über wartete sie zwar geduldig in New York darauf, daß das Baby die Güte haben möge, auf die Welt zu kommen, doch jedesmal, wenn das Wochenende näherrückte, wußte sie nicht, ob sie ihrem Mann nach East Hampton in ihr Landhaus folgen oder doch lieber in der Stadt bei ihrem behandelndem Arzt bleiben sollte. Die Versuchung, der feuchten, schwülen Hitze der Stadt zu entrinnen, war jedesmal stärker, so daß Janet, als das Baby nach sechs Wochen endlich beschloß, zum Vorschein zu kommen, zusammen mit ihrem Ehemann John Vernou Bouvier III. weit von New York und dem ursprünglich vorgesehenen Arzt entfernt war. Darum schenkte Janet Lee Bouvier an diesem Sonntag nachmittag im Krankenhaus von Southampton einem entzückenden, drei Kilo einhundertdreißig Gramm schweren Mädchen mit großen, schwarzen, weit auseinander stehenden Augen das Leben. Man gab ihr den Namen Jacqueline zu Ehren ihres Vaters Jack[1] und dessen französischer Vorfahren.

Der achtunddreißigjährige John Bouvier, ein Börsenmakler, war besser bekannt unter dem Namen Black Jack. Janet Lee Bouvier zählte zweiundzwanzig Jahre, und Jacqueline war ihr erstes Kind. Für Außenstehende waren die Bouviers ein ideales Paar. Reich, gutaussehend, kultiviert und elegant ließen sie jedermann vor Neid erblassen und lebten in einem gediegenen Luxus, umgeben von Gärtnern, Chauffeuren und livrierten Dienstboten. Die kleine, brünette, zierliche Janet wollte um jeden Preis vergessen machen, daß ihre Großeltern ursprünglich nur arme irische Bauern waren, die vor der Hungersnot nach Amerika geflüchtet waren. Ihr völlig unscheinbar aussehender Vater hatte es durch harte redliche Arbeit zu Reichtum gebracht. Aber in der New Yorker High-Society wurden die Lees als Neureiche betrachtet, worunter Janet, die sich in den Kopf gesetzt hatte, erfolgreich zu heiraten, entsetzlich gelitten hat. Sozialer Aufstieg und gesellschaftliche Stellung waren für sie ihr ganzes Leben lang eine fixe Idee. Und da ein Mädchen aus gutem Hause damals lediglich durch ihren Mann im Leben weiterkommen konnte, mußte sie eben eine gute Partie machen. Janet Lee sprach nie von Gefühlen, sondern von Strategie.

[1] Die Diminutivform für John ist im Amerikanischen Jack. Deshalb wurde aus John Bouvier zunächst Jack Bouvier und später Black Jack. Auch John Kennedy sollte später Jack genannt werden.

Die Familie Bouvier stellte also die erste Stufe ihres unerbittlichen Aufstiegs dar. In seinem Buch über Jackie[2] erzählt David Heymann, daß John Vernou Bouvier III. sich rühmte, der Sproß eines französischen Adelsgeschlechtes zu sein. Sein Großvater hatte die Familiengeschichte in einem im Selbstverlag herausgegebenen Büchlein gebührend geschildert. Diese Schrift trug den Titel *Unsere Ahnen* und wurde von der ganze Familie mit geradezu religiöser Verehrung studiert. In ihr erfand der Großvater Familienschlösser, Schlachten, Duelle am Fuße uralter Festungsmauern, Herzöge, Herzoginnen und familiäre Beziehungen zum französischen Königshaus, wo es in Wirklichkeit nur einen armen bedürftigen Eisenwarenhändler aus Grenoble mit seiner Frau gegeben hat. Von der Not getrieben, hatten die Bouviers Frankreich verlassen, um sich in Amerika anzusiedeln. Trotzdem blieb *Unsere Ahnen* die Bibel der Bouviers, an die sie unerschütterlich glaubten. Ihre adlige Herkunft diente ihnen als Rechtfertigung für ihre Arroganz, ihren Hochmut, vor allem jedoch für die Freiheit, zu tun und zu lassen, was ihnen gefiel, und sich über das Gesetz, das nur den gemeinen Pöbel regiert, erhaben zu fühlen. Janet brachte also das frischverdiente Geld ihres Vaters und Jack das unrechtmäßig erworbene Wappen seiner Ahnen mit in die Ehe ein. Sie fand somit die gewünschte gesellschaftliche Stellung und er eine Brieftasche. Und doch hat diese Verbindung alle Welt verblüfft. Jackies

[2] David Heymann, *Eine Frau namens Jackie*, München 1989.
Der Leser findet auf S. 253 eine Liste jener Werke, in denen die meisten Episoden in Jacky Kennedys Leben, auf die ich zu sprechen komme, erzählt werden. Ihnen verdanke ich insbesondere, daß ich in meinem Text Augenzeugen oder handelnde Personen dieser Begebenheiten wörtlich zitieren kann.

Vater war nämlich allgemein als hemmungsloser Schürzenjäger bekannt. Sein Verschleiß an Frauen war sogar so groß, daß man allgemein dachte, er würde nie heiraten. Groß, kräftig, mit schwarzem, stark pomadisiertem Haar, blauen, weit auseinander stehenden Augen und einem schmalen Schnurrbart war er der große Verführer und brüstete sich damit, vier bis fünf Frauen pro Nacht befriedigen zu können. Am meisten interessierte ihn dabei die Eroberung. Seine Beute dazu zu bringen, die Augen vor ihm niederzuschlagen. Sobald er die zögernde Zustimmung in den Augen der Schönen bemerkte, legte er sie flach, um dann schnell zur nächsten überzugehen - und ließ so unzählige unglücklich schluchzende Mädchen zurück. Frauen waren das einzige Gebiet, auf dem er sich wirklich hervortat. Vor dem Ersten Weltkrieg hatte er sich tunlichst gedrückt, bis die Wehrerfassung ihn schließlich doch noch registrierte und als Leutnant der Nachrichtentruppe nach Carolina geschickt hatte. Dort wurde er, wie er einem Freund schrieb, Stammgast in allen »verräucherten und lärmenden Kneipen und Bordellen, bis dieser miese kleine Krieg zu Ende ist«. Wenigstens hielt er sich nicht für einen Helden. Auch nicht für einen Geschäftsmann. Verträge handelte er meist zwischen zwei Rendezvous aus, er vergrößerte seine Schulden, fand jedoch auch immer wieder einen neuen Einfaltspinsel, den er einwickeln und rupfen konnte, ohne später auch nur die geringsten Anstalten zu machen, seine Schulden zurückzuzahlen. Sein erklärtes Ziel war es, so reich zu werden, daß er sich mit vierzig Jahren, umringt von schönen Mädchen, auf einer Jacht in Südfrankreich zur Ruhe setzen könnte! »Tu niemals etwas umsonst«, verkündete er zynisch.

Kurz und gut, diese Verbindung schien vom ersten Tag an zum Scheitern verurteilt. Als Black Jack bereits in den Flitterwochen auf dem Schiff, das ihn zusammen mit seiner jungen Frau nach Europa brachte, mit einer Mitreisenden flirtete, zerschmetterte Janet aus Wut den Frisierspiegel in ihrer Hochzeitssuite.

Wie viele große Frauenhelden verliebt sich auch Jack Bouvier mit Haut und Haaren in seine Tochter. Nichts ist jemals schön genug für diejenige, die zu bewundern er nie müde wird. »Meine Hübsche«, »meine Allerschönste«, »mein schönstes Gut auf Erden«, raunt er ihr zu, während er das winzige Wesen in den breiten Händen hält. Das Mädchen nimmt diese Liebesbezeugungen in sich auf, reckt sich, um noch größer, noch schöner zu erscheinen, um diesem Mann, vor dem alle Frauen zittern und der nur vor ihr das Haupt neigt, noch wichtiger zu werden. Kleine Mädchen haben ein gutes Gespür dafür, wie hingerissen ihre Väter von ihnen sind. Und sie sind stolz darauf. Sie müssen nur einmal den Mund aufmachen, um ganze Horden von Rivalinnen beiseite zu fegen. Töchter von Frauenhelden ergreifen nie Partei für andere Frauen, nicht einmal für die eigene Mutter. Dazu genießen sie es viel zu sehr, die Auserwählte, die einzige zu sein ...

Janet zuckt mit den Schultern und findet all diese Zärtlichkeiten ausgesprochen deplaziert. Sogar fast unanständig. Ein Vater spricht zu seiner Tochter nicht von Liebe. Er hält sich aufrecht und gerade und betrachtet sein Kind von oben herab. Gewiß mit Zuneigung, jedoch ohne das zu zeigen. Koseworte und Zärtlichkeiten sind etwas für Leute von niederer Herkunft oder für

Kitschromane, die man nachmittags heimlich in seinem Zimmer liest. Ein Vater, der etwas auf sich hält, darf sich nicht zu einem derart vulgären Benehmen hinreißen lassen. Er muß seiner Tochter Fleiß, Bescheidenheit, gute Manieren und Gehorsam beibringen und eine aufrechte Haltung.

Black Jack hört nicht darauf, sondern nähert sich den großen, offenen Augen seiner Tochter noch ein wenig mehr, um weitere Koseworte hineinzuträufeln. »Du wirst eine Königin sein, meine Hübsche, meine Prinzessin, meine Allerschönste, du wirst die Königin der Welt sein, und die mächtigsten Männer werden kommen, um dich anzubeten. Und weißt du warum? Weil du die schönste, die intelligenteste und bezauberndste Frau bist, die ich je kennengelernt habe ...«

Was ihn jedoch keineswegs davon abhält, seiner Frau, sobald der Säugling wieder in der Wiege liegt, zu verkünden, daß sie mit dem Abendessen nicht auf ihn warten solle, weil er arbeiten müsse und wahrscheinlich erst sehr spät nach Hause komme. Er glättet sein schwarzes Haar, prüft den Sitz seines feinen Anzugs aus weißem Gabardine, rückt sich die Krawatte, die Weste und das seidene Taschentuch zurecht, tupft seiner Gattin einen zerstreuten Kuß auf die ebenso zerstreute Stirn und verschwindet.

Janet läßt sich nicht hinters Licht führen. Aber sie will nichts wissen. Solange der äußere Anschein gewahrt bleibt, solange sich Jacks Seitensprünge auf seinen Club, seinen Freundeskreis und seine Spielrunde beschränken, drückt sie beide Augen zu. Janet ist sehr praktisch veranlagt. Sie hat eine Vernunftheirat geschlossen und weiß es auch. Sie glaubt nicht an den Märchenprinzen, sie glaubt an schöne Häuser, an prachtvolle üppige Vorhänge, an diskrete Domestiken, an Beistelltischchen mit riesigen Blumensträußen, an blitzblank geputzte Aschenbecher, an sauber in ihren Ledereinbänden aufgereihte Bücher und an Soupers bei Kerzenlicht mit einflußreichen und vermögenden Tischgästen aus gutem Hause. Für Janet Bouvier beschränkt sich die Existenz auf das, was man sehen kann. Alles Heil liegt im äußeren Schein. Auch sie selbst ist perfekt: immer elegant gekleidet, frisiert und geschminkt. Kein Haar, das nicht gebannt wäre, kein Hauch von verschmiertem Lippenstift. Nie errötet sie plötzlich oder drückt sich exaltiert aus. Sie kennt die Regeln der feinen Gesellschaft und wird sie ihrer Tochter beibringen. Sie wird ihr gute Manieren, ob zu Pferde oder bei Tisch, Selbstbeherrschung und Ehrfurcht vor der Etikette einimpfen. Sie wird sie zu guten Zahnärzten und den besten Tanzlehrern schicken, sie in erstklassige Schulen einschreiben und ihren Umgang kontrollieren, damit sie zu gegebener Zeit einmal einen Mann heiratet, der ganz ihren eigenen Hoffnungen entspricht.

Vorläufig hat die kleine Jackie ein englisches Kindermädchen, rüschenbesetzte Strampelhosen, weich gefederte Kinderwagen und ein Zimmer voller Spielzeug, Puppen und Plüschtiere, die aus den renommiertesten Geschäften stammen. Sie hat volle runde Wangen, große schwarze Augen, die geradeaus lustig in die Welt blicken, und dichtes lockiges Haar, das von einem Band zusammengehalten wird. Sie wächst in einem großartigen Zweietagenappartement an der Park Avenue auf, umgeben von einer ganzen Dienstbotenschar. Natürlich ist es Großvater Lee, Janets Vater, der diesen Luxus größten-

teils ermöglicht, aber das interessiert Janet im Augenblick nicht. Sie ist viel zu glücklich, endlich ihren Traum verwirklicht zu haben: zum New Yorker Establishment zu gehören und auf großem Fuße zu leben.
Anläßlich ihres zweiten Geburtstags debütiert Jacqueline Bouvier in der Gesellschaft und empfängt ihre Freunde. Ein Journalist des *East Hampton Star* berichtet über dieses Ereignis und schreibt, daß sie sich »als rundheraus charmante Gastgeberin gezeigt hat«. Schon einen Monat später spricht man wieder von ihr in der Presse, als sie ihren Scotchterrier Hootchie auf einer Hundeausstellung vorführt. Ihr Vater sitzt in der ersten Reihe, strahlt vor Stolz und gibt überschwenglichen Beifall. Jackie fühlt, wie ihr durch diese abgöttische Liebe Flügel wachsen. Sie weiß, daß sie geliebt wird, und zweifelt an nichts. Schon gar nicht an sich selbst.
Ihre Schwester Caroline Lee[3] wird am 3. März 1933 geboren. Schon bald nennt man sie nur noch Lee, so wie Jacqueline den Spitznamen Jackie bekommen hat. Sie mag diese Kurzform nicht, findet sie zu männlich und wird ihr ganzes Leben lang vergeblich darum bitten, daß man sie Jacqueline nennen soll. Das ist doch so viel hübscher als das amerikanisch ausgesprochene Jackie!
Als sie eines Tages mit viereinhalb Jahren mit Lee und ihrem Kindermädchen im Central Park spazierengeht, verirrt sie sich. Ein Polizist findet sie und fragt, ob sie sich verlaufen habe. Sie blickt ihm direkt ins Gesicht und fordert ihn auf: »Suchen Sie lieber meine kleine Schwester und mein Kindermädchen. Die haben sich verlaufen!«

[3] In den Vereinigten Staaten kann man als zweiten Vornamen auch einen Familiennamen wählen, in diesem Fall den der Familie Lee.

Die Fotos von Jackie in diesem Alter zeigen ein kleines selbstbewußtes Mädchen mit strahlendem Lächeln, dessen glänzende Augen fest geradeaus blicken und das zu fragen scheint: »Was kostet die Welt?« Ein kleines, lebenshungriges, naschhaftes Mädchen, das vor nichts Angst hat und alle nach seiner Pfeife tanzen läßt.

Von ihrer eigenen Außergewöhnlichkeit überzeugt, sagt sie laut und deutlich, was sie denkt, und ist auch noch stolz darauf. Zum Beispiel gibt sie sich nicht die geringste Mühe, Komplimente zu machen. Oder kleine Lügen zu erzählen, die anderen schmeicheln und Freude machen. Sie kann sogar sehr verletzend sein, wenn sie den anderen die Wahrheit unter die Nase reibt. Sie verfügt weder über die Sanftmut noch über die Zärtlichkeit ihrer kleinen Schwester Lee. In dem Appartementhaus, in dem sie wohnen, arbeitet ein Liftboy namens Ernest, dessen Haare als blondes Büschel von seinem Schädel abstehen. Eine Art amerikanischer Tim von *Tim und Struppi.* Wenn sie allein in ihrem Zimmer sind, lachen die beiden Mädchen viel über Ernest. Um die Wette zeichnen sie einen möglichst lächerlichen Ernest, mit spitzem, kanariengelbem Schädel. Eines Morgens, als sie den Aufzug betreten, sagt Lee zu Ernest: »Du siehst heute gut aus, Ernest! So fein frisiert!« Ernest plustert sich auf, wirft im Spiegelbild der Mahagonitür einen bewundernden Blick auf seinen blonden Haarschopf und will gerade auf den Fahrstuhlknopf drücken, als Jackie sich einmischt und hinzufügt: »Wie kannst du so etwas sagen, Lee? Das stimmt doch nicht. Du weißt genau, daß Ernest wie ein Hahn aussieht.«

Auch in der Schule besitzt sie nicht mehr Disziplin. Sie langweilt sich zu Tode und verbirgt das auch nicht.

Immer ist sie vor allen anderen fertig, und da sie dann nicht weiß, was sie tun soll, stört sie die übrigen Schüler. Sie lernt gern und haßt es zu warten. Zu Hause flüchtet sie sich in ihre Bücher und verschlingt Schmöker wie: *Der Zauberer von Oz, Der kleine Lord* und *Winnie der Bär.* Als sie mit diesen Kinderbüchern fertig ist, schnappt sie sich einen Hocker und zieht eines der hübsch eingebundenen Bücher heraus. Im Alter von sechs Jahren ertappt ihre Mutter sie eines Tages dabei, wie sie Novellen von Tschechow liest. Erstaunt fragt sie ihre Tochter, ob sie denn auch alle Worte verstehe. »Ja«, antwortet Jackie, »außer ›Hebamme‹.«
Die Schuldirektorin gibt zwar zu, daß die kleine Jacqueline ihrem Alter weit voraus und sehr begabt sei, beklagt sich jedoch über deren mangelnde Folgsamkeit. Da Jacqueline eine Pferdenärrin ist, läßt die Direktorin sie zu sich kommen und erklärt ihr, daß das schönste Pferd der Welt, solange es nicht dressiert sei, sein ganzes Leben lang nur ein störrisches Maultier bliebe. Diese Sprache versteht Jackie, und sie verspricht, sich zu bessern.
Schon im Alter von einem Jahr wurde Jackie von ihrer Mutter auf den Rücken eines Ponys gesetzt. Sie trägt oft ein piekfeines Reitkostüm mit Jockeymütze. Stundenlang trainiert sie ihre Pferde für irgendwelche Reitturniere. An solchen Tagen ist die ganze Familie anwesend. Und je mehr Leute da sind, um sie zu bewundern, desto zufriedener ist sie. Vor allem aber will sie gewinnen. Und wenn sie dann doch einmal verliert, gleicht das einem Drama. Selbst wenn sie herunterfällt, sagt sie nichts und steigt sofort wieder in den Sattel. Einige finden, daß sie Mut hat. Sie selbst hat nie darüber nachgedacht: Ihre Mutter hat sie einfach so erzogen. Zum Wett-

kampf. Nie weinen, nie Gefühle zeigen, die Zähne zusammenbeißen und wieder von vorn anfangen, bis sie die erste ist. Gefühlsausbrüche erträgt Janet nicht. Natürlich schafft Jackie sich mit einem solchen Verhalten nicht viele Freunde. Um Freunde zu haben, muß man teilen können, den anderen Aufmerksamkeit widmen, sie nicht mit der eigenen Überlegenheit erdrücken. Dafür ist die kleine Jacqueline nicht besonders begabt. Sie ist nur glücklich, wenn sie gewinnt und alle anderen Kinder besiegt.

Das Pferd bietet auch eine Zuflucht, wenn ihre Eltern sich streiten. Sie streiten sich nämlich immer öfter. Der Börsenkrach vom 24. Oktober 1929 ist nicht spurlos vorübergegangen. Black Jack gerät geschäftlich in Schwierigkeiten, da er einige riskante Geldanlagen und unglückliche Spekulationen getätigt hat. Darüber hinaus spielt er auch noch. Sein Geldbedarf wächst ständig, so daß er immer öfter seinen Schwiegervater anpumpen muß, der keine besondere Hochachtung für einen so verschwenderischen Schwiegersohn hegt. Janet Bouvier erfährt davon. Ihr ist es egal, betrogen zu werden, doch will sie auf keinen Fall, daß ihr Lebensstandard sinkt. Wenn Black Jack das Geld weiterhin mit vollen Händen ausgibt, steht sie mit ihren beiden Töchtern bald völlig mittellos da. Dies will sie jedoch ganz und gar nicht, denn ihr luxuriöses Leben gefällt ihr. Obwohl sie das Geld nicht zum Fenster hinauswirft, weiß sie Wohlstand zu schätzen. Black Jack benimmt sich dagegen wie ein verwöhntes Kind. In seinem Buch über Jackie[4] zeichnet Stephen

[4] Stephen Birmingham, *Jacqueline Bouvier Kennedy Onassis*, Grosset and Dunlap Inc., New York.

Birmingham ein sehr zutreffendes Bild von John Bouvier: Solange alles gutgeht, solange das Geld anderer Leute in Strömen in seine Taschen fließt, wirkt er charmant, großzügig, humorvoll und aufmerksam. Aber sobald die Zeiten schwieriger werden, sobald er gezwungen ist, zu sparen und sich einzuschränken, versteht er die Welt nicht mehr. Dann ist er verwirrt, deprimiert und läßt das an anderen aus. Wird gewalttätig. Er ist ein kleines Kind, das die Realität nicht wahrhaben will.
Oft zanken sich die beiden Eheleute mitten in der Nacht. Jacqueline schleicht sich dann in den Flur und belauscht das Geschrei ihres Vaters und die Vorwürfe ihrer Mutter. Sie hört, wie von Rechtsanwälten, Geld, Mätressen, Spielschulden und aufwendigem Lebenswandel die Rede ist. Sie hört, wie ihre Mutter als Snob, Parvenü und irischer Emporkömmling beschimpft wird, und haßt ihren Vater. Sie hört, wie ihr Vater als Versager und mieser Casanova verhöhnt wird, und haßt ihre Mutter. Ihre Eltern streiten sich so laut, daß die Wände zittern. Sie hat schreckliche Angst, stellt sich fürchterliche Dinge vor, zerbrechende Gegenstände, Schläge, eine Prügelei, einen Mord mitten in der Nacht... Während ihre Schwester Lee friedlich in ihrem Zimmer schläft, muß sich Jackie die Ohren zuhalten, um ihre Eltern nicht mehr hören zu müssen. Sie schläft gegen die Tür zum elterlichen Schlafzimmer gelehnt ein, nachdem sie alle Gebete, die sie kennt, vor sich hingemurmelt hat. Sie hält sich immer öfter die Ohren zu und flieht vor der Realität. Sie denkt sich Geschichten aus, in denen sie die Königin in einem Zirkus ist, die den Trapezkünstler heiratet, den schönsten, den besten, den mutigsten von allen Artisten, in den alle anderen Kunstreiterinnen ver-

liebt sind. Um allein zu sein, klettert sie auf Bäume und vertieft sich in endlose Fortsetzungsgeschichten, die sie zu ihrer eigenen Beruhigung erfindet. Sie ist Prinzessin und Wildfang in einem und träumt davon, mit ihrer Krone von zu Hause auszureißen und als Abenteurerin die Welt zu durchstreifen. Sie träumt auch vom Märchenprinzen, der eines Tages kommen wird, um sie auf seinem weißen Roß zu entführen und in ein großes Haus zu bringen, wo sie dann glücklich sind und viele Kinder bekommen werden. Sie stellt sich dieses Haus vor, richtet es ein, verbringt eine Unmenge Zeit damit zu entscheiden, wo das Wohnzimmer, das Eßzimmer, das Schlafzimmer und das Kinderzimmer hinkommen sollen, sucht schon die Farben der Vorhänge und des Sofas aus, ordnet die Lampen an, veranstaltet glänzende Empfänge, auf denen alle hingerissen sind von diesem wunderschönen Paar, das sich so innig liebt. Das alles beruhigt sie, und die Angst vergeht. Auf dem Schulweg sucht sie sich Häuser aus, die ihre Geschichten ausschmücken. Und sie freut sich, bis es Abend ist, um ihren Traum wieder aufzunehmen.

Sie erzählt sich Geschichten, um nicht den Tratsch hören zu müssen, der in ihrem Freundeskreis allmählich die Runde macht. Man spricht immer öfter und offener über den Ehekrieg der Bouviers. Die anderen Kinder bekommen Einzelheiten von den geflüsterten Gesprächen ihrer Eltern mit und ziehen Jackie damit auf, weil sie froh sind, dieser eingebildeten Ziege, die immer alle Pokale gewinnt, jeden im Tennis schlägt, die ihre Spiele anführt und der man immer gehorchen muß, endlich einmal eins auswischen zu können. Jacqueline ist sieben Jahre alt. Sie zuckt nicht einmal mit der Wimper, spielt die völlig Gleichgültige und flüchtet sich zunehmend in ihre Phantasiewelt und ihre Bücher. Sie liest alles, was ihr unter die Augen kommt.

Und sobald sie in die reale Welt zurückkehrt, wird sie mit neuen Schicksalsschlägen konfrontiert. Als sie eines Tages mit ihrem alten Kindermädchen, Bertha Newey, allein in der Wohnung ist, kommt Großmutter Lee, Janets Mutter, auf einen Besuch vorbei. Was mag wohl wirklich zwischen der Großmutter und ihrer Enkelin vorgefallen sein? Quengelt und nörgelt Jackie, gibt sie ihrer Großmutter nicht rasch genug Antwort? Oder wirft sie ihrer Oma eine jener frechen Antworten an den Kopf, die ihre Spezialität sind? Jedenfalls findet die Großmutter, daß Jackie unverschämt geantwortet hat. Sie holt aus, um ihr eine Ohrfeige zu geben, aber die gute Bertha wirft sich dazwischen und bekommt selbst den Schlag ab. Verblüfft ohrfeigt Bertha, ohne zu überlegen, nun die Großmutter, worauf diese empört davonrauscht und von ihrer Tochter verlangt, diese Hausangestellte, die ihren Rang ganz offensichtlich vergessen habe, auf der Stelle zu entlassen. Ganz gleich, wie sehr Jackie auch bettelt, weint und alle Opfer der Welt verspricht, Janet zeigt sich unerbittlich, und Bertha muß ihre Koffer packen. Für Jackie ist das ein herber Schlag. Bertha war in dieser riesigen Wohnung, in der sich ihre Mutter immer seltener aufhält, die einzige Bezugsperson gewesen. Janet ist aus der Bahn geworfen worden. Sie fängt an zu trinken und läßt sich von jedem x-beliebigen ausführen. Sie erträgt es nicht mitanzusehen, wie ihr Universum Risse bekommt, wie die ganze schöne Ordnung, die sie aufgebaut hat, durch die Schuld ihres Mannes bedroht wird.

Vier Jahre lang sollen die Bouviers von Scheidung reden,

sich gegenseitig mit Rechtsanwälten drohen und sich mehrmals trennen, ohne sich je endgültig entscheiden zu können. In der großen zweigeschossigen Wohnung an der Park Avenue wird die Luft bald unerträglich. Während die sehr viel jüngere Lee anscheinend nicht davon berührt wird, ist dies bei Jackie ganz anders. Sie sieht und hört alles. Selbst wenn sie nicht immer alles versteht, stellt sie sich dennoch das Schlimmste vor. Sie ärgert ihre Mutter durch ihre schlechte Laune und ihre heftigen, aggressiven Reaktionen. Ärgert sie, weil sie ständig ihren Vater verteidigt. Jackie sieht Black Jack äußerlich ähnlich. Deshalb geschieht es nicht selten, daß Janet ihre Tochter aus irgendeinem nichtigen Anlaß heraus züchtigt. Sie ist sich dessen nicht einmal bewußt. Gegen ihren Willen rutscht ihr die Hand aus. Dann wird Jackie bockig und droht damit, zu Black Jack zu gehen. Als ihre Mutter einmal nicht zu Hause ist, stürzt sich Jackie auf das Telefonbuch, um die Telefonnummer des Hotels, in dem ihr Vater wohnt, herauszusuchen. Sie hat beschlossen, zu ihm zu ziehen. Aber jedesmal, wenn sie dann vor ihm steht, traut sie sich nicht, etwas zu sagen. Sie findet nicht die richtigen Worte. Als erstes fragt sie ihn, wann er wieder gehen will. Er geht nämlich immer wieder fort, und sie weiß nie, wann sie ihn wiedersehen wird. Sie ist ein so ängstliches Mädchen, daß sie jedesmal, wenn sie mit ihrem Vater zusammen ist, darauf besteht, genau dieselben Dinge zu tun wie am Wochenende zuvor. Black Jack macht sich darüber lustig, lacht und fragt Jackie, ob sie denn nicht einmal etwas anderes machen möchte. Jackie schüttelt den Kopf und verneint. Sie will alles genauso haben wie beim letzten Mal. Nur Routine kann sie beruhigen.

Nachdem sich ihre Eltern getrennt haben und Black Jack im Hotel lebt, sieht Jackie ihren Vater nur noch samstags und sonntags. Sie lebt ausschließlich in Erwartung dieser beiden Tage. Trotz aller Geldsorgen will Black Jack bei jedem Ausflug unbedingt Eindruck auf seine Töchter machen. Nichts ist für sie schön genug. Er besucht mit ihnen den Zoo der Bronx und die Pferderennbahn, wo er ihnen alle Jockeys vorstellt. Oder er läßt sie die Geschäfte in der Fifth Avenue plündern; Black Jack stützt sich dann in der Nähe der Kasse auf seine Ellbogen und sagt zu seinen Töchtern: »Also los! Kauft, was ihr wollt, ich möchte, daß ihr schön seid, meine Töchter, meine Hübschen, meine Lieblinge!« Jackie und Lee hüpfen zwischen den Regalen herum und häufen alles, was sie kaufen möchten, auf dem Boden auf. Black Jack lacht schallend und klatscht Beifall. Anschließend steht Kino auf dem Programm, danach gehen sie Eis essen oder schauen sich eine Ruderregatta oder ein Baseballspiel an. Beide Mädchen schwärmen für Hunde, aber Janet hat alle Tiere ins Wochenendhaus verbannt. Deshalb vereinbart Black Jack mit einer Tierhandlung, sich für einen Sonntag welche ausleihen zu können. Die drei amüsieren sich köstlich, die traurigsten und räudigsten Köter auszusuchen, diejenigen, die keiner haben will. Angesichts der fassungslosen Miene des Besitzers, der so etwas nicht begreifen kann, lachen sie verschwörerisch und hopp, auf geht's in den Central Park. Am Wochenende wird gefeiert... und manchmal sogar an einfachen Wochentagen. Eines Freitag morgens nimmt Black Jack seine beiden Töchter mit zur Börse, wo er die ganze Besuchergalerie nur für sie reserviert hat. Zuvor hat er den Raum heizen lassen und dabei allen erklärt, wie schön, zauberhaft und intelligent seine Mädchen seien. Als sie erscheinen, hoch oben über den Börsengeschäften und den hektischen Männern schwebend, gibt es ein unvergeßliches Spektakel. Der ganze Saal bricht in tosenden Applaus aus, und Jackie und Lee grüßen wie zwei königliche Hoheiten vom Balkon herab, knicksen und winken. Jackie ist entzückt. Sie strahlt vor Freude. Und ihr Vater frohlockt!

Jackie amüsiert sich mit ihrem Vater. Er erzählt leidenschaftlich gern Geschichten, vor allem solche aus seiner eigenen Kindheit, und ermuntert Jackie dazu, selbst Geschichten zu schreiben. Er drängt sie dazu, auf gar keinen Fall so zu sein wie alle anderen. Wenn er erzählt, hat Jackie keine Angst mehr. Dann hat sie Selbstvertrauen. Dann vertraut sie ihm. Sie glaubt ihm, wenn er sagt, daß er sie niemals, nie verlassen wird. Daß er bis zuletzt kämpfen wird, um sie beide zu behalten. Beruhigt hört sie ihm zu. Sie versteht sich so gut mit ihm! Viel besser als mit ihrer Mutter, für die immer alles ordentlich, in Schubladen sortiert, »normal« sein muß. Außerdem hat er immer diesen besonderen Blick, vermag ihr allein dadurch, daß er ihr in die Augen sieht, Zärtlichkeit geben. Dann fühlt sie sich so bedeutend, so geliebt, daß sie vor nichts mehr Angst hat. Sie weiß genau, daß sie sein Liebling ist, sie hat in seinem Hotelzimmer in Westbury nachgezählt. Dort gibt es mehr Fotos von ihr als von Lee ... Sie ist ein bißchen eifersüchtig auf ihre Schwester, weil diese freundlicher, zarter und umgänglicher ist als sie selbst. Sehr viel später wird sie bekennen: »Lee ist immer die Hübschere gewesen. Wahrscheinlich hat man deswegen von mir erwartet, daß ich die Intelligentere bin.« Zugleich aber hilft ihr die tiefe Zuneigung,

die die beiden Mädchen miteinander verbindet (und die auch später nie nachlassen wird), im Familiensumpf zu überleben.
Vier Jahre lang soll Jackies Vater recht behalten. Die Bouviers lassen sich nicht sofort scheiden. Janet zögert, und Black Jack, der bei der Vorstellung, seine Töchter zu verlieren, völlig verzweifelt, verspricht seiner Frau immer wieder, daß er sich bessern will, daß er keine andere liebe als sie und daß er ohne sie nicht leben könne. Er fleht sie an, es doch noch einmal mit einem gemeinsamen Haushalt zu versuchen. Mehrere Male läßt Janet sich in Versuchung führen. Zu jener Zeit läßt man sich nicht leichtfertig scheiden. So etwas kommt einem Skandal gleich. Lieber handelt man eine Trennung aus, um den äußeren Schein zu wahren. Obwohl Janet genug Kraft besitzt, um vor dem lasterhaften Lebenswandel ihres Mannes die Augen zu schließen und nichts zu sagen, reicht es doch noch nicht, um der Gesellschaft die Stirn zu bieten und ihren Mann zu verlassen. Sie reagiert auf ihre Art und Weise, indem sie sich weigert, sich mit ihm in der Öffentlichkeit zu zeigen, und indem sie ihm zwischen vier Wänden eine Szene nach der anderen macht. Aber vor fremden Leuten zeigt sie nichts und tut so, als ob alles in Ordnung wäre.
Die Bouviers versöhnen und trennen sich, unternehmen gemeinsame Reisen, die jedoch regelmäßig in einem Ehekrach enden. Schließlich ist es ein Zeitungsfoto, das Janet zur Weißglut bringt und sie zum ersten Mal zu einem Rechtsanwalt treibt. Es ist in der *New York Daily News* erschienen und zeigt im Vordergrund Janet, wie sie im Reitkostüm auf einem Zaun sitzt, während Jack Bouvier unmittelbar hinter ihr steht und einer anderen

Frau zärtlich die Hand hält. Bildunterschrift: »Ehe zu dritt.« Nun hat die Öffentlichkeit ihren Skandal. Janet kann nicht mehr so tun, als wüßte sie nichts vom lasterhaften Lebenswandel ihres Gatten. Aber der Gatte ist zäh. Er möchte weder seine Töchter noch das Geld der Lees verlieren und unternimmt einen neuen Vorstoß. Zumindest einen verbalen. Faktisch hört er nämlich nicht auf, genau wie früher Schulden und Eroberungen anzuhäufen. Janet wird zunehmend zum Gespött aller Leute, und auch ihr Vater weigert sich, weiterhin für einen so unverantwortlichen Schwiegersohn aufzukommen. Als sie sich endlich dazu durchringt, die Scheidung zu beantragen, bereitet es ihr nicht die geringste Mühe zu beweisen, daß ihr Mann sie betrügt.

Am 16. Januar 1940 veröffentlicht die *New York Daily News* einen provokanten Artikel: »Ein Börsenmakler aus der High-Society provoziert die Scheidung.« Darauf folgt eine ganze Liste von Ehebrüchen, die auf Jack Bouviers Konto gehen und die der Privatdetektiv, den Janet auf ihn angesetzt hatte, enthüllte. Der Artikel schlägt ein wie eine Bombe, wird von der gesamten Presse zwischen New York und Los Angeles aufgenommen und wirft die Familie Bouvier der Öffentlichkeit zum Fraß vor.

Am 22. Juli 1940 erreicht Janet Lee Bouvier endlich, daß in Reno, Nevada, die Scheidung ausgesprochen wird. Damit nimmt das, was nie eine schöne Liebesgeschichte gewesen ist, ein Ende. Die Frischgeschiedene steht nun allein mit zwei Töchtern im Alter von elf und sieben Jahren und einer Alimentezahlung von tausend Dollar[5] im

[5] Diese Summe muß man mit sechs multiplizieren, um den Wert in heutigen Dollars zu erhalten.

Monat da. Während Janet Bouviers Feenmärchen damit wieder von vorn beginnen kann, glaubt die kleine Jackie an keine Feen mehr.

Auf den Fotos aus dieser Zeit lächeln Jackies schwarze Augen nicht mehr. Sie schauen nicht mehr offen in die Welt, sondern sind erloschen, wie tot, und lassen nur noch den Blick eines mißtrauischen, traurigen und verschlossenen Mädchens erkennen.

Sie hat Janet nach Reno begleitet und hat aus dem Munde ihrer Mutter selbst vernommen, daß die Scheidung diesmal definitiv ausgesprochen wurde und daß sie ihren Vater in Zukunft nur jedes zweite Wochenende und einen Monat im Jahr sehen wird, wie vom Gericht bestimmt wurde. Darauf hat sie nichts gesagt. Nicht mit den Augen gezwinkert, nicht geweint. Sie ist zu klein, um selbst entscheiden zu können, um bestimmen zu können, daß sie bei ihrem Vater leben möchte. Das alles empfindet sie als große Ungerechtigkeit. Die Erwachsenen haben über ihr Schicksal entschieden, ohne vorher mit ihr darüber zu sprechen. Sie ist lediglich ein Pingpongball gewesen, den sich ihre Eltern gegenseitig zugespielt haben, bis er völlig verbeult war. Für Jackie bedeutet dies das Ende ihrer Welt. Das Schlimmste von allem, was sie seit vier Jahren befürchtet hat, ist eingetroffen. So sehr will sie nie mehr leiden müssen. Nie wieder wird sie das Risiko eingehen, jemanden zu lieben. So etwas tut viel zu weh. So etwas ist viel zu riskant. Zu gefährlich. Sie hat ihrem Vater vertraut. Sie hat all die zärtlichen Worte, die er ihr zugeraunt hat, geglaubt, und nicht eines davon scheint wahr gewesen zu sein, weil er jetzt nämlich fortgeht, sie verläßt.

Von jenem Tag an hat Jackie nur noch einen Gedanken:

Sie will ihr eigenes Leben retten, sich nie, nie wieder einem anderen ausliefern und vor allem niemandem mehr vertrauen.
Dieses kleine elfjährige Mädchen zieht sich aus dem Leben zurück. Es kapselt sich in seiner inneren Welt ab, einer Welt, in der es sich nicht fürchtet, zu der es aber auch niemandem Zugang gewährt. Es tut so, als würde das Leben weitergehen. Es wirkt daran mit. Allerdings nur von fern, als Zuschauerin.
Sie wird zu einer Prinzessin auf der Erbse. Ein falsches Wort, ein finsterer Blick, ein Schulterzucken oder das geringste Anzeichen von Vernachlässigung stürzen sie in tiefste Verzweiflung, obwohl sie dies nie zeigt und schweigend leidet. Sie unterdrückt ihren Schmerz und gibt sich stark, stolz, dickköpfig und hochmütig – hat nun einen Panzer, der allein in der Lage ist, sie zu beschützen.

II

Rein äußerlich scheint sich Jacqueline nicht verändert zu haben. Sie liest immer noch genausoviel, wenn nicht noch mehr, wobei sie nun der romantischen Literatur deutlich den Vorzug gibt, wie David Heymann präzisiert. Sie verschlingt Byrons gesammelte Werke und ergötzt sich an seinen Gedichten. Sie besucht eifrig ihren Ballettunterricht und hat sich eine ganze Bibliothek zusammengestellt, die ausschließlich dem Tanz gewidmet ist. Außerdem hört sie Musik, malt, schreibt Gedichte und zeichnet. Kauft Bücher über Aquarelltechnik, Ölmalerei und Zeichnen. Alles, was sie tut, macht sie hundertprozentig. Verbissen sogar. Als wollte sie versuchen, die Wut, die in ihr steckt, aufzuzehren. Sie klebt eine Briefmarke nicht auf, sondern schlägt sie mit der Faust platt. Sie liest nicht, sondern verschlingt. Sie spielt nicht, sondern gängelt die anderen Kinder.
Jackie besitzt zuviel Energie, um sich in eine Depression oder eine melancholische Stimmung fallen zu lassen. Sie heimst weiterhin alle ersten Preise ein, egal ob es sich um einen Maskenball oder ein Reitturnier handelt. Sie hat immer noch keine Freundin und versucht auch nicht, eine solche zu gewinnen. Anstatt mit anderen Vertraulichkeiten auszutauschen oder ausgelassen zu kichern, gefällt es ihr weitaus mehr, die Mädchen ihres Alters neugierig zu machen, zu faszinieren. Sie verabscheut

zu viel Nähe. Sie hält sich selbst für etwas Besseres. Mag sein, daß sie die Tochter geschiedener Eltern ist, auf die man in der Schule mit Fingern zeigt und die von den Erwachsenen bemitleidet wird, wenn sie flüstern: »Das arme Kind!« Aber Jackie ist auch in allem die erste und ähnelt sonst niemandem. Sie lehnt das falsche Mitleid ab, das sie in den Augen »anständiger« Leute aufflackern sieht. Sie will nicht bedauert werden. Nicht der geringste Kummer soll ihr anzumerken sein.

Außerdem hat sie rasch begriffen, daß man, wenn man das Leben und die anderen Leute auf Distanz hält, nicht nur weniger leidet, sondern darüber hinaus auch noch zu etwas ganz Besonderem wird. Eben anders. Und diese Andersartigkeit gefällt ihr. Macht sie bedeutend. Die gleichaltrigen Mädchen und Jungen finden sie nicht gerade sympathisch, werden aber von ihr angezogen, und sie spielt mit dieser Anziehungskraft.

»Ratet mal, an welches Lied ich heute morgen denke?« fragt sie eines Tages die Kinder, die sich in einem Kreis um sie herum versammelt haben. Daraufhin versuchen diese den ganzen Morgen über, die Gedanken der Prinzessin, die sich einfach nicht offenbaren will, zu ergründen.

Wenn sie sich langweilt, klettert sie mit einem Buch auf einen Baum oder spinnt ihren Fortsetzungsroman von der Zirkuskönigin, die den schönen Trapezkünstler heiratet, weiter. Das ist eine Geschichte, die ihr ganz allein gehört und die ihr niemand wegnehmen kann.

Natürlich ist alles nicht so einfach. Man kann nicht einfach beschließen, daß man nicht mehr verletzt werden möchte, damit das Leben plötzlich wie durch Zauberei auch wirklich so ist. Unter der angenommenen Verkleidung einer fernen Prinzessin ist Jackie nur ein kleines Mädchen wie jedes andere. Selbst wenn sie sich noch so sehr darum bemüht, Distanz zu wahren, kommt es dennoch oft vor, daß eine Bemerkung sie unvorhergesehen verletzt oder daß sie den immensen Mangel an Zuneigung spürt. Black Jack fehlt ihr, die Sorglosigkeit und Lebensfreude ihres Vaters, seine Liebeserklärungen, seine wunderbare Erscheinung fehlen ihr. Es kommt vor, daß sie von der Schule nach Hause kommt und ihn in der ganzen Wohnung sucht, laut »Papa, Papa« ruft, bis sie sich schließlich auf einen Stuhl fallen läßt und sich daran erinnert, daß er nicht mehr da ist. Er ist fortgegangen. Ohne sie. Sie wird von Schwindel erfaßt. Sie kann nicht ohne ihn leben. Sie ist zu verletzlich. Sie ist es leid, sich immer nur zu verstellen. Möchte wieder ein kleines, ganz gewöhnliches Mädchen sein, weinen können und in zärtlichen Armen Zuflucht suchen. Aufhören, die schöne Gleichgültige zu spielen und »Stopp« sagen. Aber egal wohin sie sich wendet, sie findet niemanden, der sie trösten könnte. Ihre Mutter versteht sich nicht auf Zärtlichkeiten, ihr Kindermädchen ist fort und ihre kleine Schwester ist noch zu jung. In solchen Augenblicken macht sich das Fehlen einer Freundin, einer Kameradin, der man alles erzählen kann, erscheckend bemerkbar. Von diesen Momenten maßloser Niedergeschlagenheit wird Jackie ganz plötzlich überfallen, ohne daß sie wirklich weiß warum. Anfälle der Verzweiflung, die sie in eine abgrundtiefe Trübsal stürzen. Dann fühlt sie sich schrecklich allein, ratlos. Sie hat den Eindruck, nichts mehr zu haben, an dem sie sich festhalten könnte, und gerät in Panik. Ihre Not äußert sich in plötzlichen Stimmungsumschwüngen, die für ihre Umgebung völlig rätselhaft sind. Für sie selbst übrigens auch. Sie ist auf die ganze Welt wütend, ohne zu wissen warum. Sie gerät heftig mit ihrer Mutter aneinander, schließt sich dann in ihr Zimmer ein und will nicht mehr herauskommen. Es hätte einer anderen Erziehung bedurft, damit sie es wagte, über ihre Traurigkeit zu sprechen, um ihren Kummer selbst in ungeschickte Worte zu fassen, damit er Realität werden und sie ihn entweder überwinden oder akzeptieren könnte. Aber man hat ihr das genaue Gegenteil davon beigebracht: nie Gefühle zu zeigen. Deshalb zieht sich Jackie noch ein wenig mehr aus der Realität zurück und driftet in ihre Phantasiewelt ab. Sie ist weit, weit weg.

Sie hätte auch eine viel sensiblere, zärtlichere und aufmerksamere Mutter nötig, als Janet sie ist. Doch alles, was nicht ausgesprochen wird, existiert für Janet ganz einfach nicht, und das ist auch besser für sie. In gleicher Weise, wie ihr jede Art von Unordnung zuwider ist, weicht sie stur jeder direkten Konfrontation, jedem Wutausbruch und jeder größeren Aussprache aus. Außerdem hat Janet im Augenblick andere Sorgen. Sie muß erst einmal finanziell zurechtkommen und dann später auch wieder heiraten. Eine anständige Frau bleibt nämlich nicht allein. Und schließlich muß sie sich auch noch in dem unerbittlichen Kampf behaupten, den Jack Bouvier ihr liefert, um sich der Liebe seiner Töchter zu versichern. Zwischen Jack und Janet herrscht jetzt nämlich nur noch Krieg und Haß. Und dabei hat Janet eindeutig die schlechteren Karten. Da die Kinder ihr zugesprochen wurden, ist sie es, die ihnen die ganze Woche über zusetzt, damit sie sich bei Tisch benehmen, einer Dame »Guten Tag« sagen, nicht in den Sesseln herumlümmeln, gute Noten von der Schule heimbringen, ihre Milch trinken, sich jeden Abend die Zähne putzen und um Punkt acht Uhr ins Bett gehen. Sie ist es, die ständig wiederholt, daß das Leben schwieriger geworden sei, daß man weder den Unterhalt für das Pony weiter bezahlen noch das schöne Kleid im Schaufenster kaufen könne, und daß man mit dem Geld sparsam umgehen müsse. »Man findet das Geld nicht auf der Straße«, wiederholt sie andauernd. Sie paukt ihnen Ermahnungen ein, überwacht, läßt nichts durchgehen. Sie erzieht ihre Töchter wie die Aufseherin eines strengen Pensionats. Aber sie geht auch immer öfter aus, ist erschreckt über die Zeit, die so schnell vorbeigeht (sie ist 34 Jahre alt), und den Ehemann, der sich einfach nicht einstellen will. Sie trinkt immer noch zuviel, wacht morgens spät und mit schlechter Laune auf. Schreit wegen jeder Nichtigkeit. Schluckt Schlaftabletten, um schlafen zu können, und Vitaminpillen, um wieder munter zu werden.

Dann ist Wochenende, und Jack Bouvier erscheint auf der Bildfläche. Nun kann das Fest beginnen! Black Jack schießt ein ganzes Feuerwerk ab: Spazierritte durch den Park, Essen in vornehmen und teuren Restaurants, Schlittschuhlaufen im Rockefeller Center, Theater mit Führung hinter den Kulissen, Kino und anschließend Lärm und Radau in seinem Appartement, ohne daß er von seinen Töchtern verlangen würde, daß sie aufräumen oder pünktlich schlafen gehen sollen. Er überhäuft sie mit Geschenken, und kaum haben sie einen Wunsch geäußert, erfüllt Papa ihn auch schon wie durch Zauberei.

Jack Bouvier ist entzückt, daß seine beiden Töchter ihn anbeten. Es ist so einfach, Kinder zu faszinieren! Wenn er mit ihnen zusammen ist, fühlt er sich wohl, wohler als in der Welt der Erwachsenen, in der die armseligen Tricks, die er sich ausdenkt, um Geld zu verdienen, immer öfter auffliegen. Am Samstag und Sonntag muß er sich nicht verstellen, kann er ganz in seine Kindheit zurückfallen, der er nie ganz entwachsen ist. Er amüsiert sich genauso wie seine Töchter. Nichts ist mehr wichtig. Er weiß, daß er seine finanziellen Reserven seit langem angegriffen hat und daß sein Vermögen in der Hitze seiner Transaktionen dahinschmilzt. Doch im Moment weigert er sich, darüber nachzudenken. Im Moment ist seine größte Sorge, die Kinder dem Einfluß seiner Exfrau zu entziehen.

Jack Bouvier drückt seinen Töchtern sein Siegel auf, damit niemand sie ihm je wieder wegnehmen kann. Dieser Mann, der überall versagt hat, will wenigstens sein letztes Abenteuer mit Erfolg krönen und Jackie und Lee zu seinen Geschöpfen machen. Er erfindet ein Theaterstück, das er jedes Wochenende mit ihnen in Szene setzt. Stephen Birmingham berichtet von den tausenderlei Strategien, die dieser geborene Verführer anwendet, um seine beiden Mädchen zu blenden. Sie sind die einzigen Frauen, vor denen er nie die Flucht ergreift.

Er kennt alle Regeln von Anmut und Vornehmheit. Er liebt teure Kleider und eine elegante Aufmachung. Aber er bringt ihnen auch bei, daß es nicht reicht, sich prächtige Kleider zu kaufen, sondern daß man sich auch darauf verstehen muß, sie einzigartig zu machen, ihnen dieses gewisse Etwas hinzufügen, das sie unvergeßlich macht. Er führt sie vor die schönen Schaufenster der Fifth Avenue und erklärt ihnen, was schick ist und was nicht. Er hält Vorträge über eine Schleife, einen Gürtel, den Schnitt eines Ärmels oder eine Knopfleiste. Dann inspiziert er sie

von Kopf bis Fuß und verkündet, daß ihre Mutter wirklich überhaupt keinen Geschmack habe. Aber er wird das schon in Ordnung bringen. Darauf folgen tolle Streifzüge durch die Geschäfte, in denen Jackie und Lee fasziniert den Theorien ihres Vaters lauschen, ihm zusehen, wie er Kostüme und Kleider auswählt, die sie anprobieren müssen und denen er immer noch ein winziges Detail hinzufügt, einen Unterrock, einen Ausschnitt oder eine Brosche. Anschließend kauft er all die Dinge, die sie so schön, so anders machen, und läßt sie in Seidenpapier und große, graugoldene Schachteln einpacken.
»Es reicht jedoch nicht«, fährt er unmittelbar darauf fort, »schöne Kleider zu haben, man muß ihrer auch würdig sein. Einen persönlichen Stil entwickeln. Eine Wesensart, die die Männer verrückt und alle anderen Frauen erbärmlich banal macht. Und dafür«, fügt er mit der festen Überzeugung eines alten Routiniers der Verführung hinzu, »müßt ihr hochmütig und kalt sein. Unerreichbar. Schmückt euch mit einem geheimnisvollen, mysteriösen Lächeln. Ein Geheimnis verdreht den Männern den Kopf, wirft sie euch zu Füßen. Ich muß es schließlich wissen«, murmelt er verlockend. »Habt Vertrauen zu mir.«
Doch es ist weit mehr als Vertrauen, seine Töchter beten ihn an, und er weidet sich an der maßlosen Liebe, die er in ihren Augen liest. In ihnen sucht er die Bestätigung dafür, daß sein Traum Gestalt annimmt, daß Jackie und Lee nur noch auf ihn hören, ihr zukünftiges Schicksal in seine Hände legen. Ihm schon im voraus all ihre Liebhaber, Verlobten und Ehemänner ausliefern.
Beruhigt und berauscht predigt er dann weiter. »Später, wenn ihr einmal groß seid und öfter ausgeht, werdet ihr irgendwann einmal auf einer Abendgesellschaft einen

Mann bemerken. Einen Mann, von dem ihr glaubt, er sei der charmanteste, der attraktivste von allen, kurz und gut, einen, der euch sehr gefällt. Dann laßt eure Verwirrung auf gar keinen Fall erkennen, werft euch ihm nicht an den Hals; im Gegenteil, ignoriert ihn. Geht nahe genug an ihm vorbei, damit er euch bemerkt, euch mustert, aber schreitet vorbei, ohne ihn auch nur anzuschauen. Macht ihn neugierig. Versetzt ihn in Erstaunen, aber kommt ihm nicht zu nahe. Laßt euch nicht gehen. Selbst wenn er euch später einlädt und ihr ihm das ungeheure Privileg einräumt, euch eines Abends begleiten zu dürfen, müßt ihr ihn auf Distanz halten. Zieht ihn nicht ins Vertrauen. Bleibt mysteriös, unerreichbar, damit er nie den Eindruck hat, euch zu kennen, euch zu besitzen. Sobald ein Mann befriedigt ist, geht er auch schon wieder.«

»Wißt ihr zum Beispiel«, fährt er, von der stummen Bewunderung der beiden Mädchen mitgerissen, fort, »wißt ihr, wie man einen Raum voller Gäste betritt?« Nein, nein, bedeuten Jackie und Lee, indem sie nur den Kopf schütteln, viel zu fasziniert sind, als daß sie auch nur ein Wort herausbekommen könnten. »Nun«, fährt er in einem Atemzug fort, »man muß lächelnd hereinkommen, mit einem breiten, ganz selbstverständlichen Lächeln, das nichts von eurer Seele offenbart, das Kinn erhoben, den Blick starr geradeaus gerichtet, und dabei die ganze Versammlung ignorieren, gerade so, als wärt ihr ganz allein auf der Welt. Beachtet die anderen Frauen nicht, fragt euch nie, ob sie schöner sind oder besser angezogen als ihr. Wiederholt euch immer wieder, daß ihr die Verführerischsten seid, doch bleibt dabei immer mysteriös und unnahbar, dann ...«

»Dann?« fragen Jackie und Lee wie aus einem Munde.
»Dann haben alle Männer nur noch Augen für euch und werden euch umringen wie Scarlett O'Hara in *Vom Winde verweht.*«
Jackie kennt Scarlett. Sie hat den Roman von Margaret Mitchell gelesen. Sie träumt von Miss O'Hara. Außerdem sieht ihr Vater doch Rhett Butler merkwürdig ähnlich? Bittet man ihn auf der Straße nicht um Autogramme, weil man ihn für Clark Gable hält?
Und dann legt ihr Vater ihr die Anleitung, wie sie ihrer Lieblingsheldin an Verführungskünsten ebenbürtig werden kann, zu Füßen. Dadurch verbindet sie dieselbe glühende Leidenschaft.
Um zu überprüfen, ob die Lektion auch richtig verstanden wurde, verlangt er von Lee und Jackie, sie auf der Stelle in die Tat umzusetzen. Jackie ist die begabtere von beiden. Sie steht auf und mimt die schöne Gleichgültige, setzt glänzende Augen, ein strahlendes Lächeln auf, nimmt die Stimme eines kleinen, verlorenen Mädchens an. Das alles mit einer Anmut und Selbstverständlichkeit, die Jack Bouvier mit Freude und Stolz erfüllen.
»Meine Tochter, meine Schönste, mein Allerteuerstes, du bist eine Königin ...«, sagt er, während er in einer Verneigung versinkt, die einem Prinzen von Geblüt zur Ehre gereicht hätte.
Es ist, als wohne man zweihundert Jahre später den ebenso subtilen wie grausamen Lektionen bei, die der gerissene Valmont der kleinen Cécile Volanges erteilte[1]. Aber man erinnere sich: Jack Bouvier hat französische

[1] Valmont und Cécile Volanges sind Figuren aus dem französischen Roman *Gefährliche Liebschaften* von Choderlos de Laclos (1741-1803) [A. d. Ü.].

Vorfahren, und auch wenn sein Wappen frei erfunden ist, so fließt doch das Blut eines Lüstlings durch seine Adern. Er steht dem verführerischen Valmont nahe und wird ebenso wie dieser den Verlust seiner einzigen Liebe, nämlich den seiner kleinen Tochter Jacqueline, nicht überleben.

Jedes Wochenende fügt Jack seinem Unterricht eine kleine Nuance oder eine praktische Übung hinzu. Als sie eines Sonntags zu einem Familientreffen eingeladen sind, läßt er antworten, daß er nicht wisse, ob sich seine Töchter und er an diesem Tag freimachen könnten. Sie seien ja so beschäftigt! Erhielten so viele Einladungen! Am bewußten Tag erscheinen sie dann zu dritt mit einer wohleinkalkulierten Verspätung als Zeichen ihrer Vornehmheit. Im kleinen Familienkreis hatte man überhaupt nicht mehr mit ihnen gerechnet, begrüßt sie herzlich, dankt ihnen dafür, doch noch gekommen zu sein, und umringt sie. Jackie wirft ihrem Vater einen bewundernden Blick zu: Er hatte recht. Diese Entdeckung ist so etwas wie ein magisches Sesam-öffne-dich, das sie künftig mit einem ungebrochenen Talent nahezu virtuos ausüben wird. Eines Tages wird die Schülerin ihren Meister sogar noch übertreffen, aber dieser wird dann nicht mehr da sein, um der Krönung seiner Tochter beizuwohnen.

So hatte die kleine Jackie also gelernt, undurchsichtig zu sein, völlig undurchsichtig. Sich in Gesellschaft immer gleichgültig und königlich zu geben, selbst wenn sie vor Angst oder Schüchternheit wie gelähmt war. Mit erhobenem Kinn, lächelnd und kerzengerade mußte sie sich nur an die Unterweisungen ihres Vaters erinnern, und

schon schauten alle nur noch auf sie und war das schreckliche Lampenfieber, das sie eine Minute zuvor noch geschüttelt hatte, verflogen.
Auf diese Weise verliert sie allmählich den Kontakt zu ihrem wahren Ich. Sie versteckt die Wahrheit, die sehr viel grausamer und komplizierter ist. Sie entspricht nicht mehr ihrem äußeren Erscheinungsbild. Sie besitzt weder diese Selbstsicherheit noch diese Gleichgültigkeit. Sie nimmt die Haltung einer Doppelgängerin an, die bisweilen zwar praktisch ist, die ihr jedoch fremd bleibt und sie davon abhält, sich selbst zu entfalten. Bricht einmal doch die echte Jackie durch, wird sie selbst damit am meisten aus der Fassung gebracht. Sie begreift das dann selbst nicht und schwankt am Rande des Abgrunds, von Schwindel und Panik ergriffen. Was ist denn das für eine? Wo kommt die denn her?
Leider muß man am Sonntag abend wieder nach Hause. Die verzauberte Welt eines Jack Bouvier verlassen, um in die glanzlosere und prosaischere Welt von Janet Lee zurückzukehren. Natürlich hört Janet nicht auf zu toben, wenn sie die großartigen Geschenke sieht, die Jackie und Lee mitbringen. Außerdem muß sie mitansehen, wie die Mädchen in ihren Festtagskleidern herumstolzieren, und muß den ganzen Bericht der beiden wundervollen Tage, die sie gemeinsam mit ihrem Vater verbracht haben, haarklein über sich ergehen lassen. »Papa sagt, daß ...« »Papa findet, daß ...« »Bei Papa ist es großartig, weil ...« »Mit Papa können wir ...«
Und wenn sie die Kinder um punkt acht Uhr schlafen schickt, erhält sie lediglich einen protokollarischen, trockenen Kuß voller Bedauern, weil das herrliche Wochenende schon zu Ende ist.

Wie alle Kinder von geschiedenen Eltern hat Jackie rasch begriffen, daß sie das von ihrer Mutter aufgestellte pedantische Reglement dadurch abmildern kann, daß sie die Vorzüge des Lebens bei ihrem Vater hervorhebt. Wutschnaubend bleibt Janet stur. Und doch kommt es vor, daß sie machtlos nachgibt. Sie hat weder das Geld noch den Schneid, es mit ihrem Exgatten aufzunehmen. Wütend gibt sie klein bei, nimmt sich dabei aber fest vor, sich irgendwann zu revanchieren. Ihre Wut läßt sie an ihren Töchtern aus. Insbesondere an Jackie. Sie verprügelt die Mädchen mit Kleiderbügeln oder einer Haarbürste und schärft der Gouvernante ein, ihnen jedesmal, wenn sie den Namen ihres Vaters erwähnen, den Hintern zu versohlen. Während Jack Bouvier seinen Töchtern beibringt, etwas Besonderes, Einzigartiges zu sein, auf sich aufmerksam zu machen und auf gar keinem Fall jemand anderem zu ähneln, träumt Janet genau vom Gegenteil. Sie haßt es, wenn Jackie sie von oben herab behandelt, sie mit einem Schmollmund mustert und das Leben ihrer Mutter spießig und beengt findet. Sie zittert beim Gedanken daran, sie könne jeden Einfluß auf ihren Nachwuchs verlieren. Sie verwünscht ihren Exmann immer mehr und nimmt sich jeden Sonntagabend vor, seiner Herrschaft ein Ende zu setzen. Doch vorläufig bleibt ihr nichts anderes übrig, als ihren Ärger hinunterzuschlucken und die zahlreichen Bemerkungen zu ertragen, die ihr von ihren beiden reizenden Töchtern, die einen Vorteil aus der ganzen Situation ziehen wollen, an den Kopf geworfen werden.
Es sollte noch zwei Jahre dauern, bis Janet Lee, Ex-Bouvier, endlich im Jahre 1942 das Glück auf ihrer Seite hat. Nämlich in der Gestalt von Hugh Dudley Auchincloss,

den sie bei einer Freundin kennengelernt hat und der kurz darauf um ihre Hand anhält. Hugh Auchincloss ist schottischer Abstammung und in der guten Washingtoner Gesellschaft eine bekannte Persönlichkeit. Er ist sehr reich und hat sogar eine eigene Geschäftsbank gegründet. Er besitzt Schiffe, Häuser, Pferde, Gemälde, Treibhäuser, mehrere Rolls-Royce und unerschöpfliche Bankkonten. Er ist Mitglied in den exklusivsten Clubs und wird zu allen Festen in Washington eingeladen. Vor allem wirkt er seriös, gutmütig, zuvorkommend und wohlerzogen: alles Eigenschaften, die Janet zu schätzen weiß. Natürlich ist er auch etwas schwerfällig, ein bißchen langweilig und erzählt andauernd dieselben ganz und gar nicht lustigen Geschichten. Und zuweilen sogar etwas zerstreut: Dann kann es passieren, daß er vollständig angezogen in den Swimmingpool springt. Außerdem ist er - schottisches Blut verpflichtet - außerordentlich geizig und beweist eine unvergleichliche Erfindungsgabe, wenn es darum geht zu sparen. Im Winter verbietet er den Gebrauch von Kühlschränken und Tiefkühltruhen und schärft allen ein, leicht verderbliche Lebensmittel draußen zu lagern. Sobald das Wetter milder wird, muß dann alles Hals über Kopf hereingeholt und die Geräte wieder eingeschaltet werden.
Sein einzig wirkliches Laster verbirgt er vorzüglich: Er sammelt Pornographie. Er besitzt eine ganze Bibliothek mit Büchern, Filmen, Illustrationen und Dias über die tausenderlei sexuellen Perversionen des Menschen. Auf der Suche nach seltenen Dokumenten durchstöbert er sämtliche Spezialgeschäfte und gibt ein Vermögen dafür aus, das jeweilige Foto oder die Publikation, die ihm in seiner Sammlung noch fehlen, zu erwerben. Bisweilen

besucht er auch ein Luxusbordell. Doch ist er ein sehr gutorganisierter Mann, der seine Phantasien auf der einen und das Familienleben auf der anderen Seite lebt, ohne daß sich beide je überschneiden. Janet will von eventuellen Fehlern ihres Auserwählten jedenfalls nichts wissen. Dieser friedliche Mann ist schon zweimal geschieden und bereits Vater dreier Kinder, aber das stört sie nicht. Sie ist der ehrlichen Überzeugung, daß sie mit Jack Bouvier das Schlimmste überhaupt erlebt hat. Sie ist geblendet und kann es gar nicht fassen, daß jemand wie Auchincloss ein Auge auf eine sechsunddreißigjährige geschiedene Frau mit zwei Kindern im Schlepptau geworfen hat.

Ein weiterer Vorteil ist, daß er in Washington wohnt. Auf diese Weise macht sie nicht nur ihr Glück, sondern entfernt gleichzeitig ihre beiden Mädchen von New York und Jack Bouvier. Ohne sich etwas anmerken zu lassen, bereitet Janet ihre Revanche vor.

Für Black Jack ist diese zweite Heirat eine persönliche Beleidigung, eine nur schlecht kaschierte Rache: Man nimmt ihm ganz einfach seine beiden Töchter weg. Sie werden nach Washington ziehen, wodurch er jede Kontrolle über ihr Leben verliert. Damit sollte er nicht recht behalten. Anfangs begegnen Jackie und Lee diesem Stiefvater mit Mißtrauen. Doch schon bald akzeptieren sie ihn. Für sie ist er Onkel Hughie, ein großer Teddybär, den sein Lebensstandard ausgesprochen sympathisch macht. Die beiden Mädchen wissen, wo ihr Vorteil liegt. Onkel Hughie besitzt zwei herrliche Anwesen: Merrywood in Washington und Hammersmith Farm in Newport. Merrywood liegt in einem dreiundzwanzig Hektar großen Park, durch den der Potomac fließt und

zu dem ein Olympiaschwimmbad, ein Badmintonplatz, zwei Pferdeställe, Reitwege und eine Garage für vier Autos gehören. Das Haus selbst hat acht Schlafzimmer mit acht Badezimmern, eine riesige Küche und Wohnungen für die zahlreichen Bediensteten. Hammersmith Farm ist noch grandioser: achtundzwanzig Zimmer, dreizehn Kamine und ein Aufzug. Auf der einen Seite das Meer, auf der anderen englischer Rasen so weit das Auge reicht. Natürlich gibt es dort auch die dazu passenden Pferde, Dienstboten und Rolls-Royce. Hammersmith Farm ist das Ferienhaus, Merywood die Hauptwohnung. In beiden hat sich Jackie ein prachtvolles, etwas abseits gelegenes Zimmer ausgesucht, das sie in langen Briefen an ihren Vater beschreibt. Sie ist jetzt ein dreizehnjähriger Teenager, der die Vorzüge dieses neuen Lebens zu schätzen weiß. Sie hat die lateinische Sprache entdeckt, ein Fach, in das sie sich »verliebt« hat, und vertieft sich in Übersetzungen und Übertragungen. Sie hat auch Onkel Hughies Kinder entdeckt, mit denen sie sich außergewöhnlich gut versteht. Endlich hat sie den Eindruck, zu einer Familie zu gehören, und darüber hinaus auch noch zu einer harmonischen Familie. Für sie ist das etwas ganz Neues und zugleich Beruhigendes.
Black Jack schäumt jedesmal vor Wut, wenn er einen Brief von Jackie erhält. Er flucht lauthals über seine Exfrau, kippt einen Martini nach dem anderen hinunter, bekommt Tobsuchtsanfälle, schließt sich nur in Unterhosen und Strümpfen zu Hause ein und hadert dabei mit seinem Schicksal. Er wird verbittert, mürrisch und ertränkt seine Übellaunigkeit in immer mehr Alkohol. Er erträgt nicht, daß seine Tochter ohne ihn glücklich ist.
Da er Janet nun einmal nicht erwürgen kann, gibt er der

ganzen Welt die Schuld: den Juden, Iren, Italienern, Franzosen. Und das alles mitten im Zweiten Weltkrieg... Aber sowohl für Jack Bouvier als auch für Janet Auchincloss ist der Krieg ein Ereignis, das sich auf einem fernen Schauplatz abspielt und auf gar keinen Fall ihr Leben stören darf!

Jackie ist offenbar glücklich. Sie ist noch genauso zurückhaltend, eigenbrötlerisch und unberechenbar wie zuvor und verbringt viele Stunden allein in ihrem Zimmer damit, Gedichte zu schreiben, zu zeichnen und zu lesen. Oder reitet durch die Umgebung. Sie hat *Danseuse,* die Stute ihrer Mutter, bekommen und unternimmt endlose Spazierritte, bei denen sie galoppiert, über Hecken springt, Füchse verfolgt und ihren Gedanken nachhängt.

Ihre Mutter, die sich noch genauso pedantisch und autoritär verhält, nutzt die Entfernung von Black Jack aus, um ihre Töchter wieder strenger bei der Hand zu nehmen, ihnen ihre Ordnung und Vorstellungen einzuimpfen. Allerdings ist sie viel zu beschäftigt, um die ganze Zeit über anwesend zu sein. Da ist zunächst einmal ihr Mann, dem gegenüber sie sich unbedingt als perfekte Ehefrau erweisen will; zweitens hat sie sich in den Kopf gesetzt, die beiden Anwesen neu einzurichten, um den angemessenen Rahmen für eine Frau aus der Oberschicht zu schaffen. Diese Aufgabe nimmt den Großteil ihrer Zeit in Anspruch. Sie vermißt die Räume mit einer Innenarchitektin, verbringt Stunden damit, Stoffe, Möbel, Lampen und Nippsachen auszusuchen, wobei sie auch vom geringsten Detail geradezu wie besessen ist. Alles muß perfekt sein. Und von sehr erlesenem Geschmack. So wird in Hammersmith Farm beispielsweise

ein Stubenmädchen eingestellt, deren einzige Aufgabe darin besteht, die Papierkörbe, die nie überquellen dürfen, ständig zu leeren.
Jackie kann nicht umhin, den Luxus und die Ruhe ihres neuen Lebens mit den Ausschweifungen ihres Vaters zu vergleichen. Im vorherigen Sommer hatte Black Jack ihr die Anwesenheit seiner damaligen Geliebten zugemutet, mit der er sich überall zeigte, die er in aller Öffentlichkeit küßte, mit der er sich herumwälzte und die er an den unmöglichsten Orten liebte. Im Haus, das er gemietet hatte, teilten sie dasselbe Zimmer. Es war auch diese »Kreatur«, die für die beiden kleinen Mädchen das Essen zubereitete. Wiederum diese »Kreatur«, die im Wagen vorne einstieg. Und ebenfalls diese »Kreatur«, die die beiden Schwestern jedesmal, wenn sie zu einer Abendgesellschaft oder einem Ausflug eingeladen waren, begleitete. Jackie fand das Benehmen ihres Vaters ganz schrecklich. Doch sie war wie versteinert, hat sich nicht getraut, etwas zu sagen. Sie hatte sich so darauf gefreut, einen Monat mit ihrem wundervollen Vater zu verbringen, aber sein Verhalten hat sie schrecklich verletzt. Sie konnte ihn nicht begreifen. Wenn gleichaltrige Teenager fragten, wer denn diese Dame sei, begnügte sie sich damit, die Augen abzuwenden und ihre Scham und die Tränen hinunterzuschlucken. Zum ersten Mal im Leben hatte sie es eilig, in die sterile Welt ihrer Mutter zurückzukehren. Solcherlei Szenen mußte sie bei Janet und Onkel Hughie nicht erleben.
Mit fünfzehn Jahren wird Jackie 1944 ins Farmington Internat geschickt, eine ausgesprochen schicke Schule für junge Mädchen aus gutem Hause. Die dortigen Lehrer sind ausgezeichnet, die Disziplin ist streng und die Stim-

mung eher gedämpft. Alle Schülerinnen stammen aus sehr reichen Familien, und Jackie leidet darunter, daß sie nicht so viel Geld hat wie die anderen. Tatsächlich schickt ihr Vater nur fünfzig Dollar im Monat, und ihre Mutter gesteht ihr lediglich ein äußerst knappes Taschengeld zu, das Onkel Hughie genau kontrolliert. Die anderen jungen Mädchen finden es alle normal, ihr eigenes Pferd mit ins Internat zu bringen. Aber weder Jackies Eltern noch Onkel Hughie sind bereit, den Unterhalt für *Danseuse* zu bezahlen. Deshalb beschließt Jackie, ihren Großvater zu becircen, indem sie ihm Zeichnungen und Gedichte schickt und ihn dann um einen Zuschuß bittet. Der Großvater gibt nach, so daß Jackie ihre Stute kommen lassen kann. Aber sie braucht noch eine Decke für das Pferd. In einem Brief an ihre Mutter erwähnt sie ganz beiläufig, daß sie gezwungen war, eine zu stehlen, weil sie nicht genug Geld hatte, um eine zu kaufen. Entsetzt schickt ihr Janet postwendend das Geld.

Jackie hat also dazugelernt. Gelernt, mit allen Mitteln das zu erreichen, was sie will. Gelernt, sich anderer Leute zu bedienen. Zu mogeln, sich zu verstellen und die Fäden in der Hand zu behalten. Was ihr nicht besonders schwerfällt, da sie selbst schon lange Zeit von ihrem Vater und ihrer Mutter so behandelt wird.

Sie ist nicht gerade das beliebteste Mädchen der Schule. Ganz im Gegenteil! Man hat ihr sogar den Spitznamen Jacqueline Borgia gegeben, so herablassend, autoritär und kalt kann sie sein. Sie ist keine Freundin, der man auf die Schulter klopfen oder von der man sich einen Pullover leihen kann. Aber es kommt vor, daß sie alle anderen durch ihre Aufsässigkeit und ihren Nonkonformismus verblüfft. Dann spielt sie geradewegs den Clown. Oder sie verstößt gegen das Reglement der Schule: raucht in ihrem Zimmer, schminkt sich auffallend, frisiert sich auf extravagante Weise, kippt einem Lehrer, den sie nicht leiden kann, eine Schokoladentorte in den Schoß oder nimmt vor der Kamera einer Schulkameradin wollüstige und provozierende Posen ein. Und gliedert sich danach sofort wieder in die perfekte Ordnung des College ein. Ihre Lehrer begreifen das alles nicht und wundern sich: Wie kann sich eine so glänzende Schülerin nur auf einmal so frech und so furchtbar kindisch benehmen? Und warum sträubt sie sich so hartnäckig dagegen, diese Kleinmädchenstimme aufzugeben? Das alles ist merkwürdig und ärgerlich zugleich. Es wäre an der Zeit, daß Jacqueline erwachsen wird.

Getreu ihren sonstigen Gewohnheiten ist Jackie allein. Sie hat keine engere Freundin und interessiert sich ausschließlich für den Unterricht, ihre Bücher und ihr Pferd. Doch immerhin kommt sie in Farmington dem, was man eine Freundschaft nennen könnte, ziemlich nahe, weil sie dort das Zimmer mit Nancy Tuckerman teilt, mit der sie das ganze Leben über eng verbunden bleiben wird. Nancy wird zwar in Jackies Privatsphäre aufgenommen, versteht aber sehr schnell, daß es sich hierbei um ein Privileg handelt, und weist sich selbst von Anfang an die Rolle der getreuen Gehilfin zu. Sie wird nie versuchen, eine Hauptrolle zu spielen. Die steht ganz selbstverständlich Jackie zu.

In dieser snobistischen und prätentiösen Schule lernt Jackie, wie man sich durchsetzen kann. Zum ersten Mal lebt sie in einer Gemeinschaft und kann die Prinzipien ihres Vaters in die Praxis umsetzen. Hier beginnt sie das auszuarbeiten, was später einmal ihr Stil werden soll. Sie ist nicht die Allerschönste: Ihr Kinn ist zu eckig, das Haar zu lockig, ihre Augen stehen zu weit auseinander, die Arme sind mit einem dunklen Flaum bedeckt, die Brust ist zu flach und die Haut mit Muttermalen übersät. Aber sie *ist* jemand ... Sie tritt auf und drängt sich unwillkürlich auf. Die Lehrer sprechen von ihrer Intelligenz, ihrer großen Allgemeinbildung, ihrem Wissensdurst und ihrem Interesse an allem, was Kunst betrifft und avantgardistisch ist. Sie hört das alles, brüstet sich jedoch nie damit. Als wäre es ganz selbstverständlich. Distanz, immer wieder Distanz! Sie geht das Leben mit einer so großen Reserviertheit an, daß sie dadurch sehr erhaben wirkt. Die einen finden sie eingebildet, die anderen faszinierend. Aber alle sind irgendwie eingeschüchtert.

Ihre Eltern behandelt sie exakt genauso. Besucht sie nicht so oft, wie sie könnte. Beantwortet ihre Briefe mit kurzen, hastig hingekritzelten Mitteilungen. Und wenn sich Black Jack beschwert, antwortet sie ihm, daß sie etwas anderes zu tun habe: Sie muß lernen, ein Examen oder den Unterricht vorbereiten, hat Theaterproben (sie hat an der Schule einen Theaterkurs belegt) oder muß einen Artikel für die Schülerzeitung schreiben. Er tobt, droht damit, ihr den Geldhahn abzudrehen. Aber sie läßt sich nicht einschüchtern. Er brüllt, daß er sie nicht mehr wiedererkenne, daß man sie verwandelt habe, daß bestimmt ihre Mutter und dieser verfluchte Auchincloss dahintersteckten. Doch sie gibt nicht nach. Sie entscheidet von nun an selbst, wen sie sehen, wie sie sich anziehen und wie sie ihre Zeit verbringen will. Die Zeit, in der ihre Eltern sie sich gegenseitig aus den Händen rissen und zu beeinflussen suchten, ist endgültig vorbei. Will man sie dennoch zu etwas zu zwingen, kann sie gewalttätig und aggressiv werden. Sie verteidigt ihren Freiraum, ihre Unabhängigkeit, erträgt keinen Befehl, keine Einmischung in ihr Privatleben. Das bedeutet allerdings nicht, daß sie ihren Vater nicht mehr liebt. Sie möchte nur niemandem mehr gehören.

So ist beispielsweise auch nicht im geringsten sentimental. Jungen interessieren sie einfach nicht. Sie findet sie »pickelig, linkisch und langweilig«, programmiert, als wäre ihr ganzes Leben schon vorherbestimmt. »Wie langweilig muß es sein, die Frau von einem dieser Burschen zu werden!« seufzt sie. Im Gegensatz zu allen anderen gleichaltrigen Mädchen ist Liebe kein Thema, für das sie sich besonders interessiert. Sie kann sich sehr gut vorstellen, ihr ganzes Leben »ohne Liebe und ohne Mann« zu verbringen. »Wie eine alte Jungfer!« ruft Nancy, die dem Monolog ihrer Freundin beiwohnt, entsetzt. »Wieso eigentlich nicht?« antwortet Jackie, »Männer sind nicht alles im Leben ...«

Selbst wenn sie es energisch abstreitet, so ist der einzige Mann, der für sie immer ein Vorbild bleibt und auf dessen Besuch sie jeden Samstag hofft, immer noch Black Jack. Wenn er dann endlich kommt, wenn sie in der von alten Häusern und hohen Eichen gesäumten Allee, die zur Schule führt, seine große Gestalt, seinen triumphierenden, lässigen Gang erspäht, wirkt der alte Zauber jedesmal von neuem, und ihr Herz beginnt laut zu klopfen. Da sie nie im voraus weiß, in welchem Zustand er ist, hält sie sich zurück. Sie hat gelernt, sich zu beherrschen. Sie wirft sich ihm nicht mehr an den Hals. Sie verschlingt ihn nicht mehr mit den Augen. Sie beobachtet ihn und ist erleichtert, wenn er nüchtern und auf dem Damm ist. Sie läßt sich nicht mehr von seinen Koseworten hinreißen. Dazu ist sie viel zu mißtrauisch. Sie macht spitze Bemerkungen, rät ihm, eine Therapie zu machen. Sie überläßt die Begeisterung ihren Freundinnen, die vor Zuneigung zu Black Jack überfließen und beim geringsten Kompliment, das er ihnen macht, geradezu außer sich geraten. Er behext, bezaubert sie, spielt den Hanswurst, mimt den Don Juan, doch ist es vor allem seine Tochter, die er verführen möchte. Jackie beobachtet ihn gerührt und amüsiert in seiner alten Rolle als Black Jack. Ihre Zurückhaltung schmilzt, und sie läßt sich gehen.

Jack Bouvier ist bei allen Festen dabei und erscheint jedesmal, wenn es sich darum dreht, seine Tochter zu beklatschen. Er abonniert die Schülerzeitung, deren Redakteurin sie ist, und nimmt stolz zur Kenntnis, daß seine Lektionen Früchte tragen: Jackie kann auf der Bühne agieren, sich bewegen und legt dabei eine Selbstsicherheit an den Tag, die sie im wirklichen Leben nicht immer besitzt. Sie ist eine ausgezeichnete Schauspielerin.

Die Nachmittage sind herrlich für Jack Bouvier. Er kann sich fast ungläubig vergewissern, daß er auf seine Tochter immer noch denselben Einfluß ausübt. Für Jackie sind diese Nachmittage zauberhaft und beängstigend zugleich. Wenn er wieder geht, weiß sie nicht mehr, wer sie ist: die waghalsige und ach so besondere Jackie, die ihr Vater sich wünscht, oder das kleine, wohlerzogene Mädchen, das vom engen Korsett der Erziehung sowohl ihrer Mutter als auch des Internats geformt wurde? Wenn sie etwas ausfrißt und die Lehrer schockiert, geschieht das immer nach einem Besuch Black Jacks.

Nach ihrem Schulabschluß wird Jack Bouvier entzückt die Bildunterschrift lesen, die seine Tochter eigenhändig unter ihr Klassenfoto gesetzt hat: »Jacqueline Bouvier, 18 Jahre: will es im Leben zu etwas bringen und weigert sich, eine Hausfrau zu werden.«

Er reibt sich die Hände; Janet Auchincloss hat die Partie verloren. Seine Tochter wird nie eine gewöhnliche Frau mit gewöhnlichen Wünschen sein, die von gewöhnlichen Menschen umgeben ein gewöhnliches Leben führt. Das alte, brodelnde Blut der Bouviers hat letztendlich das spießbürgerliche Blut der Lees bezwungen. Sein »Du wirst einmal eine Königin sein, meine Tochter« hat schließlich den Sieg über die kleinkarierten Hoffnungen seiner Exfrau davongetragen.

III

Jack Bouvier hat sich ein wenig zu früh gefreut. Noch im selben Jahr, nämlich 1947, bittet Jackie ihre Mutter, einen Debütantenball für sie zu organisieren. Entzückt kommt Janet Auchincloss dem nach. Obwohl Jackie sonst auf alle Konventionen und Ballkleider verzichtet, liegt ihr dennoch viel daran, es allen »normalen« Mädchen aus gutem Hause gleichzutun. So eröffnet sie in einem wundervollen Kleid aus weißem Tüll mit breitem Ausschnitt und bauschigem Rock ihren ersten Ball. Sie ist hinreißend. Und wiederum so ein bißchen fremdartig, so ein bißchen anders als alle anderen Schönheiten des Abends. Alle schauen sie an und fragen sich, was wohl dieses kleine gewisse Etwas ist, das sie so außergewöhnlich, so strahlend macht. Ist es Charme, Charisma oder ein besonderer Stil? Die Mütter sind beunruhigt, die Väter halten sich gerade, ihre Söhne zappeln und die Töchter schmollen. Jacqueline hingegen wirbelt umher, strahlt und funkelt. Sie besitzt jetzt einen vernichtenden Humor und verkneift es sich nicht, witzige und bissige Bemerkungen zu machen. Macht man ihr ein Kompliment über ihr ach so entzückendes, originelles Kleid, antwortet sie amüsiert: »59 Dollar auf dem Flohmarkt von New York.« Und alle Mütter, die sich bei Dior und Givenchy in den Ruin getrieben haben, um ihren Nachwuchs herauszuputzen, blicken sich entrüstet an.

Jackie ist das völlig egal. Sie hat dieses Kleid aufgetrieben, weil sie nicht die nötigen Mittel besaß, um sich bei einem der großen Modeschöpfer einkleiden zu lassen. Der breite Ausschnitt lenkt dabei geschickt ab von ihrer Brust, und der bauschige Rock verleiht ihrem knabenhaften Körper ein paar Rundungen. Jackie macht sich nichts aus Mode. Sie durchstreift die Natur, klettert auf Bäume, zerkratzt sich die Knie und trägt ständig dieselben Shorts. Sie versteht es auf perfekte Weise, zwiespältig zu sein: sportlich und kultiviert, jungenhaft und elegant, prominent und geheimnisumwittert, selbstsicher und schüchtern, lustig und zurückhaltend. So als fehlte ihr ein geheimnisvoller Faden, der all diese Extreme zusammenführt und zu einer Persönlichkeit verbindet.
Ihre erste Soiree ist ein voller Erfolg. Vom Klatschkolumnisten Igor Cassini wird sie zur »Debütantin des Jahres« gekürt. Dieser schreibt: »Es handelt sich um eine hinreißende Brünette mit den klassischen und zarten Gesichtszügen einer Meißener Porzellanfigur. Sie verfügt über jene Ungezwungenheit, jene sanfte Stimme und jene Intelligenz, die jede Debütantin besitzen sollte. Sie stammt unbestreitbar aus einer alten Old Guard Familie ... Zur Zeit studiert sie in Vassar.«
Vassar ist die vornehmste Schule an der Ostküste, zu der ausschließlich Mädchen zugelassen werden. Dort trifft sie gekrönt mit dem Titel der Debütantin des Jahres ein. Doch was für sie ursprünglich nur ein Spiel war, beginnt jetzt auf ihr zu lasten. Die anderen Mädchen sind eifersüchtig auf sie. Die jungen Männer machen ihr den Hof. Sie wird von allen Klatschkolumnisten bestürmt, die sie um Fotos oder Interviews bitten. Jackie weigert sich, flüchtet sich auf ihr Zimmer und in ihre Bücher, bleibt

jedoch trotzdem eine Berühmtheit auf dem Campus. Das stört sie außerordentlich. Denn obwohl es ihr gefallen hat, ausgezeichnet zu werden, will sie nicht das geringste an ihrem Lebensstil ändern. Sie will auf gar keinen Fall etwas von ihrer Zurückhaltung, ihrer Anonymität und ihrer Freiheit aufgeben, will absolut alles tun, was ihr gefällt. Es gefällt ihr, wenn man sie für einen Abend mit den Augen verschlingt; das amüsiert sie und schmeichelt ihr, allerdings nur unter der Bedingung, daß sie sich anschließend wieder in ihr kleines Mauseloch verkriechen kann. Ständig im Rampenlicht zu stehen gefällt ihr ganz und gar nicht.

Ein Star sein oder nicht sein. Dieser Zwiespalt wird Jackie ihr ganzes Leben lang begleiten. Sie unternimmt alles, um gesehen, bemerkt und geschätzt zu werden. Wenn sie ein Zimmer betritt, sieht man nur noch sie. Das weiß sie. In diesen »glitzernden Augenblicken« zweifelt sie an nichts, dann mag sie sich endlich auch selbst, die Blicke der anderen beruhigen sie. Und dann bricht ganz plötzlich Panik aus, sie will nur noch eines: daß die Mitternachtsstunde schlägt, damit sie wieder in ihre Lumpen und ihren Kürbis schlüpfen und möglichst weit weg fliehen kann. Sie wird ihr ganzes Leben im Rampenlicht stehen, während sie davon träumt, nur Bühnenarbeiter zu sein.

In Vassar gibt sie sich den Anschein einer wohlerzogenen Bescheidenheit und bemüht sich, nicht aufzufallen. Sie erstickt im snobistischen und spießigen Kokon der Universität. Deshalb flüchtet sie sich in ihre Studien und in die französische Literatur. Alle jungen Männer umgarnen sie, aber nicht einer überschreitet die Schwelle zu ihrer Privatsphäre. »Wenn man sie nach Hause begleitet hat«, erinnert sich einer ihrer Freunde, »sagte sie zum Taxifahrer: ›Bitte lassen Sie den Zähler weiterlaufen.‹ Dann war einem sofort klar, daß man nicht weiter als bis zur Haustür kommen würde. Man konnte sich noch glücklich schätzen, wenn man einen Kuß auf die Wange bekam.«

Sexualität ist sicherlich etwas, was Jackie erschreckt. Es ist nicht so, als könne sie Männer nicht leiden, aber sie hat viel zu große Angst davor, sich hinzugeben. Zu einem Objekt zu werden. Abhängig zu sein vom Vergnügen, das ein Mann ihr schenkt. Sie will alles kontrollieren, um nie leiden zu müssen. Die Bücher und das Studium sind weniger gefährlich. Sie weiß, daß sie intelligent ist und ihr Fach beherrscht. Übrigens träumt sie davon, eine zweite Madame Récamier oder Madame de Maintenon[1] zu werden, einen Salon zu führen, in dem sie sowohl Nobelpreisträger als auch Schwimmweltmeister empfängt. Sie interessiert sich für alles. Wenn sie jemandem zuhört, macht sie einen so faszinierten Eindruck, daß sich der Sprecher für unwiderstehlich hält. Daraufhin streckt ihr dieser die Hand entgegen, versucht, ihr einen Kuß zu geben, und ... die Schöne entfleucht. »Bei Jackie kam man nie zum Zuge«, erinnert sich einer ihrer Kavaliere. Sie gehört niemandem und gehört zu keiner Clique, zu keinem Klub. Sie flattert von Blüte zu Blüte. Sie sagt sich laut Gedichte von Baudelaire vor, fährt nach New York ins Plaza, um Foxtrott zu tanzen, und schaut im Vorbeigehen bei ihrem Vater vorbei, der immer öfter meckert und sich beschwert, daß er sie

[1] Madame Récamier (1777-1849) und Madame de Maintenon (1635-1719) hatten in Paris beide einen einflußreichen Salon, in dem bedeutende Literaten und Politiker verkehrten [A. d. Ü.].

kaum noch sehe. Er erteilt ihr sogar tugendhafte Ratschläge darüber, wie sich ein junges Mädchen mit Männern benehmen soll. Jackie muß laut lachen und frischt sein Gedächtnis ein wenig auf. Aber Black Jack bleibt felsenfest bei seiner Theorie: »Gib dich nie einem Mann hin, sonst wird er dich verachten.« Er hätte gern, daß seine Tochter ewig Jungfrau bleibt, daß alle Welt vor ihr auf die Knie fällt, aber daß niemand sie je berührt. Ihm ist es lieber, daß sie sich ihrem Studium widmet. »Eben«, erwidert Jackie, »mit meinem Studium läuft alles ausgezeichnet, ich stehe auf der Bestenliste von Vassar und habe in den beiden schwierigsten Fächern die beste Note bekommen. Und ich kann *Das Leben von Antonius und Kleopatra* von Shakespeare auswendig aufsagen.«
Jack Bouvier unternimmt einen erneuten Vorstoß. Es wäre sein Traum, daß Jackie nach New York zieht, in seine Nähe, und sich nur noch ihm widmet. Aber seine Tochter ist ein Wirbelwind, den niemand festhalten kann.
Als Jackie ihm vorschlägt, seine Wohnung zu renovieren, bekommt er einen Wutanfall. Sie erinnert ihn an ihre Mutter mit ihrer Manie, alles verschönern zu wollen. Der alte Haß bricht wieder auf, und Jackie verliert die Fassung. Sie ist wieder das siebenjähriges Mädchen, das mitanhören muß, wie sich ihre Eltern nachts im Schlafzimmer streiten. Darum wird sie ebenfalls laut, brüllt, tobt und beendet ihren Besuch, indem sie schließlich die Tür hinter sich zuschlägt. Sie erträgt die ausschließliche Liebe ihres Vaters nicht, seinen Besitzanspruch auf sie. Er soll sie in Ruhe lassen! Sie braucht niemanden. Sie will allein sein! Allein, allein, allein! Nach solchen Auseinandersetzungen weint sie wie ein kleines Kind.

Diese allzu heftige Liebe bricht sie entzwei, aber sie kann sich auch nicht freimachen von ihr.
Sie besucht ihre Mutter regelmäßig in Merrywood, wo Janet Auchincloss weiterhin ihren neureichen Träumen nachhängt, ohne daß ihr die Kleinlichkeit ihres Strebens überdrüssig würde. Was in der Welt passiert, interessiert sie nicht. Es ist schon viel, wenn sie überhaupt weiß, daß irgendwo in Europa ein Krieg wütet. Und wenn sie es weiß, dann sicher nur, weil sie irgendwo davon gehört hat. Oder weil sie irgend etwas daran gestört hat. Ansonsten fährt sie unermüdlich fort, ihre Häuser auszuschmücken oder Teekränzchen und Empfänge zu organisieren, mit immer denselben ach so vornehmen und gesitteten Leuten, daß Jackie dabei unweigerlich vor Langeweile gähnen muß. Aber dort ist auch Onkel Hughie, der immer noch gutmütig und sanft ist, und ihre Stiefbrüder und Stiefschwestern, die sie wirklich gern hat.
Im Juli 1948 schifft sich die neunzehnjährige Jackie mit einigen Freundinnen und einer Anstandsdame nach Europa ein. Eine siebenwöchige, aufreibende Reise beginnt. Wie es bei Amerikanern üblich ist, »haken sie Europa ab«: London, Paris, Zürich, Luzern, Interlaken, Mailand, Venedig, Verona und Rom, ehe es über Paris und Le Havre zurückgeht. Alle Museen und Landschaften werden im Eiltempo durchquert. In London steht sie anläßlich einer Gardenparty im Buckingham Palace Schlange, um Winston Churchill, den sie bewundert, die Hand zu schütteln. Sie bewundert ihn sogar so sehr, daß sie sich ein zweites Mal anstellt, um ihm noch einmal die Hand drücken zu können.
Jackie verläßt Europa erschöpft, aber begeistert. Sie nimmt sich vor, irgendwann zurückzukehren, um länger

zu bleiben. Die Gelegenheit dazu ergibt sich schon sehr bald. Kaum nach Vassar zurückgekehrt, erfährt sie, daß sie die Möglichkeit hat, ihr zweites Studienjahr im Ausland zu absolvieren. Sie entscheidet sich für die Sorbonne und Paris, stellt ihren Antrag und wartet.

Ist es Frankreich, das sie anzieht? Oder die Aussicht, von Vassar, das sie verabscheut, wegzukommen? Oder verspürt sie einfach das Bedürfnis, möglichst weit weg von allen Spannungen in der Familie zu sein? Black Jack macht eine Entziehungskur nach der anderen, ohne jedoch mit der Trinkerei aufzuhören. Er ist am Boden und wird für seine Tochter zunehmend zu einer Belastung. Als sie eines Tages zu einem Kleid lieber eine Perlenkette trägt als das Goldkettchen, das er ihr geschenkt hat, explodiert er, reißt ihr die Kette herunter, so daß die Perlen über den Boden rollen, und brüllt, bis Jackie nachgibt und das Kettchen anlegt.

Ihre Mutter hingegen überwacht ihren Umgang und lebt in Erwartung der »guten Partie«, die Jackie auf jeden Fall machen soll. Ihre Welt wird immer beschränkter und neurotischer. Sie kommandiert eine Armee von fünfundzwanzig Dienstboten, die sie kontrolliert, um sicherzugehen, daß nichts herumliegt, daß alles glänzt und daß nicht der geringste Verstoß wider den guten Geschmack begangen wurde. Alles muß aufgeräumt, aufgereiht und tadellos sein. Die Schranktüren müssen geschlossen, halbvolle Flaschen fortgeworfen, die Putzlappen fleckenlos sauber, alle Blumen geöffnet und die Sofakissen aufgeschüttelt sein. Sie verlangt, daß der Boden in der Küche »genauso glänzt wie der eines Ballsaals«. Jackie erstickt in der Welt ihrer Mutter und streitet sich ständig mit ihr.

Wie soll sie ihren Eltern die Vorstellung schmackhaft machen, daß sie für ein Jahr nach Frankreich geht? Das ist keine leichte Aufgabe, aber Jackie ist schlau. Bei ihrer Mutter ist die Sache einfach; es reicht, ihr die snobistische Seite dieses Vorhabens vorzuspiegeln: Paris, Frankreich, die Sorbonne... Und die Sache ist unter Dach und Fach. Bei Black Jack hingegen operiert sie mit der Taktik des geringeren Übels. Zuerst verkündet sie ihm, daß sie es in Vassar nicht mehr aushalte, daß sie ihr Studium abbrechen und Mannequin werden wolle. Jack Bouvier geht vor Wut an die Decke. Seine Tochter ein Mannequin? Kommt gar nicht in Frage... Wo ihr Studium schon so viel Geld verschlungen hat! Nach all der Mühe, die er sich gegeben hat, um aus ihr eine stolze und kultivierte Prinzessin zu machen! Jackie läßt ihn eine Weile toben, um dann vorzuschlagen, daß sie eventuell bereit wäre, diese Idee fallenzulassen und ihr Studium fortzusetzen, allerdings nur... in Frankreich. Und erleichtert geht ihr Vater darauf ein.

Jackie wird später selbst einmal sagen, daß dieses Jahr in Paris die glücklichste Zeit ihres Lebens war. Sie beginnt ihr Französisch bei einem sechswöchigen Kurs in Grenoble, der Stadt ihres Vorfahren, des Eisenwarenhändlers, zu vervollkommnen. Danach mietet sie sich in Paris bei einer französischen Familie ein, da sie es ablehnt, in einem Studentenheim für amerikanische Mädchen zu leben.

Die Comtesse Guyot de Renty, bei der Jackie unterkommt, bewohnt mit ihren beiden Töchtern eine große Wohnung im 16. Arrondissement von Paris und vermietet Zimmer an Studentinnen. Jackie fühlt sich dort sofort zu Hause. Erstens nennt man sie Jacqueline. Zweitens

versteht sie sich ausgezeichnet mit den Rentys. Und drittens genießt sie völlige Freiheit. Sie kann tun und lassen, was sie will. Anziehen, was ihr gefällt, heimkommen, wann sie möchte, und ausgehen, mit wem sie will. Niemand mischt sich ein, kritisiert sie oder verlangt irgend etwas von ihr. Jacqueline blüht auf. Endlich ist sie glücklich, fröhlich und unbeschwert.
Dabei ist das Frankreich des Jahres 1949 keineswegs ein wohlhabendes Land. Es gibt noch Lebensmittelkarten für Brot und Fleisch, und obwohl Jackies Mutter Pakete mit Zucker und Kaffee schickt, gehört Überfluß nicht zu ihrem Alltag. In der Wohnung gibt es keine Zentralheizung und nur ein einziges Badezimmer für alle, heißes Wasser ist selten und der Warmwasserbereiter uralt. Eines Tages explodiert er, als Jacqueline gerade badet, und zerbricht die Fensterscheiben. Jackie läßt sich davon nicht aus der Fassung bringen.
Sie ist so glücklich, daß sie sich mit allem abfindet. Im Winter arbeitet sie im Bett, nachdem sie sämtliche mitgebrachten Pullover, Schals und Strümpfe übergezogen hat. Morgens wirft sie sich in eine Hose, zieht sich einen dicken Mantel über und besucht ihre Vorlesungen. Sie durchstreift Paris zu Fuß und mit der Metro, besucht unermüdlich den Louvre, setzt sich auf die Terrassen der Cafés, geht in Konzerte, Opern und Ballettaufführungen. Sie nutzt und kostet alles aus. Sie unterhält sich mit jedem, stellt tausend Fragen und lernt unermüdlich dazu. Wenn sie zuhört, wirkt sie immer noch so fasziniert, daß sich jeder Gesprächspartner dadurch in die wichtigste Person der Welt verwandelt fühlt. Immer noch hat sie diese piepsige Mädchenstimme, die erstaunt oder irritiert. Sie verdreht allen Männern so sehr

den Kopf, daß diese sich darum streiten, sie ausführen zu dürfen, um irgendwo Jazz zu hören oder in einer Diskothek tanzen zu gehen. Sie hängt in den Cafés *Flore, Les deux Magots* oder *La Coupole* herum in der Hoffnung, dort einmal Sartre oder Camus zu sehen. Und sie liest. Stundenlang. Sie wirkt immer noch genauso mysteriös und läßt niemanden wirklich an sich heran, obwohl sie ansonsten sehr umgänglich ist. Keiner ihrer Kavaliere wird sich je damit brüsten, ihr Liebhaber gewesen zu sein. Dabei ist sie ständig in Begleitung. Es ist nicht so, daß sie auf einen Märchenprinzen wartet, aber sie weiß, daß sie sich eines Tages, wenn sie bereit ist, wenn es wirklich die Sache wert ist, völlig hingeben wird. Sie hat keine Angst vor Männern. Im Gegenteil, sie flirtet mit ihnen, wickelt sie ein mit ihrem Charme und macht mit ihnen, was sie will. Bis jetzt hat sie nur noch keinen kennengelernt, den sie wichtig genug findet. Damit man sie nicht für einen unerfahrenen Backfisch hält, erwähnt sie ihre zahlreichen Verehrer, ohne je einen Namen zu nennen, oder spricht ganz locker von »der bewußten Sache«. Doch alle, die sie kennen, wissen, daß sie lügt.
»Sie war verschlossen, nicht oberflächlich, aber schwer einzuschätzen«, erinnert sich die Comtesse de Renty. Höchst anziehend, aber immer in der Defensive. Es ist verboten, allzu nahe zu kommen...
Am Ende ihres Studienjahres unternimmt sie mit Claude de Renty, einer Tochter der Comtesse, eine Reise. Gemeinsam erkunden sie Frankreich und führen lange Gespräche. Sie reden über alles mögliche, nur nicht über Männer. »In dieser Beziehung äußerte sich Jacqueline immer sehr unbestimmt. Sie besaß eine außergewöhnlich große Charakterfestigkeit, hatte aber auch ihre

Schwächen, die sie jedoch nicht akzeptierte. Übrigens ebensowenig wie diejenigen der anderen. Wenn sie einen Mann weder schätzen noch bewundern konnte, ließ sie ihn sofort fallen.« Wenn sie einer Herausforderung, die sie sich selbst gestellt hatte, nicht gewachsen war, sprach sie sehr verächtlich von sich selbst. Ihre Strenge erstreckte sich auf alle anderen, in erster Linie jedoch auch auf sich selbst.

Auf jeden Fall zieht sie die Gesellschaft älterer Herren vor. Die haben wenigstens etwas zu erzählen. Außerdem fühlt sie sich bei ihnen geborgen. Sie ist es, die entscheidet, und solche Männer können es dann gar nicht fassen, daß Jackie ausgerechnet sie zu ihrem Kavalier erwählt.

Als das Studienjahr vorbei ist, kehrt Jackie nur widerwillig in die Vereinigten Staaten zurück. Sie würde ja so gerne bleiben, nur ... Sie besitzt nicht die Entschlußkraft einer Edith Wharton[2], die, nachdem sie beschlossen hatte in Paris zu bleiben, erklärte: »Lieber krepiere ich hier vor Hunger und Kälte, als daß ich je wieder zurückkehre in unsere alten, wohlgeheizten Häuser, zu unseren kochendheißen Badewannen, als daß ich die Leere, die dort drüben herrscht, die Leere der Leute und Orte, noch einmal ertragen wollte.« Jackie kennt diese Leere; sie weiß, was sie in Amerika erwartet, sie weiß, daß sie gerade ein außerordentliches Jahr verbracht hat, in einer Stadt, deren Lebensstil wie für sie geschaffen war. Der fehlende Komfort, die Rationierungen und die Kälte waren ihr völlig egal. In Paris hat sie täglich etwas Neues

[2] Edith Wharton (1862-1937), nordamerikanische Schriftstellerin, die einen Großteil ihres Lebens in Frankreich verbrachte [A. d. Ü.].

erlebt, das sie stimulierte und in eine andere Welt entführte. Hätte sie damals nur ein bißchen mehr Vertrauen in sich selbst besessen, in jene Talente, die sie immerhin ahnte, wäre sie dem Beispiel von Edith Wharton gefolgt. Sie fährt nach Hause, weigert sich aber, nach Vassar zurückzukehren. Zu snobistisch, zu beklemmend, zu beschränkt. Sie schreibt sich an der Universität von Washington ein, um ein Diplom in französischer Literatur vorzubereiten. Außerdem beteiligt sie sich an einem von *Vogue* organisierten Wettbewerb, um Journalistin zu werden. Der erste Preis ist ein einjähriges Praktikum, sechs Monate in Paris, sechs Monate in New York. Die Kandidaten müssen vier Artikel über Mode und eine Charakterstudie schreiben, die Maquette einer Ausgabe entwerfen und einen Essay über die verstorbenen Persönlichkeiten, die sie gern kennengelernt hätten, verfassen. Jackie beschließt, diesen Wettbewerb zu gewinnen. Sie begreift sofort, daß all ihre Probleme gelöst wären, wenn sie in ihm als Sieger hervorgehen könnte. Das Prestige der Zeitung wäre für sie dann so etwas wie eine Eintrittskarte in das Leben, das ihr gefällt. Sie wird sich ihre Freiheit selbst erringen, ohne daß irgend jemand etwas dagegen einwenden kann.
Also arbeitet sie wochenlang wie besessen. »Jackie war so fest entschlossen zu gewinnen«, erzählt David Heyman, »daß sie an der George-Washington-Universität einen Schreibmaschinenkurs besuchte und ziemlich viel Zeit auf ihr Essay verwendet hat. Bei den Personen, die sie gern kennengelernt hätte, entschied sie sich für Sergei Diaghilew, Charles Baudelaire und Oscar Wilde. Ihre Verbissenheit machte sich bezahlt. Sie gewann den Wettbewerb unter eintausendzweihundertundneunzig Kan-

didaten von zweihundertundfünfundzwanzig akkreditierten Universitäten.«

Jackie ist überglücklich. Sie hat gewonnen! Sie ist die Erste! Sie, die sich im Grunde nie gut genug findet... Nie hervorragend genug, nie intelligent genug und nie kultiviert genug. Die ganze Welt gehört ihr: Sie will Schriftstellerin werden. Oder Journalistin. Sie will reisen. Berühmte Leute kennenlernen, die ihr alles erzählen, was sie wissen möchte. Sie wird schreiben, und man wird sie lesen, anhören und anerkennen. Endlich kann sie frei sein. Ihren Lebensunterhalt selbst verdienen. Nie mehr von ihrem Vater, von ihrer Mutter oder von ihrem Stiefvater abhängig sein. Sechs Monate in Paris und somit die erneute Gelegenheit, in dem Land zu leben, in dem sie sich so wohl fühlt, in dem sie sich eine zweite Familie und Freunde erworben hat. Sie wird nach New York in die Redaktion von *Vogue* eingeladen, dem Zeitungsteam vorgestellt, fotografiert, beglückwünscht.

Und doch wird sie diesen Preis ausschlagen. Obwohl ihr Traum sich erfüllt, den sie unter beträchtlichen Anstrengungen hat Wirklichkeit werden lassen, verzichtet sie darauf.

Ihre Mutter erkennt den Erfolg ihrer Tochter zwar an, aber sie ahnt auch sehr schnell die Gefahr. Angestachelt vom guten alten Onkel Hughie, der es nicht »korrekt« findet, daß seine Stieftochter auf eigenen Füßen steht, vollführt sie rasch eine Kehrtwende. Sie hat begriffen, daß sie Jackie verlieren wird, wenn diese wieder nach Frankreich fährt. Damit würde man ihr ihr kleines Mädchen fortnehmen. Oder vielmehr könnte ihr kleines Mädchen an einem neuen Leben Geschmack finden, in dem sie, Janet Auchincloss, keinen Platz und keinen Einfluß mehr hätte. Wenn Jacqueline Bouvier das Angebot von *Vogue* annimmt, wird sie ein außergewöhnliches Leben kennenlernen, das voller Risiken, der Welt ihrer Mutter aber auch völlig fremd ist. Ein Leben, das eher dem der Bouviers ähnelt... Black Jack war von diesen Plänen begeistert. Doch hat auch er darin nur seinen eigenen Vorteil gesehen: In Paris und später in New York würde sich Jackie von den Auchincloss entfernen und sich ihm selbst wieder annähern.

Deshalb läßt Janet nichts unversucht, um Jackie dazu zu bringen, abzulehnen. Zunächst erklärt sie ihr, daß ein junges Mädchen aus gutem Hause kein Stipendium annimmt - so etwas sei nur etwas für arme und einfache Leute -, daß sie dieses Praktikum doch überhaupt nicht nötig habe und daß sie ihren Platz lieber einem nicht so gutsituierten Schüler, der ihn mehr verdient hätte, überlassen solle. Und darüber hinaus Journalistin bei *Vogue* zu werden! Was für eine unbedeutende Anstellung für eine ehemalige Schülerin von Vassar! Und dann in ihrem Alter allein in Paris leben! Sie habe ja ein Auge zugedrückt, als es sich noch um ihr Studium gehandelt habe, aber hier sei die Sache anders. Und Jackie läßt sich manipulieren. Gerade sie, die keinen Respekt vor ihrer Mutter hat, deren Leben sie leer und nichtig findet, schließt sich schließlich Janets Ansichten an. Ihr eigener Wille fügt sich dem ihrer Mutter und dem Was-sollen-die-Leute-dazu-sagen.

Sie hat Angst. Nicht davor, in ein fremdes Land zu gehen oder einen Beruf auszuüben, den sie nicht kennt. Im Gegenteil, sie nimmt mit Vorliebe Herausforderungen an, um sich selbst zu beweisen, daß sie sie mit Bravour meistern kann. Es gefällt ihr, alle anderen zu verblüffen, sich selbst in den Rang einer großen Amazone zu erheben. Nein, es ist eine geheime, verborgene Angst, die Jackie genau an diesem Moment ihrer Existenz lähmt: nämlich die Angst davor, es Jack Bouvier gleichzutun, ein Leben zu führen, das nicht der Norm entspricht und später tragisch endet. Jackie steht also vor der schrecklichen Wahl: entweder dem Weg ihres Vaters zu folgen – das bedeutet Frankreich, einen Außenseiterberuf, Freiheit, den Bruch mit ihrem familiären Milieu und eine gewisse Provokation – oder dem ihrer Mutter, das heißt Sicherheit, Konformität, soziale Norm. Sie zögert, schwankt, gerät angesichts der Vorstellung, ihrem Vater zu ähneln, in Panik, hört schließlich auf ihre Mutter und lehnt das Angebot von *Vogue* ab.

Sie ist zweiundzwanzig Jahre alt und mündig. Es steht ihr frei zu tun, was sie will, und dennoch gehorcht sie ihrer Mutter. Diese Entscheidung stellt einen Wendepunkt in Jackies Leben dar. Durch ihren Verzicht läßt sie ihre große Chance verstreichen. Die Chance, »selbständig« zu existieren und nicht nur als die Tochter oder die Frau eines anderen.

Jackie hat Angst davor, nicht so zu sein wie alle anderen. Vor eine entscheidende Wahl gestellt, entscheidet sie sich dafür, konform zu sein, obwohl sie doch so gern anders wäre. Aber dieses Anderssein hat einen Preis. Es handelt sich nicht mehr nur darum, in einem Ballkleid, durch wohlberechnete Distanziertheit oder durch gescheite Antworten auf sich aufmerksam zu machen. Hier dreht es sich nicht mehr nur um den äußeren Schein, sondern um das Sein. Diese Differenzierung beeinflußt ein ganzes Leben. Dabei darf man nicht vergessen, wie das Amerika der fünfziger Jahre aussah: Konformität und Puritanismus herrschten dort so absolut, daß niemand sie auch nur hätte in Frage stellen können. Ein junges Mädchen arbeitet nicht: Sie heiratet einen aalglatten jungen Mann, bringt Kinder auf die Welt und pflegt ihre Frustrationen bei Kaffeekränzchen, Tennispartien oder auf Abendgesellschaften. Außerhalb der Ehe gibt es kein Heil. Für Jackie besteht die Gefahr, daß die ganze High-Society von Washington nur noch mit Fingern auf sie zeigt. Sie weiß, daß bei dem erstbesten Täßchen Tee über sie getratscht wird. »Wissen Sie, was mit der Tochter von Janet Auchincloss los ist?« werden die steifen Damen von Washington wispern. »Denken Sie sich nur, sie geht fort, um zu arbeiten! Jour-na-list-in! In Europa! Man stelle sich vor, ein so nettes Mädchen! Wer hätte das je von Janets Tochter gedacht!«

Man wird über sie reden. Sie in aller Öffentlichkeit kritisieren. Das erträgt Jackie nicht. Nicht aus Eitelkeit oder aus Angst zu versagen, sondern weil sie sich plötzlich an das kleine Mädchen erinnert, auf das man in der Schule mit Fingern gezeigt hat, als ihre Eltern sich scheiden ließen und die Zeitungen voll davon waren... Sie fühlt sich dem nicht gewachsen, diese öffentliche Schande ein zweites Mal zu ertragen. Die alte Angst aus ihrer Kindheit befällt sie wieder und lähmt sie. Deshalb verzichtet sie. Sie verzichtet auf das, was sie an sich selbst am meisten geliebt hat, nur um die Ordnung ihrer Mutter, die Ordnung derjenigen, die letztendlich immer recht bekommen, zufriedenzustellen.

Diese Wahl wird Jackie ihr ganzes Leben lang teuer bezahlen. Sie weiß, daß sie damals nur durch mangelnde Kühnheit eine wichtige Begegnung mit sich selbst verpaßt hat. Das wird sie sich nie verzeihen. Wird diese ver-

paßte Gelegenheit nie wirklich vergessen. Wird es sich selbst bitter vorwerfen. Sie wird sich selbst verachten, weil sie nicht den Mut besessen hat, alles andere zum Teufel zu jagen. Diese unerbittliche Strenge gegenüber sich selbst wird später zur Ursache von Wutausbrüchen, Depressionen und Momenten tiefster Niedergeschlagenheit, in denen sie ihrem eigenen Leben entsagt, weil sie es sich ja schließlich nicht selbst ausgesucht hat. Ohne dies in diesem Augenblick näher bestimmen zu können, hat sie den Eindruck, daß sie »hereingelegt« wurde von einer Realität, die sie nicht anerkennt, einer Realität, die sich einen Dreck um ihre Wünsche, Bedürfnisse und Hoffnungen schert, der sie sich jedoch trotz allem gefügt hat. Diese Leere, die sie auch später nie auszufüllen vermag, wird sie sich selbst und anderen zum Vorwurf machen.
In den folgenden Jahren scheint Jackie bisweilen »außerhalb« ihrer selbst zu stehen. Als ginge sie alles, was mit ihr passiert, nicht wirklich etwas an. Sie handelt wie eine Schlafwandlerin. Einige Augenzeugen erwähnen später diese mechanische, leere und erstarrte Seite, die sie manchmal verblüfft an ihr festgestellt hätten. Sie rührt daher, daß Jackie das Leben einer anderen lebt, einer anderen Jackie, die nicht diejenige ist, für die sie sich entschieden hätte. Doch schnell fängt sie sich wieder und ist von neuem witzig, strahlend und lebenslustig. Aus Gewohnheit. Auch aus Bequemlichkeit. So wie man sich mit einem Glas Alkohol betäubt. Um dann, wenn sie wieder einmal allein sich selbst gegenübersteht, erneut in eine depressive Melancholie zu verfallen, die sie so unglücklich macht, daß sie dadurch aggressiv, böse, engstirnig und knauserig werden kann. Ihr ganzes späteres Leben ist Jackie solchen Gefühlsschwankungen unter-

worfen. Ihre Umgebung wird sich über diese Labilität beklagen.

Als man John Kennedy eines Tages darum bat, seinen Charakter mit dem seiner Frau zu vergleichen, zeichnete er eine gerade Linie für sich selbst und eine Sinuskurve für sie.

Jackie sollte nie wieder völlig ins Gleichgewicht kommen. Sie muß lange warten, bis sich ihr eine neue Gelegenheit bietet, die Kontrolle über ihr Leben zu erlangen. Und diese zweite Chance wird sie diesmal nicht verstreichen lassen.

IV

Um Jacqueline für ihr Opfer zu entschädigen, schenkt Janet ihr mit der Großzügigkeit eines Siegers, der seinen Gegner in die Knie gezwungen hat, zweierlei. Erstens eine Reise nach Europa im Sommer 1951 zusammen mit ihrer Schwester Lee, und zweitens, nach ihrer Rückkehr, eine Anstellung als Journalistin bei einem etwas altmodischen und konservativen Blatt, dem *Times-Herald.* Dort soll Jackie täglich ein kleines Interview mit einem Foto abliefern. Das Ganze wurde von Onkel Hughie eingefädelt. Einer seiner Freunde, der Frank Waldrop, den Chefredakteur der Zeitung, kennt, soll diesen angerufen und gefragt haben: »Stellen Sie immer noch junge Mädchen ein? Ich hätte da etwas Sensationelles für Sie. Sie hat runde Augen, ist intelligent und will in den Journalismus.«

Jackie sagt ja.

Genauso wie sie zur Verlobung ja sagt. Mit dem erstbesten. Er heißt John Husted, ist groß, gutaussehend, immer untadelig, höflich und Bankier. Er entspricht genau dem Typ Mann, der ihrer Mutter gefällt. Außerdem wohnt er in New York, was wiederum ihrem Vater gefällt. Es wird eine merkwürdige Verlobungsfeier: Die Stimmung ist gedrückt und die beiden Verlobten wohlerzogen und höflich. Während des Empfangs begnügt sich Jackie damit, zu nicken und zu lächeln, während sie gleichzeitig auf Distanz zu ihrem zukünftigen Gatten bleibt. Sie hat getan, was man von ihr erwartet hat, und sich eine gute Partie geangelt. Also soll man sie jetzt gefälligst in Ruhe lassen!

Der Verlobte hingegen kann es kaum fassen. Geblendet von Jackies Intelligenz und Schönheit, traut er sich kaum, sie zu berühren, ahnt aber schon bald, daß an der ganzen Sache irgend etwas faul ist. Wohlerzogen, wie er ist, stellt er jedoch keine Fragen. Dies ist sicherlich die keuscheste Verlobung, die es je gegeben hat. Aus der Ferne und in Briefen beteuert sie ihm, daß sie unsterblich in ihn verliebt sei. Aber kaum ist er wieder bei ihr, verhält sie sich völlig gleichgültig und behandelt ihn wie einen guten Kameraden. Bittet er sie darum, einen Termin für die Hochzeit festzusetzen, schiebt sie diese immer wieder hinaus. Als ihr Johns Mutter einmal etwas gefühlsselig ein Foto von ihrem Sohn als kleinem Jungen geben will, erwidert Jackie trocken, daß sie selbst ein Foto von John machen kann, wenn sie eines haben möchte.

Vor einer Freundin, die unbedingt den Verlobungsring sehen möchte, streift Jackie die Handschuhe ab, zeigt den Ring, der an ihren grünen Fingern funkelt, und erklärt, diese seltsame Hautfarbe stamme daher, daß sie ihre Fotos selbst entwickle. Sie lenkt das Thema sofort wieder auf ihren neuen Beruf, von dem sie mit weitaus mehr Begeisterung spricht als vom Diamanten an ihrem Finger.

Im Augenblick interessiert sie sich nur für ihre Arbeit. Sie soll bekannten und unbekannten Leuten ungewöhnliche Fragen stellen und sie fotografieren. Deshalb lernt sie, wie man mit einem Fotoapparat umgeht, und brütet geistreiche, lockere Fragen aus. Oft merkwürdige Fragen: »Hängen reiche Leute mehr am Leben als arme?« »Finden Sie, eine Frau sollte ihren Mann im Glauben lassen, daß er intelligenter sei als sie?« »Angenommen, Sie werden morgen früh hingerichtet, was würden Sie sich dann zum Essen wünschen?« »Sind Frauen beim Zahnarzt mutiger als Männer?« »Woran erkennen Sie einen verheirateten Mann auf der Straße?« »Ist eine Ehefrau für Sie ein Luxus oder eine Notwendigkeit?« »Welche First Lady wären Sie gern?« »Muß sich die Gattin eines Kandidaten am Wahlkampf ihres Mannes beteiligen?« »Angenommen, Sie hätten ein Rendezvous mit Marilyn Monroe, worüber würden Sie sich dann mit ihr unterhalten?«

In der Redaktion ist sie nicht besonders beliebt. Böse Zungen behaupten, sie hätte den Posten nur durch Beziehungen bekommen. Andere tun so, als hätten sie großes Mitleid mit ihr, und halten sie für ein armes reiches Mädchen, das nicht in der Lage ist, eine vernünftige Frage zu stellen oder ein Foto zu knipsen. Unter sich bezeichnen sie sie als protegierte, hirnlose, eingebildete »Kuh«, die »nicht mal hübsch« ist. Aber ihr Chefredakteur schätzt sie und gibt ihr eine Gehaltserhöhung. Mit der Zeit hat Jackie jedoch alles satt. Sie langweilt sich bei der Zeitung, und sie langweilt sich mit dem schönen John Husted. Sobald ihre Mutter einmal nicht da ist, veranstaltet sie in Merrywood Soireen, zu denen sie nur Männer einlädt, die wesentlich älter sind als sie. Und sie bringt diese dazu, ihre ganze Lebensgeschichte zu erzählen, und stellt ihnen eine Unmenge Fragen, ohne je auf eine der ihren zu antworten. Dabei sucht sie sich bevorzugt einflußreiche, kultivierte und unterhaltsame Männer aus, die sie ins Theater oder ins

Kino mitnehmen. Mit ihnen besucht sie auch psychiatrische Anstalten, um die Patienten zu beobachten. Diese Kavaliere wagen gar nicht, davon zu träumen, sie jemals zu küssen, sind aber immer sofort zur Stelle, wenn sie sie ruft. Sie ist keine von denen, die sich mit einem bescheidenen Beamten mit Ärmelschonern und begrenzten Ambitionen begnügt. Mehr als alles andere möchte sie bewundern und lernen. Außerdem verabscheut sie perfekte Männer, findet sie zu langweilig. »Wenn ich mir einen Dressman ansehe, langweile ich mich nach drei Minuten. Ich mag Männer mit komischen Nasen, abstehenden Ohren, unregelmäßigen Zähnen, kleine Männer, magere Männer, dicke Männer. Worauf ich vor allem Wert lege, ist Intelligenz.«

Als sie eines Abends ihren Verlobten, der sie in Washington besucht hat, zum Flughafen begleitet, steckt sie ihm ihren Verlobungsring in die Westentasche und geht. Ohne eine Erklärung. Er ist zu höflich, um Fragen zu stellen. Er wird sie nie wiedersehen.

Sie hat John Husted den Laufpaß gegeben, weil sie seit einiger Zeit mit einem äußerst attraktiven Mann zusammen ist, einem Mann, der sie fasziniert, bei dem sie sich nie langweilt und zu dem sie sich hingezogen fühlt. Er heißt John Kennedy und ist zwölf Jahre älter als sie. Er steckt mitten im Wahlkampf, um sich zum Senator von Massachusetts wählen zu lassen. Während eines Abendessens bei Freunden hat er sie über eine Schüssel Spargel hinweg angesprochen. Dann hat er sie sechs Monate lang vergessen. Um sich dann wieder an sie zu erinnern und sie abermals zu vergessen. Jackie gewöhnt sich an sein sporadisches Auftauchen. Sie nimmt John seine Dreistigkeit nicht übel. Im Gegenteil, sagt sie sich, daß

sie hier vielleicht endlich einmal jemanden kennengelernt hat, der es mit ihr aufnehmen kann. Ein unberechenbares, kaltes und manchmal grausames Wesen, charmant und charismatisch, dem alle Frauen zu Füßen liegen. Nach John Husted hat sich niemand umgedreht, und er hat auch nur Augen für sie gehabt. Wie langweilig! Liebenswürdigkeit und Gutherzigkeit sind in Jackies Augen keine Tugenden.
Bei John Kennedy hingegen spürt sie die Gefahr, das Risiko und das Unvorhersehbare. Sie merkt sogar selbst, daß sie vielleicht leiden wird, aber sie kann einfach nicht anders. Sie muß ihn haben. Ihre Freunde mögen sie ruhig warnen, daß er unbeständig, unerträglich und egoistisch sei, das alles ist ihr egal. Im Gegenteil, sie läßt sich mitreißen. Er wird von Frauen umringt, die davon träumen, ihn zu erobern? Die wird sie alle ausschalten. Er zeigt nicht die geringste Neigung, sich zu binden und sich eine Frau zu suchen? Er wird sie heiraten. Er steht im Ruf, untreu und grob zu Frauen zu sein, hart an der Grenze zur Pöbelhaftigkeit? Bald wird er nur noch sie lieben und ihr zu Füßen liegen. Man darf Jackie nie herausfordern, denn »eine Bouvier kennt das Wort ›unmöglich‹ nicht«. Außerdem besitzt Jackie unter ihrer harten, gleichgültigen Schale auch einen sentimentalen Kern. Man erinnere sich nur an die Zirkuskönigin mit dem schönen Trapezkünstler. Da sie nicht die geringste Erfahrung in Herzensangelegenheiten besitzt, erfindet sie auch um John einen ganzen Roman. Zum ersten Mal sinkt sie einem Mann in die Arme. Sie flirten auf dem Rücksitz von Johns altem Kabriolett miteinander, wobei dieser einen leidenschaftlichen Kampf mit Jackies Büstenhalter führt, den Jackie nicht ausziehen will. Sie

schämt sich, weil ihre Brust flach ist wie die eines Jungen, und stopft ihren BH mit Watte aus.
John hingegen ist von Jackie beeindruckt. Sie ist schön, sie besitzt Ausstrahlung, und sie ist anders. Sie ist witzig und pflegt eine Art von Humor, der so gegen alle Konventionen gerichtet ist und verheerend sein kann. Sie ist sehr kultiviert und interessiert sich für alles. Sie wahrt zu allen Leuten eine gewisse Distanz, die auf einen Mann, der daran gewöhnt ist, daß ihm alle Frauen rettungslos verliebt in die Arme sinken, geheimnisvoll wirkt. Sie ist katholisch, er auch. Sie stammt aus einer angesehenen und gutsituierten Familie. Erst später sollte John erfahren, daß Jackie kein eigenes Vermögen besitzt und daß der Luxus, der ihn in Merrywood so beeindruckt hat, ausschließlich aus Onkel Hughies Portemonnaie stammt.
Jeder entdeckt am anderen die eigene Schwäche: ein Bedürfnis nach Einsamkeit, nach einem geheimen Bereich, in den niemand eindringen darf. Sie sind zwei Einzelgänger, die sich als Extrovertierte verkleidet haben. Jackie vergleicht sich und John mit Eisbergen, deren größter Teil unter Wasser liege.
Sie will geduldig warten, bis er ihr einen Heiratsantrag macht. Und bis dahin ihr bestes tun, um ihn dazu zu ermuntern. Wenn Jackie etwas will, kennt ihre Energie keine Grenzen. Dann sind alle Mittel erlaubt. Falls nötig, ist sie sogar dazu bereit, sich als kleine unterwürfige Frau zu tarnen. Sie bringt ihm das Mittagessen ins Büro, damit er seine Arbeit nicht unterbrechen muß, hilft ihm, einige Artikel zu schreiben, übersetzt für ihn Fachbücher über Indochina, erledigt Besorgungen für ihn, trägt ihm die Aktentasche, wenn er Rückenschmerzen hat, beglei-

tet ihn zu politischen Diners, wählt seine Anzüge aus, fährt mit ihm Boot, schaut sich Western oder Abenteuerfilme an und schreibt für seinen jüngeren Bruder, Ted Kennedy, die Aufsätze. Kurz und gut, sie setzt alles daran, sich unentbehrlich zu machen, ohne dabei »allzu intelligent« zu erscheinen, weil er das nicht mag. Auch nicht allzu aufdringlich. Sie weiß, wie man sich beliebt macht, ist nicht immer frei, wenn er anruft, erwähnt den Charme und die Intelligenz anderer Männer, mit denen sie verkehrt, bauscht die Bedeutung ihrer Arbeit und ihren wachsenden Einfluß beim *Times-Herald* auf.

Sie schlägt ihm vor, ihn für ihre Zeitung zu interviewen. Frage: »Wie ist das, wenn man die Amtsdiener (im Senat) aus der Nähe beobachtet?« Antwort von John Kennedy: »Ich habe oft gedacht, daß es für unser Land besser wäre, wenn Senatoren und Amtsdiener ihren Beruf tauschen würden. Wenn ein entsprechendes Gesetz angenommen würde, würde ich das Ruder mit Entzücken aus der Hand geben.«

Daraufhin wird sie endlich als höchste Belohnung zur Familie Kennedy nach Hyannis Port eingeladen. Sie wird den Brüdern, Schwestern, Schwägern und Schwägerinnen, die von einer geradezu überschäumenden Vitalität sind, präsentiert. Und sie machen sich lustig über Jackie, über ihre großen Füße, ihr Prinzessinnengehabe. »Nennt mich Jacqueline«, bittet Jackie. »Ah ja! Das reimt sich mit *queen*«, erwidern Johns Schwestern - sowie über ihre Unfähigkeit, Fußball zu spielen oder Scharaden, bei denen sich alle vor lauter Lachen die Ellbogen in die Rippen rammen. »Allein ihnen zuzusehen macht mich schon müde. Die führen sich auf wie Gorillas, die aus ihren Käfigen ausgebrochen sind, und werden mich noch umbringen, ehe ich auch nur eine Chance gehabt habe, John zu heiraten«, gesteht Jackie ihrer Schwester Lee. Jacqueline kommt nach solchen Wochenenden erschöpft und mit Beulen und blauen Flecken übersät nach Hause (eines Tages brechen sie ihr beim Fußball den Knöchel!), aber sie ist immer noch verliebt und... unverheiratet. Johns Mutter betrachtet sie von oben herab. Beim ersten Zusammentreffen hat sie Jackie sogar für einen Jungen gehalten! Jackie rächt sich, indem sie sie »die Königinmutter« nennt und sich weigert, sich vor ihr zu verbeugen.

Der einzige, dem sie aufgefallen ist und der sofort begriffen hat, welchen Nutzen man aus ihr ziehen kann, ist der alte Joe Kennedy, der Patriarch, der vom Auftreten und der Eleganz der neuen Freundin seines Sohnes geblendet ist. »John muß heiraten«, denkt der alte Joe. John ist sechsunddreißig Jahre alt und steht am Beginn einer politischen Karriere. Dieses Mädchen ist perfekt, gebildet, weiß sich zu benehmen und hat Schneid. Sie spricht französisch. Und darüber hinaus ist sie auch noch katholisch! Joe ist von Jackie, die ihn verhätschelt, ihn neckt und ihm schlagfertig antwortet, hingerissen. Eines Tages schickt sie ihm eine Zeichnung von den Kennedy-Kindern, die am Strand sitzen und die Sonne betrachten. In einer Sprechblase, die aus den Mündern der Kinder kommt, hat sie geschrieben: »Leider können wir sie nicht loswerden, Papa hat sie schon gekauft!« Dem alten Joe gefällt Jackies Scharfsinn, und er wird nicht müde zu wiederholen: »John muß sie heiraten. John muß sie heiraten!« Als er seine Argumente seinem Sohn erläutert, hört dieser zu, ohne etwas zu sagen.

John schindet Zeit. Er hat in Washington noch drei

andere Geliebte und es deshalb nicht eilig, sich zu binden. Am 18. April 1952 heiratet Jackies Schwester Lee. Sie wollte ursprünglich zum Film, hat es dann aber doch vorgezogen, einen reichen Erben zu heiraten, nämlich Michael Canfield, dessen Vater ein berühmtes Verlagshaus besitzt. Lee ist viel unkomplizierter als Jackie. Behütet von ihrer älteren Schwester und ihrer zarten Jugend hatte sie unter der Scheidung ihrer Eltern weniger zu leiden. Sie lebt in den Tag hinein und genießt jeden Augenblick. Bezaubernd, unbekümmert und lustig liebt sie es, nun die Hauptrolle zu spielen. Später wird sie darunter leiden, im Schatten ihrer berühmten Schwester zu leben, zeigt dies allerdings nie. Sie hat Jackie viel zu gern, als daß sie ihr deswegen böse sein könnte. »So ist das Leben«, wird sie sich denken, während Verehrer, Hochzeiten und Scheidungen sich häufen. Aber das macht ihr keine Angst. Die beiden werden sich immer sehr nahestehen, und Lee verkörpert sicherlich das, was bei Jackie am ehesten einer Freundin, einer Vertrauten entspricht. Mit Lee kann sie herzhaft lachen, albern sein und Unsinn reden. Lee war immer zur Stelle, wenn Jackie sie um Hilfe rief.

An jenem Tag ist Jackie Brautjungfer. Dieser Hochzeit als ältere Schwester, als alte Jungfer von dreiundzwanzig Jahren beiwohnen zu müssen, ist für sie eine schreckliche Erfahrung. Zumal man sie andauernd fragt: »Was ist, hat John Kennedy dir immer noch keinen Antrag gemacht?« Sie fühlt sich gedemütigt und antwortet schulterzuckend: »Ach was! Der will Präsident werden! Der interessiert sich nur für Politik!«

Es ist Black Jack, der seine jüngste Tochter zum Altar führt. Während der ganzen Zeremonie benimmt er sich untadelig, kann es sich aber nicht verkneifen, Merrywood, das opulente Anwesen der Auchincloss, samt seinen weiten Ländereien mit seiner bescheidenen Wohnung in New York zu vergleichen. Janet ist eiskalt. Nur der gute Onkel Hughie bemüht sich, ihm freundlich zu begegnen. Trotzdem kommen sich die beiden Männer nicht näher. Jack Bouvier hat Auchincloss schon viel zu lange als »plumpen, schlecht erzogenen Trottel« beschimpft, als daß er nun das Kriegsbeil ohne weiteres begraben könnte.

Mitte Mai entscheidet sich John endlich. Sein Vater hat ihm eingebleut, daß Jackie ein außergewöhnliches Mädchen ist und die ideale Gattin für einen Präsidentschaftskandidaten abgeben würde. Während er eines Abends in seinem Wagen am Zündschlüssel herumfummelt und undeutlich vor sich hin flucht, fragt er sie, ob sie ihn heiraten möchte. »Ich habe nichts geringeres von dir erwartet«, antwortet Jackie ironisch und verbirgt dabei ihre Erregung.

Sie frohlockt. Endlich hat sich ihr Traum erfüllt. Sie heiratet den begehrtesten Junggesellen des Landes. Reich, gutaussehend, berühmt und mit einer glänzenden Zukunft. Am liebsten würde Jackie aus dem Wagen steigen, auf der Straße Purzelbäume schlagen und ihr Glück der gesamten schlafenden Nachbarschaft in die Ohren brüllen, aber sie verschränkt lediglich die Arme über ihrem Kleid und wahrt ihre untadelige Haltung.

Sie hat gut daran getan, sich nichts anmerken zu lassen, weil er hinzufügt, daß sie, falls sie seinen Antrag annehmen sollte, niemandem etwas davon sagen dürfe, ehe der Artikel in der *Saturday Evening Post*, der ihm gewidmet sei und die Überschrift: »Der fröhliche Junggeselle

des Senats« trage, erschienen sei. Wenn er seine Fans nicht enttäuschen wolle, müsse er noch eine Weile ungebunden bleiben. Einen romantischeren Heiratsantrag kann man sich nun wirklich nicht erträumen!
Jackie läßt sich nicht aus der Fassung bringen. Mit wohlberechneter Gleichgültigkeit antwortet sie, sie werde sich das alles durch den Kopf gehen lassen und ihm ihre Antwort nach der Rückkehr von ihrer Reise mitteilen. Sie fährt tatsächlich nach England, um für ihre Zeitung über die Krönung von Elisabeth II. zu berichten.
»Gleichstand«, denkt sie entzückt. Sie haßt es nämlich, wie ein Groupie behandelt zu werden. Sollte er gedacht haben, daß sie vor Freude in Ohnmacht fallen und ihm aus Dankbarkeit die Hände küssen würde? Nun, sollte er doch vor Ungeduld zappeln!
Nachdem die erste Aufregung vorüber, die Zurückhaltung des Verehrers durchbrochen und das Ziel, das sie sich gesteckt hat, erreicht ist, stellt sich Jackie Fragen. Sie ist sich nicht mehr so sicher, Mrs. John Kennedy sein zu wollen. Sie gerät in Panik bei der Vorstellung, ihre Freiheit zu verlieren und Teil des Kennedy-Clans zu werden, der Frauen nur als nützlich betrachtet, weil sie zur Fortpflanzung dienen und den Männern der Familie Beifall zu spenden. Sie fürchtet sich auch vor Johns Ruf eines Schürzenjägers. Außerdem hat sie noch nie einen Haushalt geführt. Sie kann nicht einmal ein Ei kochen oder einen Tisch decken. Das einzige, was sie gern tut, ist allein in ihrem Zimmer zu lesen oder auf *Danseuse* durch die Natur zu galoppieren. Sie ahnt, daß sich ihr Leben radikal ändern wird, und ist sich nicht sicher, ob das gut ist. Wenn sie John heiratet, legt sie ihr Schicksal in seine Hände. Ob das wirklich eine so gute

Idee ist? Er ist ungehobelt, sie ist kultiviert. Er geht gern aus, ist gern unter Leuten und plaudert mit Vorliebe über irgendwelche Nichtigkeiten, während sie am liebsten zu Hause bleibt, um Aquarelle zu malen, zu lesen oder mit Intellektuellen eine Idee zu diskutieren. Er verbringt sein Leben im Familienkreis, sie haßt das Leben in einer Gruppe. Seine große Leidenschaft ist die Politik, sie findet das alles zum Gähnen langweilig... Ganz im Gegensatz zu John durchschaut Jackie ihn. Und sich selbst. Sie ahnt, allerdings ohne das weiter zu vertiefen, daß diese unerbittliche Jagd, John zu bekommen, eine ganz andere Suche verbirgt: die des kleinen verletzten Mädchens, das eine alte Wunde heilen will. Sie merkt, daß sie alles durcheinanderwirft: John, Black Jack, ihre Ängste, ihren Ehrgeiz. Sie verbringt zwei Wochen in London, und ihre Artikel bestimmen jeweils die Titelseiten des *Times-Herald*. John schickt ihr ein Telegramm: »Artikel ausgezeichnet, aber du fehlst mir.« Mit klopfendem Herzen ruft sie ihn an; wird er ihr endlich eine förmliche Liebeserklärung machen? Sich ihr zu Füßen werfen? Seufzen, daß er ohne sie nicht leben kann? Daß er nicht bei Sinnen war, als er sie fortgehen ließ? Er bittet sie darum, ihm ein paar Bücher mitzubringen, die er braucht, und rattert eine so eindrucksvolle Liste herunter, daß Jackie noch einen Koffer kaufen und hundert Dollar für Übergewicht beim Gepäck bezahlen muß!
Immer noch von Zweifeln geplagt, beschließt Jackie, sich noch ein wenig Bedenkzeit zu gönnen und verbringt zwei Wochen in Paris. Sie geht durch die Straßen und dreht und wendet das Problem wieder und wieder in ihrem Kopf. Immer noch unsicher kehrt sie schließlich

nach Washington zurück. Während der Reise sitzt sie zufällig neben Zsa-Zsa Gabor, einer von Johns ehemaligen Eroberungen, und bestürmt diese mit Fragen, von denen eine nichtiger ist als die andere: »Was tun Sie, um eine so schöne Haut zu haben?« »Wo haben Sie gelernt, sich zu schminken?« »Befolgen Sie eine Diät?« Der entnervte Star findet seine Reisegefährtin zunehmend unerträglich. In Wirklichkeit hat Jackie nur eine Sorge: Wird John sie bei ihrer Ankunft in Washington erwarten? Ihre alte Angst davor, verlassen zu werden, bricht wieder durch. Und wenn er nun nicht da ist? Wenn er sie vergessen hat? Deshalb schwatzt sie einfach drauflos, um ihre Nervosität zu vergessen. Als das Flugzeug in Washington landet, verläßt Zsa-Zsa Gabor es zuerst und fällt John, der dort auf Jackie wartet, um den Hals. John umschlingt die schöne Ungarin, hebt sie hoch, stellt sie jedoch sofort wieder auf den Boden, als er Jackie bemerkt. Diese hat alles mitangesehen. Von weitem. Alle Zweifel sind beiseite gefegt. »Er gehört mir. Rühren Sie ihn nicht an. Er hat mich gebeten, seine Frau zu werden«, würde sie am liebsten schreien. Eifersüchtig stürzt sie auf John zu. Sie kann einfach nicht anders. Sie ist wieder acht Jahre alt und will nicht, daß ihr Vater fortgeht. John stellt die beiden Frauen einander vor. Ganz von oben herab empfiehlt Zsa-Zsa ihm, auf die »liebe Kleine« aufzupassen und sie nicht zu verderben. »Aber das hat er längst«, erwidert Jackie prompt.

Sie haßt es, wenn andere Frauen eine gewisse Vertraulichkeit gerade mit dem Mann zur Schau stellen, der ihr allein gehört. Sie erträgt es nicht, von einem Starlett aus Hollywood wie eine dumme Gans behandelt zu werden. Schließlich hat er ihr einen Heiratsantrag gemacht! Sie

vergißt alle Zweifel und Ängste, ihre Vorbehalte sind wie weggeblasen, und sie sagt ja.
Jackie hätte diese Heirat zum Anlaß nehmen sollen, sich selbst einige grundlegende Fragen zu stellen. Sie hätte überlegen und sich sagen sollen, daß man keinen Mann heiratet, nur um vom Vater loszukommen. Doch Jackie lehnt es ab, sich selbst zu analysieren. Lieber stürmt sie einfach vorwärts, um alles zu vergessen. Erst als sie am Ende ihres Lebens die Kraft aufbringt, mit einem Psychotherapeuten zu sprechen, wird sie es verstehen.
Mit vierundzwanzig ist sie zu jung dazu.
Der Rest gehört zur bereits bekannten Legende. Jackie wollte eine Hochzeit im engsten Kreise, John verschickt zweitausend Einladungen und lädt die ganze Presse ein. Vierzehn Tage vor der Hochzeit verschwindet er mit einem Freund, um sich zwei Wochen lang ohne Unterbrechung von seinem Junggesellenleben zu verabschieden. Jackies Mutter schnaubt vor Wut und wiederholt ihrer Tochter andauernd, daß sich so etwas nicht gehöre: Ein Verlobter darf seine Braut nicht so kurz vor der Zeremonie im Stich lassen. »Diese Ehe ist eine Mesalliance. Diese Kennedys haben einen schlechten Ruf. Sie sind alle ungehobelt und interessieren sich ausschließlich für Geld. Das sind Neureiche, Parvenüs«, wiederholt sie ständig, wobei sie ihre eigene Herkunft anscheinend ganz vergessen hat. »Man erzählt sich überall, daß der alte Joe ein erbärmlicher Gauner sei und daß die ganze bessere Gesellschaft von Boston ihnen die kalte Schulter zeige.«
Jackies Vater ist zwar todunglücklich beim Gedanken daran, seine Tochter zu verlieren, aber er ist auch begeistert von seinem zukünftigen Schwiegersohn. Die bei-

den Männer haben so viele Gemeinsamkeiten, daß sie sich sofort gut verstanden haben und sich über Frauen, Politik, Sport, ihre Rückenschmerzen und die jeweiligen Behandlungsmethoden unterhalten. Jackie hat ihnen verwundert zugehört. »Sie gehören zur selben Familie, zur Familie der heißblütigen Männer.« Der Gedanke, daß der Mann, den sie heiraten will, ihrem Vater ähnelt, beunruhigt sie nicht. Sie idealisiert ihren Vater noch immer so sehr, daß sie sich darüber sogar noch freut. Jackie wollte Black Jack nie von dem Sockel, auf den sie ihn als Kind erhoben hat, stürzen. Herzhaft lachend, erzählt sie die schlimmsten Schandtaten ihres Vaters. In ihren Augen ist Black Jack immer noch ein Held.

Jack Bouvier bereitet sich auf die Hochzeit seiner Tochter vor. Er hat eine Diät angefangen, macht Gymnastik, läßt sich massieren, frischt seine Sonnenbräune auf und sucht alle möglichen Schneider auf, um einen einwandfreien Anzug aufzutreiben, einen Anzug, neben dem sich der arme Hughie wie ein Provinztrottel ausmachen soll. Er dehnt dieses Raffinement sogar auf die Strümpfe und die Unterhose aus, die er feinsäuberlich bügelt. Er muß ein Prinz sein, da er seine Prinzessin verheiratet. Dieser ganze Aufwand kaschiert im Grunde ein gewaltiges Unbehagen: Auch dieses Mal soll sich die Hochzeit wieder auf feindlichem Gebiet abspielen. Er wird dabei Janet und Hughie gegenübertreten und einer grandiosen Zeremonie beiwohnen müssen, die nicht von ihm, sondern von den Auchincloss bezahlt wird. Janet hat ihm deutlich zu verstehen gegeben, daß er zu keinem einzigen der Empfänge, die vor der Hochzeit stattfinden, eingeladen ist und daß man ihn, wenn es nach ihr ginge, überhaupt nicht eingeladen hätte. Aber

Jackie hat darauf bestanden. Black Jack ist traurig. Er hatte sich fest vorgenommen, seine Rolle glänzend zu spielen. Doch wieder einmal sollen auf diesem Fest alte Rechnungen beglichen werden.

Black Jack konnte seine Tochter nicht zum Altar führen: Am Morgen der Hochzeit fand man ihn sturzbetrunken in seinem Hotelzimmer. Hugh Auchincloss vertrat ihn, und Jackie mußte sich fest auf die Lippen beißen, um nicht in Tränen auszubrechen. Nichts zeigen, niemals etwas zeigen. Black Jack wachte zerknirscht und gedemütigt auf, als alles schon vorbei und das Brautpaar abgereist war. Er kehrte nach New York zurück, schloß sich in seiner Wohnung ein und verließ sie tagelang nicht. Er ging nicht einmal mehr ans Telefon, verbrachte seine Tage damit, bei zugezogenen Vorhängen im Wohnzimmer zu hocken, zu trinken und zu weinen. Nie wieder würde er seiner Tochter ins Gesicht sehen können. Erst ein Brief von Jackie, den diese auf ihrer Hochzeitsreise in Acapulco geschrieben hatte, riß ihn aus seiner Niedergeschlagenheit. Ein liebevoller, zärtlicher und verzeihender Brief. Sie ist ihm nicht böse, sie wird ihn immer lieben, und er wird auf ewig ihr heißgeliebter kleiner Papa sein. Sie versteht ja, daß er Lampenfieber hatte. Sie hat gewußt, daß er sich unwohl fühlen würde. Dieser Brief richtet Jack Bouvier wieder auf. Zum ersten Mal seit Wochen zieht er in seinem Wohnzimmer die Vorhänge auf und kleidet sich an.

Das Kneifen ihres Vaters hat Jackie schwer getroffen, obwohl sie es nicht zeigte. Heiter und strahlend erschien sie vor den dreitausend Neugierigen, die vor der Kirche zusammengeströmt waren, um das Brautpaar zu sehen. Zweieinhalb Stunden lang nahm sie die Glückwünsche

der Gäste entgegen, ohne auch nur einmal schlappzumachen.
Während des Mittagessens, das nach der kirchlichen Trauung stattfand, gab John ihr sein Hochzeitsgeschenk, ein Diamantenarmband, das er ihr im Vorbeigehen nachlässig in den Schoß warf. Ohne ein Wort, ohne einen Kuß. Jackie schaute ihn verwundert an. Er hielt eine sehr lustige Ansprache, in der er erklärte, er habe Jackie nur geheiratet, weil sie ihm als Journalistin zu gefährlich wurde. Als Antwort brachte sie einen Toast auf ihn aus und erwiderte, sie wolle doch hoffen, daß er einen besseren Ehemann als Verehrer abgeben werde. In der ganzen Zeit, in der er ihr den Hof gemacht hat, hatte er ihr nicht einen einzigen Liebesbrief geschickt, abgesehen von dem Telegramm nach London und einer armseligen Postkarte von den Bermudas, auf die er einen einzigen Satz gekritzelt hatte: »Schade, daß du nicht hier bist, Jack.«
Damit war der Ton angeschlagen: In Zukunft würde er mit ihr rechnen müssen. Sie würde sich nicht von ihrem wunderbaren Gatten in den Schatten stellen lassen.
Schließlich zog sich das Brautpaar zurück und flog nach Acapulco. Als Jackie noch klein und Zirkuskönigin gewesen war, hatte sie während einer Reise mit ihren Eltern erklärt, daß sie dort und nirgendwo sonst die Hochzeitsreise mit ihrem schönen Trapezkünstler verbringen wolle. »In dem Haus da«, hatte sie gesagt und dabei mit dem Finger auf einen rosafarbenen Palast gezeigt. Und in genau dieses rosafarbene Haus entführte John Jackie, um dort die Flitterwochen zu verbringen.

V

Was wußte Jackie von ihrem neuen Mann?
Nicht viel. Sie hatte sich in ein Bild verliebt, das ihrem eigenen Vater sehr ähnlich war. Doch im Gegensatz zu John Kennedy hatte ihr Vater nur eine Liebe: seine Tochter. Er liebte sie schlecht, behandelte sie wie eine luxusverwöhnte Geliebte und schaffte es nie, ihr in seinem Leben einen echten Platz einzuräumen, aber er liebte sie. Jackie wußte das und hatte auch ihr eigenes Leben auf dieser irrsinnigen Liebe aufgebaut. Ihr Vater war ihr Dreh- und Angelpunkt. Nur für ihn wollte sie immer perfekt sein, die Klassenbeste und ein Objekt der Begierde für alle Männer. Allein durch Black Jacks Liebe erwarb sie jene unerschütterliche Stärke, jene Willenskraft, dank derer sie ihr Leben nach eigenen Wünschen zu führen vermochte und die einige Leute zu der Bemerkung veranlaßte, sie sei hart, habgierig und rücksichtslos. Nichts durfte ihr Widerstand leisten. Sie wußte genau, was sie nicht wollte.
Nur was sie wollte, wußte sie nicht. Sie reagierte, aber agierte nicht nach den eigenen Wünschen. Weil sie nie die Liebe einer Mutter erfahren hatte, durch die man seine Identität, tiefes Zutrauen zu sich selbst und die Verwurzelung der eigenen Existenz erfährt. Hätte sie eine liebende Mutter besessen, so hätte das gereicht, um aus ihr eine ausgeglichene und starke Frau zu machen,

die ebenso auf ihr eigenes Wohlergehen wie auf das der anderen bedacht ist. Aber ihre Mutter kritisierte sie ständig. Ihre Tochter konnte es ihr einfach nie recht machen. Janet fand Jackies Röcke zu kurz, ihr Haar zu widerspenstig und ihre Verehrer nicht wohlhabend oder nicht vornehm genug. Sie sprach nie von dem, was Jackie gut gemacht hatte, sondern warf ihr fortwährend tausend kleine Fehler vor. So hart sie zu Jackie und Lee sein konnte, so zärtlich behandelte sie die Kinder, die sie noch aus ihrer Ehe mit Auchincloss bekam. Sie konnte es Jackie eben nie verzeihen, die Tochter ihres Vaters zu sein. Und was die Heirat ihrer ältesten Tochter mit dem begehrtesten Junggesellen der Vereinigten Staaten anging, so ließ sie das völlig kalt. Sie bedauerte, daß um diese Verbindung soviel Wirbel gemacht wurde, und erklärte, das käme einer Verletzung ihres Privatlebens gleich. Wenn man sich bei ihr nach Jackie erkundigte, so antwortete sie, mit der Hand wedelnd wie um eine lästige Fliege zu verscheuchen: »Oh! Jackie geht es sehr gut.« Und brachte das Thema dann sofort auf ihre anderen Kinder.

Auch John Kennedy hatte auf Mutterliebe verzichten müssen. In seinem Buch[1] schildert Nigel Hamilton die Kindheit und Jugend des zukünftigen Präsidenten in ziemlich düsteren, finsteren Farben.

Wenn sie von der Geburt ihres zweiten Kindes, John, erzählte, konnte sich Rose Kennedy noch haargenau an die Kosten für den Arzt und die Krankenschwester, die ihr beistanden, erinnern, doch sie gab zu, daß sie damals nicht einmal wußte, was das Wort »Fötus« be-

[1] Nigel Hamilton, *John F. Kennedy - Wilde Jugend.* Frankfurt 1993.

deutete. Rose machte Kinder, weil eine verheiratete katholische Frau eben Kinder machen muß. Mit Vergnügen hatte diese ganze Geschichte nichts zu tun. Sex war lediglich eine unangenehme eheliche Pflicht, die durch die Roheit und mangelnde Wärme ihres Gatten nur noch unangenehmer gemacht wurde; Sex war schmutzig und widerlich. Und das Ergebnis davon, die Kinder, eine einzige Bürde. Nach der Geburt ihres dritten Kindes, Rosemary, verläßt Rose, von Joe Kennedys Seitensprüngen angewidert, das eheliche Heim. Sie läßt Mann und Kinder im Stich und flüchtet sich zu ihrem Vater. Um drei Wochen später, vom Pflichtgefühl und den väterlichen Moralpredigten getrieben, nach Hause zurückzukehren. Aber schon bald hat sie wieder genug von ihrer Hausgemeinschaft. Jedoch ohne das je zu zeigen, wie es sich für eine gute, stoische und ergebene Katholikin gehört. Man muß seine Kinder und seinen Mann lieben, das steht schließlich so in der Bibel. Nichtsdestoweniger unternimmt sie immer öfter Reisen ins Ausland, um sich so weit wie möglich von ihrer Familie zu entfernen.
Der kleine John hat gesundheitliche Probleme. Mit drei Jahren schickt man ihn in ein Sanatorium, in dem er drei Monate verbringt. Die Krankenschwester, die sich um ihn kümmert, erliegt dem Charme dieses bezaubernden, lustigen und gelassenen Knirpses, so daß sie, als er wieder gehen muß, seine Eltern anfleht, ihm folgen und als Kindermädchen dienen zu dürfen.
Wenn Rose von ihrer Familie spricht - mittlerweile hat sie fünf Kinder -, sagt sie »meine Firma«. Sie ist keine Mutter, sondern ein Manager. Für jedes einzelne Kind hat sie eine Akte angelegt. In jeder Akte befinden sich eine Reihe von Karteikarten, auf denen sie Gewicht,

Größe und Gesundheitsprobleme einträgt. Sie wiegt und mißt die Kinder zweimal im Monat und achtet wie besessen auf deren Kleidung. Am Ende eines jeden Tages überprüft sie, ob die Säume noch halten, ob die Ärmel nicht durchgescheuert und die Kragen schön steif sind, vor allem aber, ob sich die Knöpfe noch alle an ihrem Platz befinden. Die Knöpfe sind ihre Manie. Ihre Enttäuschung über die Ehe und ihre chronischen Depressionen verbirgt sie hinter einer scheinbar militärischen Disziplin. Nie läßt sie sich dazu herab, zärtlich zu sein, einen Kuß zu geben, einen großen Kummer zu trösten oder einem Kind auch nur über den Kopf zu streicheln. Sie erfüllt ihre Pflicht, füllt ihre Karteikarten aus, reglementiert, erläßt Prinzipien, hat aber nicht den kleinsten Körperkontakt zu ihren Söhnen und Töchtern. Sie und ihr Mann haben getrennte Schlafzimmer. Die Erfüllung der ehelichen Pflicht läßt sie über sich ergehen, aber sobald Joe damit fertig ist, dreht sie sich auf die Seite und bittet ihn, in sein eigenes Bett zurückzukehren. Jede körperliche Nähe widert sie an. Sie übergießt sich mit schwerduftenden Parfüms, um ihren eigenen Körpergeruch zu vergessen.
Joe tröstet sich leichten Herzens, nimmt sich eine Geliebte nach der anderen und erwirbt ein gewaltiges Vermögen dadurch, daß er so ziemlich jeden übers Ohr haut. Er ist der anrüchigste Geschäftsmann der ganzen Ostküste. Das Establishment lehnt ihn ab und weigert sich, ein so unmoralisches und unzüchtiges Wesen zu empfangen, was ihn allerdings nicht im geringsten stört. Er betätschelt weiterhin alle Mädchen, die in seine Nähe kommen, wobei er sogar so weit geht, ihnen mitten im Restaurant die Hand ins Höschen zu stecken und sie zu

streicheln. Rose Kennedy ist über seine Abenteuer genauestens unterrichtet und legt sein Geschick in Gottes Hand.
Erzogen werden die Kinder von ständig wechselnden Gouvernanten (die schlecht bezahlt werden), und von einem Vater, der ihnen, wenn er denn einmal zu Hause ist, nur eines beibringt: Konkurrenzdenken. »Das Leben ist ein Dschungel«, erklärt er, »nur die Stärksten überleben, und der Zweck heiligt die Mittel, einschließlich der unehrlichsten.«
Als John mit fünf Jahren sieht, wie seine Mutter wieder einmal die Koffer für eine weitere Reise packt, stellt er sich neben den offenen Reisekoffer und schreit ihr ins Gesicht: »Ah! Eine tolle Mutter bist du, das muß man sagen. Immer im Begriff, wegzugehen und deine Kinder alleinzulassen!«
Er flüchtet sich in die Bücher. Insbesondere begeistert er sich für Geschichte. Ständig krank und ans Bett gefesselt, wird die Lektüre zum einzigen Vergnügen, das ihm bleibt. Er besitzt einen klaren Verstand, interessiert sich für alles und stellt tausend Fragen. Obwohl ihm Rose nie etwas vorliest, kontrolliert sie sorgfältig alle Bücher, die ins Haus kommen. Alles was zu kühn, zu aufregend ist, wird aus den Bücherschränken verbannt. Jedes gewagte Wort und jede mißliebige Frage ziehen Strafen nach sich. »Ich hatte mir angewöhnt, immer einen Kleiderbügel in Reichweite zu haben«, wird sie sich später einmal rühmen. Nur bei solchen Gelegenheiten berührt Rose ihre Kinder.
Der kleine John flüchtet sich immer mehr in seine Traumwelt. Er gibt sich zerstreut. Verlangt man zum Beispiel von ihm, pünktlich zu sein, kommt er mit Sicher-

heit zu spät. Rose droht damit, ihn vom gemeinsamen Mittagessen oder von den Ausflügen an den Strand auszuschließen. Gleichgültig zuckt er mit den Schultern. »Ist doch egal!« scheint er zu sagen. Dann ißt er eben nicht oder bleibt zu Hause. Ständig ist er schlampig angezogen. Sein Haar ist zerzaust, sein Zimmer ein einziges Schlachtfeld. Er verläßt das Haus in Pantoffeln, reißt sich Knöpfe ab und macht seine Hosen kaputt. Saubere und gebügelte Kleidung erträgt er nicht. Es kommt häufig vor, daß er mit einem roten Schuh an einem Fuß und einem blauen am anderen zur Schule geht. Kurz und gut, er lehnt sich gegen die Neurosen seiner Mutter auf und hält sich von den Spannungen, die zwischen seinen Eltern herrschen, tunlichst fern.
In diesem Haus herrscht Verbitterung. Joe wirft seiner Frau ihre Frigidität vor. Rose haßt die sexuellen Ausschweifungen ihres Mannes und zahlt sie ihm auf versteckte Weise heim. Äußerlich ist sie untadelig: schlank, geschmeidig, bei den größten Modeschöpfern eingekleidet, mit Schmuck behangen. Sie hat ein gezwungenes, eisiges Lächeln. Und unter dem Eis brodelt der Haß, der jedoch nie zum Ausbruch kommt.
Die Knöpfe und Knopflöcher ihrer Kinder werden bei Rose immer mehr zur Manie. Sie sind Mittel zum Zweck, um die Realität unter Kontrolle zu bekommen. Knöpfe beruhigen sie. Über ihnen kann sie ihren Mann und die Ausbrüche ihrer sieben Kinder vergessen. Von morgens bis abends knöpft sie auf und wieder zu, zählt alle fehlenden Knöpfe, ersetzt sie, näht sie wieder an und begibt sich auf die Suche nach einem möglichst soliden Nähgarn. »Knöpfe, Knöpfe, Knöpfe«, hört man sie selbst allein in der Wäschekammer murmeln. Dieses Wort ver-

folgt den kleinen John, der ausreißt, sobald sie sich nähert. Trotzdem wird er seiner Tochter Caroline Jahre später den Spitznamen Buttons bekommen. Buttons! »Buttons, Buttons, wo bist du?« hört man ihn dann in den Fluren des Weißen Hauses rufen...

Nach jeder Niederkunft geht Rose auf Reisen und stellt ein neues Kindermädchen ein. Am liebsten fährt sie nach Paris, wo sie alle Modeschöpfer und Juweliere aufsucht und sich die berauschendsten und teuersten Parfüms kauft. Dabei gibt sie jedesmal ein Vermögen aus. Wie sie selbst erklärt, ist das ein Mittel, sich an ihrem Mann zu rächen: Sie läßt ihn für seine Untreue bezahlen. Beim Anblick ihrer geöffneten Koffer weint John jedesmal entsetzlich. Bis er eines Tages begreift, daß sich seine Mutter, je mehr er weint, nur noch mehr vor ihm verschließt und ihn ignoriert. Er beginnt, sie zu hassen, läßt sich das aber nicht anmerken. Er hält sich die Nase zu, wenn sie vorbeigeht, weil er den Geruch ihres Parfüms nicht ertragen kann. Da sie ihn nicht liebt, muß er sich eben anderen zuwenden. Seine Lehrer mögen ihn, die Mütter seiner kleinen Freunde verwöhnen ihn, er ist der Anführer seiner Clique. Und er meidet sein Zuhause.

Unterdessen erlebt Joe Kennedy ein berauschendes Abenteuer mit Gloria Swanson. Er ist so stolz darauf, der Liebhaber eines Stars zu sein, daß er noch Jahre später vor seinen Söhnen mit seinen Leistungen im Bett angibt, dabei genaue Angaben über Miss Swansons Anatomie macht und ihren Genitalbereich sowie ihre sexuelle Unersättlichkeit in allen Einzelheiten beschreibt. »Außer mir konnte keiner sie befriedigen, und als ich sie sitzenließ, hat sie sich die Augen aus dem Kopf geweint!«

Bald ist seine Hollywoodliebschaft allgemein bekannt, und die Familie Kennedy wird unter Quarantäne gestellt. Die Kinder werden nicht mehr eingeladen und müssen untereinander spielen in dem Bewußtsein, »schwarze Schafe« zu sein. Parallel dazu erreicht die Abwesenheit ihrer Eltern von zu Hause einen neuen Rekord. Joe wohnt die meiste Zeit über in Hollywood. Rose verreist immer weiter, immer öfter und immer länger.
Die Kinder werden ins Internat geschickt. Als der zwölfjährige John dort eintrifft, hat er nichts anzuziehen. Seine Mutter hat vergessen, ihm den Koffer zu packen. Er fühlt sich allein, verlassen. Er verlangt Hosen. Seine Brüder und Schwestern fehlen ihm. Daheim hat er seine festen Bezugspunkte. Er ist der Intellektuelle der Familie, ironisch, sarkastisch, kommt immer zu spät, ist schlecht gekleidet, legt sich mit allen an und bleibt immer unabhängig. Im Internat ist er lediglich ein kleiner Junge unter vielen anderen, den seine Eltern nie besuchen. Dann wird er krank und läßt sich im Krankenzimmer verwöhnen. »Wir hatten uns einfach daran gewöhnt, daß er oft krank war«, erklärt Rose später, »uns machten nur seine schlechten Noten Sorgen.« Sobald er wieder auf den Beinen ist, randaliert er. Trotz seines außergewöhnlich hohen Intelligenzquotienten ist er nicht in der Lage, sich zu konzentrieren. Seine Lehrer halten ihn zur Arbeit an. John weigert sich, auf sie zu hören. Er möchte nicht, daß man ihn anspornt, er möchte, daß man ihn liebt, daß man ihm Zärtlichkeit und Zuneigung entgegenbringt.
Als ihn sein Vater endlich einmal besuchen kommt, findet er verblüfft einen sechzehnjährigen, mageren und schlampig gekleideten Teenager vor, der mit einer Clique

von schlecht erzogenen Bengeln verkehrt. Joe Kennedy ist fuchsteufelswild und knöpft sich sämtliche Lehrer vor. Später beschwert sich John, daß sein Vater mehr Zeit mit den Lehrern verbracht hat als mit ihm. Wieder wird er krank. Diesmal ist es schlimm. Man diagnostiziert Leukämie. Die ganze Schule erscheint an seinem Krankenlager. Man flüstert sich zu, daß er vielleicht sterben muß. Er wird zu einem Helden. Doch seine Mutter macht sich nicht die Mühe, zu ihm zu kommen. Sie hält sich gerade in ihrem neuen Anwesen in Miami auf und hat nicht vor, nur wegen der schwachen Gesundheit ihres Sohnes auf die Sonne zu verzichten.

Diese neue Prüfung stärkt John, macht ihn noch individualistischer, noch unabhängiger, zynischer und komischer. Auch noch frecher. Er beschließt, von nun an nur zu tun, was ihm gefällt: Geschichte zu studieren und außerdem die *New York Times,* die er abonniert hat, zu verschlingen, ebenso wie seine Bücher. Sein großes Idol ist Winston Churchill, dessen Werk *The World Crisis* er in seine Kissen gelehnt wieder und wieder liest. Er besitzt ein fabelhaftes Gedächtnis und lernt lange Abschnitte auswendig, um es zu trainieren und weiterzuentwickeln. Über seine Krankheit und die Ärzte, die sich am Kopf kratzen, weil sie nicht verstehen, was ihm fehlt, macht er sich lustig. »Und wenn ich nun überhaupt nichts hätte?« meint er in einem Brief an seinen Freund Lem Billing, »das wäre doch witzig, oder? Ich verbringe ganze Nächte damit, dieses Szenario auszuarbeiten ...« Da er an äußerst schmerzhaften Magenkrämpfen leidet, spült man ihm bis zu sechsmal am Tag den Magen aus. »Bald bin ich sauber wie eine Trillerpfeife!« scherzt er, »das Wasser kommt so klar wieder heraus, daß alle eine

Tasse davon trinken und es auch noch köstlich finden. Mein Hintern schaut mich schon ganz giftig an!«
Mit siebzehn beginnt er sich für Frauen zu interessieren. Da er oft zur Beobachtung im Krankenhaus liegt, macht er sich zunächst an die Krankenschwestern ran. Sie verwöhnen ihn, scherzen mit ihm, bleiben länger an seinem Bett sitzen. Er ist der Liebling der ganzen Klinik. Doch wenn sie sich allzu zärtlich zeigen, verkriecht er sich unter die Bettdecke. Er will ihnen ja gern an die Wäsche gehen, aber er will keine Zärtlichkeiten über sich ergehen lassen. Vertraulichkeiten in aller Öffentlichkeit kann er nicht ausstehen. Für ihn muß Sex kurz, handfest und ohne überflüssiges Drumherum sein. Allzu weibliche Frauen, die sich zu gut anziehen und schwere Parfüms benutzen, widern ihn an. Lieber äußert er lauthals seine Verachtung für diese gierigen Weiber, als seine verletzten Gefühle preiszugeben.
Wenn er in den Ferien nach Hause kommt, weiß er nie, in welchem Zimmer er wohnen wird. Zwischen den immer abwesenden Eltern, den ständig wechselnden Dienstboten und seinen Brüdern und Schwestern (es sind mittlerweile neun), die kommen und gehen, nimmt er eben das letzte freie Zimmer. Wie in einem Hotel. Ein völlig unpersönliches Zimmer, in dem er nichts an die Wand hängen kann, da er nicht weiß, ob er es auch das nächste Mal wieder bewohnen wird. Seine Mutter wird immer wunderlicher. Sie hinterläßt überall Zettel für die Kinder: »Zieht keine weißen Strümpfe zu einem guten Anzug an.« »Nie braune Schuhe zu einem dunklen Anzug.« »Sagt nicht ›Hallo‹, sondern ›Guten Tag‹.« »Kommt immer pünktlich zum Essen.« »Laßt bei Tisch die Frauen zuerst aufstehen, die Männer erheben sich

anschließend.« »Eßt euren Fisch mit dem Fischmesser.« Usw. Sie hat so große Angst davor, etwas zu vergessen, daß sie sich sogar Merkzettel an die Bluse heftet! Da es John ein diebisches Vergnügen bereitet, sie lächerlich zu machen, begeht er möglichst viele Verstöße. Er bringt es sogar fertig, wie ein Besessener vom Tisch aufzuspringen, um vor Rose die Eßzimmertür zu erreichen. Wenn seine Mutter diesbezüglich eine Bemerkung macht, entschuldigt er sich untertänigst... um es am nächsten Tag genauso zu machen.
Sein Vater hingegen predigt ausschließlich Konkurrenzdenken, Kampf ums Überleben und Verachtung für alle Armen und Schwachen, Schwarzen und Juden. Oder er läßt sich über die Millionen Dollar aus, die er für jedes Kind beiseite gelegt hat, allerdings nur unter der Bedingung, daß sie immer und überall die ersten sind. Ebenso wie in seinen Geschäften ist er auch in allem anderen völlig unbeständig. Er wirft John einerseits eine zu hohe Wäschereirechnung vor und legt dann einen Fünfzigdollarschein unter jeden Teller, um seine Kinder zu animieren, das Geld mit ihm im Kasino zu verspielen. Er versucht, sie zu beeinflussen, indem er ihnen je nach Laune eine glänzende Zukunft oder einen großen Geldschein verspricht. Wenn sie ihm nicht folgen, wird er gewalttätig, stiftet Raufereien unter ihnen an, um den Stärkeren zu belohnen. Anschließend drückt er dem Sieger die Hand und beschimpft den Besiegten. Da er nicht in der Lage ist, mit seinen Söhnen ein echtes Gespräch zu führen, als sie in die Pubertät kommen, legt er ihnen pornographische Zeitschriften mit bunten Faltblättern über die weibliche Anatomie aufs Bett. Rose tobt, die Jungen kichern hinter vorgehaltener Hand, und Joe

frohlockt. Das ist seine Art und Weise, zu seinen Söhnen ein kameradschaftliches Verhältnis aufzubauen. John sucht bei seinen Freunden Zuflucht. In Begleitung von einem dieser Kumpanen verliert er seine »Jungfräulichkeit«. In einem Bordell in Harlem, wo sie für drei Dollar pro Nase ein Mädchen bekommen. Angstschlotternd kommen sie wieder heraus, weil sie fest davon überzeugt sind, sich eine Geschlechtskrankheit eingefangen zu haben, und wecken mitten in der Nacht einen Arzt, der sie behandeln soll.

John stellt alles mögliche an. Disziplin erträgt er nicht; jedesmal wenn irgendwo eine Dummheit gemacht wird, ist er dabei. Dank seines Charmes und seines Temperaments ist er überall der Anführer und zeichnet sich in der Führung seiner »Männer« aus.

Seine Eltern und Lehrer machen ihm Vorwürfe und halten ihm als Vorbild seinen ältesten Bruder Joe junior vor, der ein Musterbeispiel an gutem Betragen ist. Daraufhin gibt John zu, daß er gerade deshalb den Clown spielen muß, um sich von diesem abzuheben. »Wäre er nicht gewesen und hätte überall den Besten herausgekehrt, hätte ich vielleicht eine Chance gehabt, besser zu werden.« Bis zum Tod seines Bruders sollte er unter diesem Komplex leiden. Mit achtzehn Jahren versucht er sogar, in die Fremdenlegion einzutreten, um sich endgültig von Joe zu lösen.

Er mag lustige Geschichten, am liebsten unanständige, von denen er Dutzende kennt. Sein Lieblingswitz ist der, in dem Mae West Präsident Roosevelt trifft: »Guten Tag, Madam. Wer sind Sie?«, fragt der Präsident. »Und Sie, mein Bester, wer sind Sie?« antwortet Mae West. »Franklin Roosevelt.« »Also wenn Sie privat genauso gut ficken, wie sie das amerikanische Volk gefickt haben, dann besuchen Sie mich bei Gelegenheit doch mal.«

Das ist seine Reaktion auf die Machtgier seines Vaters, der davon träumt, in die Roosevelt-Regierung aufgenommen zu werden, und dies nie schafft. Johns großes Vorbild ist der französische König Franz I., weil dieser das Leben, die Frauen und den Krieg liebte. »Aber er verstand es, die Frauen auf ihren Platz zu verweisen und ließ nie zu, daß sie, mit Ausnahme seiner Mutter und seiner Schwester, eine wichtige Rolle spielten, außer vielleicht gegen Ende seines Lebens. Ehrgeizig und verwöhnt, vor Lebenslust und Körperkraft überschäumend, war er der ruhmreiche Held seiner Generation«, schreibt er in einer Klassenarbeit. Er ist neunzehn Jahre alt, als er diesen Aufsatz verfaßt.

Wie alle jungen Männer aus gutem Hause unternimmt er im Sommer 1937, mit zwanzig Jahren, eine Reise nach Europa. Er ist hingerissen von den französischen Kathedralen und begegnet zum ersten Mal dem Faschismus, dem Sozialismus und dem Kommunismus, all den »Ismen«, die es in Amerika nicht gibt. Er versucht, sich eine politische Meinung zu bilden, indem er Zeitungen und Essays liest, die von der politischen Lage in Europa berichten. Er ist verwirrt von Mussolinis Italien, das ihm sauber und gut organisiert scheint. Er stellt fest, daß die Menschen dort glücklich wirken. Rußland macht ihn neugierig. Deutschland und der triumphierende Nationalsozialismus widern ihn an. Die französische Kultur und die Geschichte Frankreichs begeistern ihn. Er liest Rousseau und folgert daraus, daß Thomas Jefferson von ihm beeinflußt wurde. Auf die französische Armee ver-

trauend, prophezeit er, daß es zwischen Frankreich und Deutschland keinen Krieg geben werde, da die französische Armee der deutschen überlegen sei! Auch verwirrt ihn die Tatsache, daß in Europa plötzlich so viele Katholiken um ihn sind, und er besucht jeden Sonntag die Messe. Dabei langweilt ihn die Religion sonst eher. Er glaubt nicht an die Dogmen der Kirche, an die Wunder von Jesus und an die Lehre Christi. Es gefällt ihm, katholisch zu sein, weil ihn das in einer protestantischen Umgebung von den anderen unterscheidet. Sich jedoch dem Glauben zu widmen ermüdet ihn furchtbar. »Dazu habe ich keine Zeit!« In England - das für Eliten wie geschaffen ist, in dem sich die Männer erst an letzter Stelle für Frauen interessieren, nach ihrem Club, ihren Freunden, der Jagd und der Politik - fühlt er sich pudelwohl. »Er war ein großer Snob«, erinnert sich ein guter Freund von ihm, »aber kein Snob im üblichen Sinne. Es war snobistisch, was den guten Geschmack anging. Er mochte gut gekleidete Leute, die vornehm aussahen, und verabscheute alle, die sich gehen ließen oder zu plump-vertraulich waren. Er wollte stark, groß, mutig und außergewöhnlich sein. Ihm graute vor allem, was gewöhnlich, banal, routinemäßig und klein war. Er wollte intensiv leben. Im Innersten war er überhaupt kein Amerikaner, zumindest kein durchschnittlicher.«
Er hat einen Freundeskreis, dem gegenüber er sich loyal und treu, aber nie sentimental zeigt. »Er hätte alles getan, um seine Gefühle zu verbergen. Und doch war er warmherzig, sprach mit jedem, brachte alle zum Lachen und war immer da, wenn man ihn brauchte. Er war der beste Freund der Welt.« Er ist gern bereit zu geben, möchte aber nicht vereinnahmt werden. Seinen Ge-

sprächspartnern stellt er tausend Fragen, will begierig alles lernen, was diese wissen. Noch lange nach seiner Europareise informiert er sich über Hitler und Mussolini, den Kapitalismus, den Kommunismus, den Nationalismus, den Militarismus und die Durchführbarkeit demokratischer Prinzipien. Später, während seiner Studienjahre, unternimmt er weitere Entdeckungsreisen, um Europa, Rußland, den Nahen Osten und Südamerika kennenzulernen. Er will alles über die Welt, die ihn umgibt, erfahren.

Sein Aufenthalt in Harvard hinterläßt bei den Professoren keinen nachhaltigen Eindruck. Da er aufgrund seiner schlechten Gesundheit häufig fehlt, gelingt es ihm nicht, wirklich im Hochschulbetrieb aufzugehen. Als in Europa der Krieg ausbricht, ist er zweiundzwanzig Jahre alt. Nun erkennt er, daß er die französische Armee überschätzt hat, und vertieft sich wieder in seine Bücher, um zu begreifen warum.

Er hat zahlreiche Affären mit schönen, brillanten und sportlichen Mädchen. Er scheint sie zu lieben, doch nicht in dem Maß, daß er darüber den Kopf verlieren würde. Die Jahre verstreichen, seine Kameraden drängen ihn dazu, sich zu binden, sich zu verloben. Aber er kann sich nicht entscheiden. Und selbst wenn er mitunter an der einen oder anderen Eroberung hängt, weigert er sich, dies zuzugeben, und lacht lauthals, wenn seine Freunde Liebesbriefe erhalten und diese mit klopfendem Herzen lesen. »Für dich mag das ja romantisch sein, aber für mich ist das alles Scheiße«, ruft er aus. Eine seiner gescheiteren Freundinnen wird sich später erinnern: »Er war sehr berechnend, was seine Zukunft anging. Er wollte, daß alles nach seinen Wünschen verläuft, einschließlich seiner Ehe. Es sollte genau die richtige Heirat mit der geeigneten Person sein, die genau in seine Karrierepläne paßte. Da er diese ideale Person vorläufig noch nicht gefunden hatte, fing er mit keinem Mädchen ernsthaft etwas an. Er war ganz einfach noch nicht bereit für die Ehe.«

Seinen Freunden erzählt er von den Seitensprüngen seines Vaters und den großartigen Geschenken, die dieser seiner Mutter mache, damit sie ihm verzeihe. Sein Vater übt einen starken Einfluß auf ihn aus, und zwar nicht den besten. Er hat seinem Sohn seine Verachtung für alle Frauen und das eheliche Heim vererbt. John erklärt lauthals lachend, daß er die Brüste einer Frau ihrem Verstand vorziehe. Bittet man ihn darum, eines seiner Liebesabenteuer zu erzählen, faßt er sich äußerst kurz: »Rein, raus, fertig! Auf Wiedersehen, Madam!« Wenn er verführen will, wendet er eine zügige Methode an. »Ich kann nicht warten«, erklärt er eines Tages einem Mädchen, das er eng an sich drückt. »Alles, worauf ich Lust habe, muß ich sofort bekommen. Ich habe keine Zeit, müssen Sie wissen ...«

Das einzige, was ihn interessiert, ist die Eroberung. Genau der Augenblick, in dem die begehrte Beute verlegen wird, errötet, die Augen niederschlägt und ein Rendezvous annimmt. Der Augenblick, in dem er seinen Willen durchsetzt und die Frau bezwingt. Einem Mädchen den Hof zu machen langweilt ihn, Geschlechtsverkehr ist nichts Außergewöhnliches mehr, hat seine Faszination verloren. Und was die danach zugeflüsterten Zärtlichkeiten angeht ... da ist er längst fort! Doch wird er nicht müde zu erobern, jenen berauschenden Augenblick zu erleben, in dem er zum Herrn und Meister wird und die Macht übernimmt. Dieser unzureichende Liebhaber ist ein fanatischer Draufgänger. Er mag es, wenn man ihm widersteht, um diesen Widerstand zu überwinden. »Ich liebe die Jagd, die Verfolgung, aber das abschließende Halali ...«

John ist viel zu narzißtisch, um sich zu verlieben. Er betreibt Nabelschau, achtet auf sein Gewicht, gibt ein Vermögen für Haarpflege aus und jubelt, wenn er ein Kilo zugenommen hat. Der äußere Schein ist für ihn ungeheuer wichtig. Seine Freunde machen sich über seine ewige Sonnenbräune lustig und halten das für weibisch. Er antwortet: »Braun zu sein gefällt mir nicht nur, sondern es beruhigt mich auch. Das verleiht mir Selbstvertrauen, wenn ich mich im Spiegel betrachte. Dann habe ich den Eindruck, stark, kerngesund, verführerisch und unwiderstehlich zu sein.«

Er ist längst nicht der fürchterliche Macho, der er zu sein vorgibt. Er hat diese Fassade eines »tollen Typen« nur aufgebaut, um damit seine jahrelange Krankheit, seine Schwächen und Gesundheitsprobleme, derer er sich schämt und die er verbirgt, vergessen zu machen. Und auch all den Kummer, den er als kleiner Junge gehabt hat.

Der Mutterliebe beraubt, muß er einen Abgrund überbrücken, so daß jede Frau für Roses Gleichgültigkeit büßen muß. Ganz gleich, wie viele Opfer er auch zur Strecke bringt, es wird ihm nie gelingen, diese Leere auszufüllen. Dabei bemühte er sich redlich.

In seiner Autobiographie[2] schreibt Robert Stack: »Ich habe die meisten großen Hollywoodstars gekannt, aber

[2] *Straight Shooting.*

nur sehr wenige hatten so viel Erfolg bei den Frauen wie JFK, und das sogar schon, bevor er die politische Bühne betrat. Er brauchte sie nur anzusehen, damit sie ihm in die Arme sanken.« Die Liste der Dahinsinkenden ist lang: Hedy Lamarr, Susan Hayward, Joan Crawford, Lana Turner, Gene Tierney usw.

Sein Verhältnis mit Gene Tierney endete sehr abrupt. Da Gene protestantisch und geschieden war, kam es für John überhaupt nicht in Frage, sie zu heiraten, obwohl er mit neunundzwanzig Jahren im richtigen Alter gewesen wäre, um sich fest zu binden. Er zog es deshalb vor, ihr das einzugestehen, obwohl sie schon zwei Jahre zusammen waren.

»Weißt du, Gene, ich werde dich nie heiraten können.«

Sie antwortete nicht, stand nach dem Essen vom Tisch auf und sagte ganz leise zu ihm: »Leb wohl, John.«

»Das hört sich ja an wie ein endgültiger Abschied«, scherzte er.

»Das ist auch einer.«

Sie sollte ihn nie wiedersehen. Aber sie behielt ihn in guter Erinnerung. »Sehr romantisch war er nicht, das stimmt, aber er konnte einem jede Menge Zeit und Aufmerksamkeit widmen. Er fragte andauernd: ›Was hältst du davon?‹« Eine magische Formel, die die Frauen in ihrer Intelligenz bestätigt.

John hat noch ein anderes Problem, nämlich seine sozialen Komplexe. Aufgrund von Joe Kennedys suspekten Aktivitäten, wegen seines skandalösen Benehmens und seiner zahlreichen Mätressen waren die Kennedys ihre ganze Kindheit über schlecht angesehen. Man hat mit Fingern auf sie gezeigt, sie überall ausgeschlossen und verunglimpft. Trotz seines Charmes und des beträchtlichen Vermögens seines Vaters gelingt es John nicht, die großen Familien zu beeindrucken. Er gehört nicht den vornehmsten Clubs an und wird auf keinen Debütantenball eingeladen. Auf diese Weise verfemt, entwickelt er ein Bedürfnis nach gesellschaftlicher Revanche. »Die schauen mich nicht einmal an. Nun! Dann werde ich sie eben zwingen, mich anzuschauen! Ich werde Präsident der Vereinigten Staaten oder etwas Ähnliches, damit sie mir wohl oder übel Achtung entgegenbringen müssen!« Sein Ehrgeiz hatte hier seinen Ursprung und ist während des Studiums in Princeton, Harvard oder Stanford, in den von Söhnen aus gutem Hause bevölkerten Hörsälen, nur noch gewachsen.

Am 7. Dezember 1941 zerstören die Japaner die amerikanische Flotte in Pearl Harbor. Am 8. Dezember erklärt Präsident Roosevelt Japan den Krieg. Mit einer Gegenstimme billigt der Kongreß diese Entscheidung einhellig. Am 11. Dezember erklärt Hitler, daß Deutschland Japan gegen Amerika unterstützen will. John Kennedy meldet sich zur Marine und zieht in den Krieg. Er kehrt als Held zurück, nachdem er zehn Kameraden gerettet hat, als sein Boot am 2. August 1943 im Südpazifik von einem japanischen Zerstörer torpediert wurde. Depeschen, die den Schneid, die Kaltblütigkeit und den Mut von John Kennedy bejubeln, rattern aus den Fernschreibern der Presseagenturen.
Der Sohn des anrüchigen Multimillionärs, der in seiner Familie »zugeknöpft« war und gegängelt wurde, ist zum Mann geworden. Wenn er an die beiden Unglücklichen denkt, die bei dem Angriff umgekommen sind, grübelt er über sein Versagen nach und bekommt deswegen Alp-

träume. Er schreibt den Witwen, besucht sie und wird sie nie im Stich lassen. Er hat sich als verantwortungsbewußter und zuvorkommender Anführer erwiesen. Und sich dabei nicht einmal arrogant oder prahlerisch gezeigt. Er hat die Feigheit seines Vater wiedergutgemacht, der sich im Ersten Weltkrieg als überzeugter Anhänger des Isolationismus geweigert hatte, zu den Fahnen zu eilen, und der später seine Sympathie für das nationalsozialistische Regime bekundete.
Bei seiner Heldentat wurde John schwer verletzt und kehrt in die Heimat zurück, um sich behandeln zu lassen. Sein kranker Rücken bereitet ihm so schreckliche Schmerzen, daß man ihn operieren muß. Die Bauchschmerzen fangen wieder an, und die Ärzte diagnostizieren ein Zwölffingerdarmgeschwür. Er ist dünn wie ein Strich, und die Wangenknochen zeichnen sich unter einer von Malaria gelbgefärbten Haut ab!
Am 13. August 1944 trifft ein Telegramm bei den Kennedys in Hyannis Port ein. Der Familie wird mitgeteilt, daß Joe Kennedy junior bei einem Aufklärungsflug abgeschossen wurde. John ist an diesem Tag zu Hause und sitzt mit seinen Brüdern und Schwestern auf den Stufen des Portalvorbaus. Ihr Vater sagt es ihnen und ermuntert sie anschließend, segeln zu gehen, Fußball zu spielen und sich zu verausgaben. Alle gehorchen, außer John, der eine Weile reglos sitzen bleibt und dann allein ein paar Schritte am Strand entlanggeht. Mit siebenundzwanzig Jahren wird er zum Ältesten, auf dem nun alle Hoffnungen der Familie ruhen.
Bei den Kennedys weint man nie. Der Patriarch flüchtet sich auf sein Zimmer und will nicht mehr herauskommen. John setzt sich in eine kleine Kirche, in der er in

Ruhe nachdenken kann. Später sollten sie erfahren, daß Joe junior gar nicht zu diesem letzten Einsatz eingeteilt war, sondern sich freiwillig gemeldet hatte, um zu beweisen, daß in den Adern der Kennedys das Blut der Tapferen fließe. Sein Vater sollte stolz sein können auf diesen Sohn, in den er alle Hoffnungen setzte.

Nun überträgt Joe Kennedy all seine ehrgeizigen Träume auf John. Aber John zögert. Er möchte schreiben, schickt seine Artikel an Zeitungen in der Hoffnung, veröffentlicht zu werden. Seine wiederholten Krankheiten haben ihn zur Überzeugung gebracht, daß er nicht mehr lange zu leben habe, deshalb will er das Leben bis zum letzten auskosten und tun, was ihm gefällt. Er erhält einen Job als Journalist und entdeckt während einer Reportage in San Francisco über die Entstehung der Vereinten Nationen sein eigentliches Interesse an der Politik. Mit einem Mal ist er mitten unter Politikern und Diplomaten und beginnt, aufgeregt zu zappeln. Diese Männer machen Geschichte und halten das Schicksal der Welt in ihren Händen. Vor allem ist er von Churchill fasziniert, dem er nach England folgt, wo dieser mitten im Wahlkampf zu seiner Wiederwahl steckt. Er hört zu, stellt seine üblichen Fragen, wagt Prognosen über den Ausgang der Wahl, reist durch das ganze Land, um den Engländern auf den Zahn zu fühlen. Und er ist glücklich! Er hat die Politik entdeckt.

Diese neue Leidenschaft hält ihn jedoch nicht davon ab, weitere Eroberungen zu sammeln. Überall, wo er erscheint, bieten sich ihm die Mädchen an, so daß er nur noch aussuchen muß. Er ist achtundzwanzig Jahre alt, Junggeselle, ein Held, attraktiv und reich. Und er verhält sich immer gleich: ist entzückt, von hübschen

Mädchen umringt zu sein, aber gleichgültig. Er leiht sich her, gibt sich aber nicht hin. Und er wird sich nie ändern. Jahre später wird ihn eine sehr gute Freundin fragen: »Bist du eigentlich je verliebt gewesen?« »Nein«, antwortet er dann. Und nach einer langen Pause: »Aber oft interessiert …«
Der Krieg hat ihn nicht verändert. Auch durch ihn hat er keine Lust bekommen, sich irgendwo niederzulassen und eine Familie zu gründen.

Mit neunundzwanzig Jahren bewirbt sich John zum ersten Mal als Kandidat der Demokraten um das Amt des Abgeordneten für den 11. Bezirk von Boston. Seine Kampagne wird gänzlich von seinem Vater finanziert (und gekauft). Als seine Schwester Eunice Zweifel hegt und den Patriarchen fragt, ob er denn wirklich an die Zukunft seines Sohnes glaube, fegt Joe Kennedy die Frage beiseite und antwortet: »In der Politik zählt nicht das, was man ist, sondern das, was die Leute glauben, das man ist.« Und er verkündet: »Wir werden ihn verkaufen wie ein Waschmittel.« Um später, als sein Sohn tatsächlich gewählt wurde, hinzuzufügen: »Bei all dem Geld, das ich investiert habe, hätte ich auch meinen Chauffeur wählen lassen können!«
Während der Vater Millionen für die Karriere seines Sohnes ausgibt, zeigt sich John eher geizig. Er hat nie Geld dabei und leiht sich überall welches, ohne es je zurückzuzahlen. Er entwickelt die Krankheit aller Millionäre, die befürchten, daß die Leute in ihnen nur einen Geldgeber sehen. Er trägt seine Kleidung, bis sie völlig abgenutzt ist, und läuft weiterhin in alten, abgewetzten Tennisschuhen wenn nicht gar Pantoffeln herum. Alten

Freunden gegenüber benimmt er sich jetzt taktlos, bricht mitten in einer Mahlzeit auf, weil er sich langweilt, oder hält Verabredungen mit ihnen nicht ein. Ist es die Politik, die ihn so verändert hat, oder die Vorahnung, daß er nicht mehr lange zu leben und darum keine Sekunde zu verlieren hat? Er ist ständig krank, wird nur aus einem Krankenhaus entlassen, um in eine Klinik eingeliefert zu werden, und seine Ärzte stellen Diagnosen, von denen sich eine als genauso falsch erweist wie die andere.

Seine Freunde erkennen ihn nicht wieder. »Ich spürte, daß ich ihn verloren hatte und daß ich mich mit der Tatsache zufriedengeben mußte, daß er früher einmal mein Freund gewesen war. Oder ich hätte ihm ständig die Stiefel küssen müssen, und das kam überhaupt nicht in Frage!« erzählt einer seiner nahen Bekannten. John hat keine Minute mehr zu verlieren und muß die Zeit, die ihm noch bleibt, dazu nutzen, es in der Politik zu etwas zu bringen. Selbst wenn er dafür seine Ideale von Rechtschaffenheit, Großzügigkeit und Treue gegenüber Freunden aufgeben muß. Genauso wie in der Liebe kommt es John lediglich darauf an, die Wähler zu erobern. Sobald er das Wahlergebnis in der Tasche hat, wendet er sich ab und jagt anderswo weiter. Er besitzt einen hochgesteckten Ehrgeiz. Er ist der jüngste Abgeordnete Amerikas und auf dem besten Wege, ein Politiker zu werden, mit dem man rechnen muß. Er weiß, daß er keine großen Sachthemen anzubieten hat, ist aber ein ausgezeichneter Taktiker. Er vertraut ganz seinem »Instinkt«. Wichtig ist nur, zu gewinnen, die anderen Kandidaten zu schlagen, sich für die nächste Wahl zu qualifizieren und sich so stufenweise bis zum höchsten Amt hinaufzuarbeiten: zur Präsidentschaft der Vereinigten Staaten.

Er hat begriffen, daß er einen neuen Politikertyp verkörpert, entspannt, lächelnd und charmant. Er reißt die Mengen dadurch mit, daß er sich in Szene setzt und den etwas schwülstigen Stil der anderen Politiker aufgibt. Man hat den Eindruck, daß er »echt« ist. Damit paßt er perfekt in seine Zeit, in der das Bild wichtiger wird als die Botschaft. Er spricht die Sprache des kleinen Mannes und verkauft Ideen, von denen man träumen kann. Hierin ist er sehr modern.

Wenn man ihn fragt, wie er seine Zukunft sehe, antwortet er, daß er »eine Weile Abgeordneter bleiben will und dann schon sehen wird, von welcher Seite der Wind weht«. Er könnte sich sehr gut als Senator vorstellen, und warum nicht auch höher gehen? Er verfügt über so viel Selbstvertrauen, so viel Energie und so viel Humor, daß er sich selbst davon überzeugt, daß er es schaffen wird.

Von diesem Moment an ignoriert er alles andere, um sich ganz und gar dem zu widmen, was für ihn am wichtigsten ist: der Eroberung von Macht und Frauen. Frauen, um sie nach Gebrauch wegzuwerfen; und Macht, um dem Namen Kennedy Prestige und Größe zu verleihen. Mit ersterem will er sich für die Gleichgültigkeit seiner Mutter rächen, mit letzterem wird er den Ehrgeiz seines Vaters befriedigen.

Diesen Mann also hat Jackie geheiratet. Ihn, den sie erwählt hat, weil er ihrem geliebten Vater so ähnlich ist. Und sie ist fest davon überzeugt, daß das Leben mit John ein Feenmärchen wird ...

VI

Jackie bekommt zwar das rosafarbene Haus, das sie sich für ihre Flitterwochen erträumt hat, aber damit ist das Feenmärchen auch schon beendet. John geht jedem vertraulichen Beisammensein aus dem Weg, hetzt von einer Spritztour mit Freunden und von einem Empfang zum anderen. Schlimmer noch, er lockt Frauen an wie der Honig die Fliegen, und Jackie trifft ihn ständig umgeben von einem Schwarm kichernder Mädchen an. Wohl oder übel muß sie einsehen, daß die romantische Zweisamkeit, von der sie geträumt hat, nicht in Johns Programm paßt. Es widerstrebt ihm, allein mit ihr zusammenzusein, und alle Mittel sind ihm recht, um von ihr fortzukommen. Als sie noch während der Flitterwochen bei Freunden von John eingeladen sind, verläßt er sie plötzlich, ohne einen Ton zu sagen, um sich mit einem Freund ein Footballspiel anzusehen. Sie muß indessen freundlich lächeln, mit ihrer Gastgeberin Konversation pflegen, ohne etwas von ihrer Enttäuschung zeigen zu dürfen, und kann nur warten, bis er zurückkommt...

Nach ihrer Rückkehr in Washington verschlimmert sich die Lage noch. Sie haben kein eigenes Haus und wohnen abwechselnd bei den Auchincloss und bei den Kennedys. Jackie kann ihre Schwiegermutter nicht ertragen, findet sie »minderbemittelt und autoritär«. Rose rennt durchs Haus und knipst alle Lampen aus, um zu sparen, dreht die Heizkörper herunter, macht Striche an den Flaschen, um von den Dienstboten nicht bestohlen zu werden, weigert sich, das Schwimmbecken zu heizen, und geht bei Freunden schwimmen. Sie ignoriert ihre neue Schwiegertochter oder traktiert sie mit spitzen Bemerkungen. Sie macht sich über Jackie lustig, weil diese, wenn sie auf der Toilette ist, an der Badewanne den Wasserhahn aufdreht, damit man sie nicht hören kann, kritisiert, daß sie zu lange duscht, weil das warme Wasser so viel kostet, und treibt sie unaufhörlich dazu an, sich an den sportlichen Betätigungen ihrer Kinder zu beteiligen. Als sich diese eines Tages in eine wilde Footballpartie gestürzt haben und sich ein heftiges Handgemenge liefern, betritt Rose den Salon, in dem Jackie gerade etwas liest, und fragt, warum sie nicht auch hinausgehen wolle, um sich etwas Bewegung zu verschaffen. »Vielleicht wäre es an der Zeit, daß in dieser Familie endlich einmal jemand eher sein Gehirn als seine Muskeln anstrengt!« antwortet ihr Jackie.

Jackie rächt sich unauffällig. Sie schläft bis in den späten Morgen hinein, was ihre Schwiegermutter in Rage bringt, und weigert sich, gewissen Diners mit »sehr wichtigen Leuten« beizuwohnen, um lieber im Bett zu bleiben und zu lesen. Außerdem reißt sie Witze über Rose mit ihren an die Kleidung gehefteten Merkzetteln.

Mit dem alten Joe ist sie dagegen ein Herz und eine Seele. Mit ihr plaudert er über seine Eroberungen. Ihr gefällt die sexuelle Vitalität ihres Schwiegervaters, weil sie das an ihren eigenen Vater erinnert. Er erzählt ihr haarklein (und unverblümt) von all seinen vergangenen und gegenwärtigen Affären, da er noch immer hinter jedem vorbeirauschenden Rock hertrabt. Er möchte noch mit seinen Söhnen mithalten können. Immer und überall der erste sein. Sie lacht mit ihm darüber. Aber sie kritisiert ihn auch, wenn er über die Juden und Schwarzen herzieht, und wirft ihm seine allzu oberflächliche Weltsicht vor. Es ist nicht so, daß die Guten immer nur auf der einen und die Bösen immer nur auf der anderen Seite stehen. Das Leben ist viel komplizierter. Grautöne, Zweifel und innere Konflikte existieren. Sie widerspricht ihm, was ihm sehr gefällt. Er mag es, wenn sie ihm den Kopf zurechtrückt, und erklärt dann: »Die ist hier die einzige, die ein bißchen Grips hat.« Auch wenn sie ihn wegen seiner Knauserigkeit aufzieht. Zum Beispiel hat er nur die Fassade des Hauses streichen lassen. »Die Seiten und die Rückseite haben es nicht nötig, die sieht sowieso keiner.« Er bewundert ihre Stärke, ihren Vorsatz, immer sie selbst bleiben zu wollen und sich nicht vom Clan schlucken zu lassen. Gemeinsam werden sie wieder zu kleinen Kindern, zwinkern sich zu, kichern hinter vorgehaltener Hand oder veranstalten Schlachten, bei denen sie die Dienstboten mit Koteletts bombardieren. Joe ist später der einzige, dem Jackie ihre Enttäuschungen in der Ehe anvertraut.

In Jackies Augen sind Johns Brüder und Schwestern nichts anderes als Primaten, große, schlecht erzogene und lärmende Gorillas, die alles niederwalzen und vor nichts haltmachen. Sie setzen sich nicht, sondern lassen sich auf ihren Stuhl plumpsen; sie spielen nicht, sondern ziehen sich gegenseitig das Fell über die Ohren; sie reden nicht, sondern brüllen; wegen jeder Kleinigkeit brechen sie in gellendes, unerträgliches Gelächter aus. Die Mädchen betrachten diese junge Schwägerin, die

sich für eine Lady hält, mit leichter Verachtung und lachen laut, wenn Jackie mit einem neuen Kleid oder mit einem erlesenen Geschenk für John ankommt. Sie geben Jackie zu verstehen, daß sie einer anderen Welt angehört. Das stimmt: Jackie verachtet den Wettbewerb und die Politik. Sie ist nie wählen gegangen. All die Männer, die ihren Gatten umgeben und die sie »Jacks Knechte« nennt, kann sie nicht leiden. Sie hält sie für Idioten, die ihm schmeicheln und nur von ihm profitieren wollen. Für sie steht John haushoch über dem gemeinen Volk. Sie bezeichnet ihn als »Idealist ohne Illusionen«. John hingegen begreift nicht, warum sie sich nicht für seine Leidenschaft interessiert. »Sie atmet den ganzen politischen Dunst, der ständig um uns ist, scheint ihn aber nie zu inhalieren«, bemerkt er.
Manchmal kommt es vor, daß er sie in aller Öffentlichkeit taktlos behandelt. Als die Familie eines Tages vollzählig versammelt ist und man sich wie gewöhnlich über Politik unterhält, hört Jackie irgendwann nicht mehr zu und zieht sich in ihre eigene Welt zurück. John fragt sich gerade, wie er erreichen soll, daß seine Wähler das allzu schicke und allzu französische Bild seiner Frau akzeptieren. Er wendet sich ihr zu und sagt: »Das amerikanische Volk ist noch nicht soweit, um jemanden wie dich zu verstehen, Jackie, und ich weiß nicht, was wir da machen sollen. Ich denke, wir bringen dich am besten auf unterschwellige Weise in einem dieser Fernsehspots unter, und zwar so, daß dich niemand bemerkt.« Jackie bricht in Tränen aus, rennt auf ihr Zimmer und schließt sich dort ein. John tut die ganze Sache furchtbar leid. Er bringt es jedoch nicht fertig, zu ihr zu gehen und sich bei ihr zu entschuldigen. Eine gemeinsame Freundin

geht schließlich zu ihr, tröstet sie und holt sie an den Tisch zurück.
Jackie haßt die Politik auch deshalb, weil sie ihr den Mann nimmt. Sie hat ziemlich schnell begriffen, daß dies eine Rivalin ist, die sie weitaus mehr zu fürchten hat als all die Mädchen, die er flachlegt und derer er sich gleich anschließend wieder entledigt. John ist immer zwischen zwei Reisen, zwei Wahlkampagnen oder zwei Arbeitssitzungen. Und seine knappe Freizeit verbringt er damit... über Politik zu reden. Sie hätte gern, daß er manchmal auch ihr etwas Zeit widmet und sich über Dinge unterhält, die ihr gefallen. Deshalb ist sie ständig frustriert. Sie lebt immer in der Erwartung einiger weniger vertraulicher Stunden, so wie sie als kleines Mädchen in Erwartung auf die Wochenenden mit ihrem Vater lebte. Und wenn er dann endlich kommt und sie »ihren« Augenblick mit ihm genießen will, »klingelt dieses verflixte Telefon. Jedesmal exakt dann, daß wir es nicht ein einziges Mal schaffen, gemeinsam zu essen. Aber sobald ich ihn bitte, nicht ranzugehen, oder versuche, selbst abzuheben, gibt es Streit. Ich sage ihm, daß ich den Eindruck habe, in einem Hotel zu leben, aber das versteht er nicht. Er schaut mich dann so auf seine ganz spezielle Art an und sagt lediglich: ›Mir entspricht das sehr wohl!‹«
Jackie ist niedergeschlagen. Das Leben mit John erweist sich als harter Kampf. Sie ist meilenweit entfernt von der Zirkuskönigin mit ihrem schönen Trapezkünstler. Er ist unstet und lebt weiterhin wie ein Junggeselle.
»Ich glaube nicht, daß sie geahnt hat, was auf sie zukam, als sie JFK geheiratet hat«, berichtet Truman Capote, ein enger Freund der Familie. »Auf eine so offenkundige Sit-

tenlosigkeit war sie nicht im geringsten vorbereitet. Er ließ sie mitten in einer Abendgesellschaft sitzen, um mit einer anderen Schönen zu flirten! Ebensowenig hat sie erwartet, zum Gespött aller Frauen ihrer Umgebung zu werden, die natürlich auch Bescheid wußten, was vorging. Alle männlichen Kennedys ähneln sich: Sie sind wie Hunde, die an keinem Hydranten vorbeigehen können, ohne stehenzubleiben und ein Beinchen zu heben!«

Jackie muß dies alles bitter erfahren. Naiverweise hatte sie geglaubt, er würde sie heiraten, weil er beschlossen hätte, sein Leben zu ändern. Daß er sich dasselbe Ideal gesetzt hätte wie sie: »Ein normales Familienleben mit einem Mann, der jeden Abend um fünf Uhr nach Hause kommt und das Wochenende mit mir und den Kindern, die ich bekommen wollte, verbringt.« Sie entdeckt auch, daß er so indiskret ist, seine besten Freunde mit in seine Ausschweifungen hineinzuziehen, und daß alle anderen immer vor ihr auf dem laufenden sind. Sie hat den Eindruck, ständig ein großes Schild auf dem Rücken zu tragen, auf dem »betrogen« steht. Sobald sie auf einer Soiree erscheint, betrachten sie alle Frauen mit falschem Mitleid. Dann hält sie sich aufrecht, ignoriert die anderen und verbreitet ein Ich-weiß-nicht-was an Hochmut und Eisigkeit. Sie ist über alles im Bilde und spielt die völlig Gleichgültige. Im Innern schäumt sie vor Wut.

Nachdem der erste Schock verwunden ist, versucht sie, sich damit abzufinden. Sie reißt sich zusammen. Als Kind hat sie sich darin geübt, nichts von ihren Empfindungen preiszugeben. Allerdings fällt ihr das diesmal sehr schwer. Viele sehen in dieser ständigen Anspannung eine Erklärung für die zahlreichen Fehlgeburten.

Gleich im ersten Jahr ihrer Ehe verliert sie ein Baby. Ihr Arzt warnt sie, daß sie, sollte sie sich nicht entspannen, möglicherweise Schwierigkeiten haben wird, jemals ein Kind auszutragen. Sie weiß, daß sie John enttäuscht, der davon träumt, eine große Familie zu haben wie sein Vater.

Aber auch er sagt nichts und tröstet sich mit immer mehr Abenteuern. »Jeden Tag so leben, als sei es der letzte«, ist seine Devise. Er wird sich nie ändern, deshalb muß sie sich anpassen. Sie beschließt, ganz in ihrer Ehe aufzugehen und zur untadeligen Frau des begehrtesten Mannes der Welt zu werden. Nur so hat sie vielleicht die Chance, daß er sie wahrnimmt und sich für sie interessiert. Jackie liebt Herausforderungen. Sie ist keine der Frauen, die einfach aufgeben.

Wenn sie ihre Beziehung schon nicht vertiefen kann, will sie sie wenigstens ausschmücken. Arbeiten oder ihren alten Beruf wiederaufnehmen kann sie nicht. John würde es nie ertragen, daß ihm eine unabhängige, außergewöhnliche Frau Konkurrenz macht. Also konzentriert sie sich auf Fenster im französischen Stil, die verschiedenen Farbabstufungen von Eierschalenweiß, die Gestaltung der Vorhänge, die Höhe der Polsterhocker, die Qualität des Geschirrs, die Form der Lampenschirme, die Helligkeit der Beleuchtung, das Holz der Bücherregale, die Muster der Teppiche, die Anordnung der Gemälde und die Aufstellung der Fotos in ihren Silberrahmen. Und sobald dann alles perfekt ist, fängt sie wieder von vorn an. Später, wenn sie die nötigen Mittel dafür besitzt, wird sie ein Haus nach dem anderen kaufen. Eine strenge Ordnung aller Dinge beruhigt eine manische und anspruchsvolle Frau wie sie und

hält sie davon ab, an die Richtung zu denken, die ihr Leben nimmt. Sie stellt ihre eigene Persönlichkeit zurück und beschließt, perfekt zu sein.
Dem äußeren Anschein nach gelingt ihr das auch. Aber sie erlebt auch Momente entsetzlichen Jähzorns, in denen sie sich allein und verleugnet fühlt und in denen sie die ganze Welt zum Teufel wünscht. Sie fragt sich, was sie da eigentlich tut und von sich gibt, und haßt sich selbst: Diese hektische, spießige Hausfrau, diese Karikatur einer Frau von Welt, ist doch nicht sie! Wie konnte es nur so weit mit ihr kommen? Dann wird sie mißtrauisch, unausstehlich, egoistisch und jähzornig wie ein launisches, kleines Mädchen. Sie erlebt die schwarzen Löcher ihrer Kindheit wieder und ist außerstande, sie in den Griff zu bekommen. Sie verliert die Kontrolle über sich. Entläßt grundlos Dienstboten, weigert sich zu tun, was man von ihr erwartet, bleibt stundenlang im Bett, zeigt sich plötzlich hochmütig und unnahbar, richtet unermüdlich ihre Häuser neu ein und rächt sich, indem sie das Geld mit vollen Händen ausgibt. Schmuck, Kleider, Schuhe, Seidenstrümpfe, Handschuhe, Kaminuhren, Gemälde, Häuser, alles ist recht, um sich zu beruhigen.
Dabei wird nichts sie je beruhigen können, mit Ausnahme ihrer Kinder. Jackie ist intelligenter als ihre Mutter, für die allein der Trubel des Gesellschaftslebens als Beschäftigung ausreicht. Sie kann sich nicht selbst etwas vormachen. Sie weiß, daß sie sich selbst betäubt, weil sie nicht den Mut hat, ihr Schicksal selbst in die Hand zu nehmen. Sie ist eine Gefangene ihrer Kindheitsängste. Ihre Wut kann sie nicht ausstehen. Sie wird es nie wagen, fortzugehen, jemanden zu verraten oder sich zu

rächen, weil das eben Dinge sind, die man nicht tut, und weil sie, was viel tragischer ist, nicht genug Selbstvertrauen besitzt. Sie hat Angst davor, allein zu leben. Sie ist immer noch das kleine, von Papa und Mama hin und her gezerrte Mädchen, das nicht weiß, was es glauben soll, und das sich hinter einer schönen Gleichgültigkeit verschanzt.

Und sie besitzt den falschen Stolz, nicht zugeben zu wollen, daß sie sich geirrt hat. Daß sie einen Mann aus den falschen Gründen geheiratet hat und daß sie jetzt dafür büßen muß. Ihren Irrtum einzugestehen hieße, jenen recht zu geben, die sie vorher gewarnt hatten und die sie hatte abblitzen lassen. Ihren Irrtum einzugestehen hieße auch, von der Gesellschaft ausgestoßen zu werden. Lieber harrt sie aus und erträgt alles; mit zusammengebissenen Zähnen, wenn sie allein ist, mit einem strahlenden, ganz selbstverständlich wirkenden Lächeln, sobald sie sich in Gesellschaft befindet. Jackie ist weich und hart zugleich. Sie hat gelernt, Schmerzen zu ertragen, ihre Haut zu retten, aber sie kann sich nicht abgewöhnen, daß sie geliebt werden will.

So ahnt lange Zeit keiner etwas von dem privaten Drama, das sie durchmacht. Sie drängt allen das Bild eines glücklichen Ehepaars auf. Sie spielt perfekt die Rolle einer guten kleinen Spießbürgerin (genau das, was sie von allem am meisten verabscheut). Und manchmal gibt sie Äußerungen von sich, die von ihrer Mutter stammen könnten: »Für mich war es am wichtigsten zu tun, was mein Mann wollte. Er hätte nie eine Frau heiraten können oder wollen, die ihm die Schau gestohlen hätte.« Dadurch, daß sie ihr eigenes Selbst verrät, gelingt es ihr, fehlerlos zu erscheinen und aus ihrem Mann einen außergewöhnlichen Menschen zu machen. Das ist ganz allein ihr Wille, ihre ureigenste Schöpfung. John Kennedy selbst kümmert das wenig. Vor aller Augen macht er fremde Mädchen an, trifft sich mit ihnen in Hotels, notiert sich die Namen von heißen Nummern, die seine Freunde ihm empfehlen, ruft sie an und lädt sie ein – später wird er sich mit ihnen im Weißen Haus treffen. Er hat sich immer schon so benommen. Warum sollte er sich jetzt, wo er verheiratet ist, ändern? Außerdem fühlt er sich, eingesperrt mit einer Frau, nicht wohl. Er ist entzückt, daß er bei seinen Eltern oder Schwiegereltern wohnen kann, weil er dann nicht nur mit Jackie allein konfrontiert wird. Zwischen den beiden kommt nur mühsam ein Gespräch in Gang. Keiner traut sich, dem anderen seine Liebe zu zeigen, weil beide jeder Art von Zuneigung mißtrauen. Weder sie noch er äußern einen Vorwurf: Über solche Dinge spricht man nicht. Darum leidet Jackie schweigend, während John seinen sexuellen Ringelreihen fortführt, obwohl er sich bewußt ist, daß das Ganze zu nichts führt. Trotzdem ist er nicht in der Lage, sich fest zu binden. Während Jackie zu Beginn ihrer Ehe verletzlich, linkisch und ungeschickt erscheint, von der Vorstellung besessen, einen guten Eindruck zu machen, ist John immer noch derselbe fidele Bursche wie früher, der seine Gefühlskälte hinter einem unwiderstehlichen Charme verbirgt.

Zu Beginn des Frühlings 1954 mieten sie in Washington endlich ein eigenes Haus. Jackie atmet auf. Obwohl John ständig unterwegs ist und nie mehr als zwei Nächte hintereinander zu Hause schläft. Sie prägt sich die guten Weinjahre ein, liest Kochbücher (wobei sie mit ihren Rezepten jedesmal kläglich scheitert), wählt für John die

Anzüge und die Zigarren aus (sie hat ihn für Zigarren erwärmt, um weiterhin ihre drei Päckchen Zigaretten pro Tag rauchen zu dürfen!). »Ich habe Ordnung in Johns Leben gebracht«, schreibt sie einer Freundin. »Bei uns kommen nur gute und auserlesene Speisen auf den Tisch. Jetzt ist Schluß damit, daß er morgens mit einem schwarzen und einem gelben Schuh aus dem Haus geht. Seine Anzüge sind gebügelt, und er muß nicht mehr wie ein Wahnsinniger zum Flughafen rasen; ich packe ihm die Koffer.« Ihre Eingriffe beschränken sich allerdings nicht nur auf den Haushalt. Sie verfolgt die Debatten im Senat, ist bei allen Reden ihres Mannes zugegen, liest in den Zeitungen den Politikteil und beantwortet die Briefe seiner Wähler (damals ist er noch Senator von Massachusetts). Sie nimmt an politischen Versammlungen und am Nachmittagstee der wohlangesehenen Damen von Washington teil. All diese Tätigkeiten langweilen sie zu Tode, aber sie gehören mit zum Status einer Senatorenfrau. »Am Ehrentisch zu sitzen, keine Zigarette rauchen zu dürfen, lächerliche Sträußchen im Knopfloch zu tragen und sich all diese alten Knacker anhören zu müssen, davon könnte ich die Wände hochgehen! Der arme Jack!«

Weitaus unterhaltsamer findet sie die Vorlesungen über amerikanische Geschichte, für die sie sich an der Universität von Georgetown eingeschrieben hat. Sie will nicht für eine dieser hirnlosen Frauen gehalten werden, die sich nur über Konfitüren und Näharbeiten unterhalten können. Sie läßt sich in die Kunst des Bridge einweihen (weil John das spielt), tritt in den Rote-Kreuz-Verein der Senatorenfrauen ein und lernt Verbände anzulegen. Sie bringt ihrem Mann bei, wie man in der Öffentlichkeit spricht, wie man richtig hinter einem Podium steht und daß man zwischen zwei Sätzen Luft holt. Sie erinnert sich an die Ratschläge ihres Vaters und an den Theaterkurs in Farmington. Und John hört als eifriger Schüler auf sie.

Schon bald bietet sich eine Gelegenheit, um zu zeigen, daß sie tatsächlich perfekt geworden ist. Johns Probleme mit dem Rücken fangen wieder an. Anfangs versucht er, sie zu ignorieren, und wandert mit schmerzverzerrtem Gesicht auf Krücken umher. Dann muß er sich von den Tatsachen überzeugen lassen: Er kann nicht mehr gehen. Er kommt ein erstes Mal ins Krankenhaus. Dann ein zweites Mal. Jackie bleibt an seiner Seite und entpuppt sich als wackere Krankenpflegerin. Ihr Mann ist verblüfft. »Meine Frau ist ein schüchternes und stilles Mädchen, aber wenn die Dinge schlecht stehen, kann sie zupacken.« John Kennedy hat recht. Jackie ist ein Mädchen, das, konfrontiert mit den Kleinigkeiten des Alltags, zerbrechlich wirkt, aber wenn die Situation es verlangt, kann sie hart sein. In den Prüfungen, die das Leben stellt, enthüllt sich ihre wahre Natur. Sie redet zwar mit einem zarten, leisen Stimmchen, aber ihre Wünsche sind Befehle. Während der langen Monate, die Johns Krankheit dauert, ist sie es, die die Dinge in die Hand nimmt und ihm über alles hinweghilft. Er leidet, langweilt sich, zetert? Sie pflegt ihn Tag und Nacht und muntert ihn auf. Hilft ihm zu essen. Endlich hat sie ihn einmal ganz für sich allein. Er ist von ihr abhängig. Wie ein Kind. Flach auf dem Rücken liegend, kann Kennedy weder schlafen noch lesen. Jackie liest ihm vor, macht ihm den Vorschlag, doch ein Buch zu schreiben, sobald er sich wieder aufrichten kann. »Dieses Projekt hat ihm

das Leben gerettet«, sagt Jackie später, »es hat ihm geholfen, seine ganze Energie zu kanalisieren, und hat ihn gleichzeitig abgelenkt.«
Das Buch heißt *Profiles in Courage* (dt. *Zivilcourage*, Düsseldorf 1964) und wird zu einem Verkaufserfolg. Jackie hat großen Anteil daran. Sie hat die Dokumentation übernommen, hat Notizen gemacht, hat ihm geholfen, die Gliederung zu strukturieren und hat das Manuskript mit kritischem Auge wieder und wieder gelesen. Das Werk erhält den Pulitzerpreis, was einen Skandal verursacht. Man raunt sich tatsächlich zu, daß die Verkaufszahlen von Vater Kennedy manipuliert wurden, weil dieser Tausende von Exemplaren aufkaufen ließ, um den Titel an die Spitze der Bestsellerlisten zu bringen. Einem anderen Gerücht zufolge war John angeblich gar nicht der Autor des Buches. John nimmt sich einen Anwalt, um sich zu verteidigen, und die Geschichte wird begraben.
Nach sechs Monaten der Bewegungslosigkeit kehrt John wieder auf seinen Senatorensessel zurück. Er lehnt es ab, ein Korsett zu tragen oder gar Krücken oder einen Rollstuhl zu benutzen. Obwohl er Höllenqualen leidet, zeigt er nichts davon. Er besitzt eine solche Energie, daß er den Schmerz bezähmt und schließlich vergißt. »Eines Tages, nachdem ich John untersucht hatte«, erzählt sein Arzt, »fragte mich Jackie, ob es nicht Spritzen gäbe, die den Schmerz unterdrücken könnten. Ich antwortete mit ja, aber daß dies auch jede andere Empfindung von der Hüfte an abwärts abtöten würde. Jackie runzelte die Stirn, und John sagte lächelnd: ›Das wollen wir doch nicht, nicht wahr, Jackie?‹«
Truman Capote kann sich sehr gut an diese Zeit erinnern. »Sie war naiv und listig in einem, viel intelligenter

. Jackie im Alter von sechs Jahren zusammen mit ihrem Vater Black Jack bei
einem Reitturnier. Dies war Jackies Lieblingsfoto.

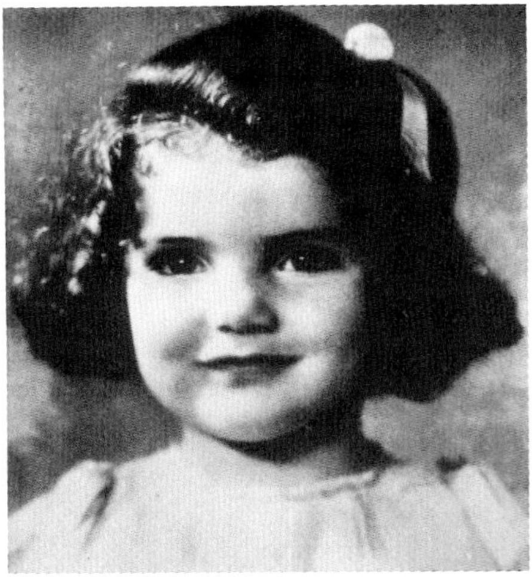

2 Ein vierjähriges Mädchen mit lebenslustigen funkelnden Augen und entschlossenem Blick. Das Bild wurde vor der Scheidung ihrer Eltern aufgenommen…

3 Die zehnjährige Jackie mit ihrer Mutter Janet und ihrer Schwester Lee. Sie wirkt traurig und niedergeschlagen.

4 Als Jackie achtzehn Jahre alt ist, veranstaltet Mutter Janet einen Ball, um ihre Tochter in die Gesellschaft einzuführen. Jackie trägt zu diesem Anlaß ein Kleid, das sie auf einem New Yorker Flohmarkt erstanden hat.

5 Am 12. September 1953 heiratet Jacqueline Bouvier den begehrtesten Junggesellen der Vereinigten Staaten: den jungen Senator John F. Kennedy.

6 Sie sind jung und schön – das amerikanische Traumpaar.

7 John, Jackie und Caroline im Weißen Haus. Jackie zieht im Hintergrund die Fäden und ist letztendlich verantwortlich für den Kennedy-Mythos.

8 1961 vor dem Élysée-Palast. General de Gaulle erliegt Jackies Charme.

9 Zwischen André Malraux und Jacqueline Kennedy entsteht eine echte, dauerhafte Freundschaft.

10 1961 macht Jackie mit ihrer Schwester Lee (auf dem Foto rechts von ihr) in Griechenland Urlaub.

11 John-Johns Gruß beim Vorbeifahren der sterblichen Hülle seines Vaters. Ein Bild, das allen im Gedächtnis haften blieb.

12 Jackie mit Aristoteles Onassis. Und wenn sie sich nun wirklich geliebt haben?

13 Jackie 1971 in New York, wie sie auf der Straße von einem Fotografen verfolgt wird

als die meisten anderen Politikerfrauen. Diese ›Kreaturen‹ konnte sie nicht ausstehen. Sie zog über deren mangelnde Eleganz und ihre blinde Ergebenheit der Karriere ihrer Männer gegenüber her. ›Was für dumme Gänse!‹ sagte sie. Jackies Überlegenheit beruhte auf ihrer New Yorker Erziehung, auf ihrem Besuch der besten Schulen und auf ihren Auslandsreisen. Sie hatte mehr Gespür, mehr Geschmack und eine größere Phantasie. Wir trafen uns in der Bar des Carlyle, wo ich sämtliche Familiengeschichten zu hören bekam. Wie sie eines Tages mit ihrer Halbschwester Nina losgezogen ist, um dieser ihren ersten BH zu kaufen. Oder das andere Mal, als sie Jahre später auf Ninas Hochzeit vollständig angekleidet in eine leere Badewanne stieg, um eine Scheidedusche vorzumachen. (›Am besten nimmt man dazu Essig, weißen Essig‹, riet sie. ›Aber wenn man nicht auf die richtige Verdünnung achtet, kann man sich verbrennen.‹) Können Sie sich Eleanor Roosevelt, Bess Truman oder Mamie Eisenhower vorstellen, wie sie die große Kunst der Scheidedusche praktizieren?«

Das ist die andere Seite von Jackie. Wenn sie sich wohl fühlt und Vertrauen hat, kann sie plötzlich lustig und frei, sogar derb sein. Sie schaut sich heimlich Pornofilme an, zankt sich aber mit einem Fotografen, der sie am Ausgang eines New Yorker Kinos ertappt.

Wie viele enttäuschte und unglückliche Leute besitzt sie einen scharfen Sinn für Humor und läßt es sich nicht nehmen, John gegenüber spitze Bemerkungen zu machen. Daran ist dieser nicht gewöhnt, aber ihm gefällt die Art und Weise, wie seine Frau ihn aufzieht. Als er eines Tages in einem weißen Smoking auf einer Cocktailparty, die zu Ehren des alten Churchill gegeben wird, verzweifelt versucht, dessen Aufmerksamkeit auf sich zu lenken, flüstert sie ihm ins Ohr, während sie mit dem Zeigefinger auf seine weiße Weste tippt: »Laß es bleiben, er hält dich bestimmt für einen Aushilfskellner!«

Als er an einem anderen Tag auf dem Sofa ausgestreckt liest, hat sie ihn im Verdacht, eingenickt zu sein, und fragt ihn: »Schläfst du?« »Nein, warum?« »Weil ich nicht mehr sehe, wie sich dein Finger bewegt...« Er bricht in schallendes Gelächter aus. Er mag diese kumpelhafte Art an Jackie, die ihn nicht mit den Augen verschlingt, sondern ihn statt dessen mit sarkastischen Bemerkungen bombardiert. Er weiß nicht, daß dies für sie eine Möglichkeit ist, ihren Kummer und ihre Frustration zu verbergen. Sie weiß nicht, wie man weint; also muß sie lachen.

Im Frühjahr 1956 ist Jackie überglücklich: Sie erwartet ein Kind. 1956 bewirbt sich auch John Kennedy aus einer Laune heraus beim Konvent der Demokraten um den Posten des Vizepräsidenten. Und plötzlich trifft man Jackie, die im siebten Monat schwanger ist, inmitten einer Menschenmenge, um Hände zu schütteln und Hunderte von unbekannten Leuten, die sich um sie drängen, anzulächeln. Sie findet sich selbst »schüchtern und linkisch«. Sie, die sonst gegen jede Vertraulichkeit allergisch ist, die nicht erträgt, daß man ihr zu nahe kommt, daß man sie berührt! Sie schluckt ihren Ekel hinunter. Für Jackie ist jeder, der in ihr Privatleben einzudringen versucht, eine Gefahr. Ihr nahe zu sein bedeutet, daß man ihr weh tun wird. Sie allein beschließt, ob sie mit jemandem vertraut sein will, und sie ist es, die entscheidet, wann und zu wem sie die Distanz verringert. Ihrer Halbschwester kann sie völlig ungezwungen Unterricht in Scheideduschen geben, weil sie weiß, daß Nina Auchincloss ihr nicht weh tun wird. Sonst zieht sie sich in ihren Elfenbeinturm zurück. Ein direkter Kontakt, ein unhöflicher Befehl oder eine plumpe Art, sie anzureden, werden von ihr als unerträgliche Einmischung empfunden. Sie lehnt sich dagegen auf, wird bockig und feindselig. Lieber macht sie grandiose Geschenke, als daß sie ihr Herz öffnet.

John scheitert knapp und verreist unmittelbar darauf mit Ted an die Côte d'Azur, wo sie ihren Vater treffen. Er verläßt die im siebten Monat schwangere Jackie. Zusammen mit Ted mietet er eine Jacht, auf der sie mit Starletts und anderen Eroberungen in See stechen. Dort soll er erst drei Tage nach der Tragödie erfahren, daß Jackie mit einem totgeborenen Mädchen niedergekommen ist. »Er war leicht verstimmt«, erzählt später ein Augenzeuge. Sein Bruder Bob kümmert sich um Jackie und um die Beerdigung des Babys. John zögert, ob er seine Kreuzfahrt abbrechen soll. Ein Freund zwingt ihn dazu. »Ich rate dir, deinen Arsch in Bewegung zu setzen und sofort zu deiner Frau zu fahren, wenn du je eine Chance haben willst, eines Tages noch einmal Präsident zu werden.«

Diesmal steckt die Ehe in einer Krise. Jackie ist bei diesem Schicksalsschlag völlig allein gewesen. Allein, wütend und verzweifelt. Sie befürchtet, nie wieder Kinder bekommen zu können. Sie erträgt die anderen Kennedyfrauen nicht mehr, diese »Babymachermaschinen«. »Die muß man nur neu aufziehen, damit sie sofort wieder schwanger wird«, sagt sie über Ethel, Bobs Frau. Sie haßt die Politik. Sie haßt den Kennedy-Clan. Sie haßt ihren Mann. Sie will sich scheiden lassen.

Man erzählt sich, daß ihr der alte Joe angeblich eine Mil-

lion Dollar angeboten hat, damit sie bleibt. Worauf sie erwidert haben soll: »Warum nicht zehn?« Wahr oder falsch? Sicher ist nur, daß sie ihre Bedingungen stellte: Sie will nicht mehr dem Druck des Kennedy-Clans ausgesetzt sein, abseits wohnen und John bei den seltenen Gelegenheiten, zu denen er zu Hause ist, ganz für sich allein haben. Während des Abendessens darf er nicht einmal mehr ans Telefon gehen!
Die Verhandlungen führt sie mit Joe. John und sie reden nicht mehr miteinander. Jackie findet, daß er sich einfach schäbig benommen hat, als er sie allein ließ. Wieder einmal ist John, trotz aller Enttäuschung, nicht in der Lage, Jackie eine zärtliche Geste entgegenzubringen. Sie kapselt sich ab, zieht sich in sich selbst zurück. Er sieht sie weinen und bleibt stumm, schafft es einfach nicht, sie in die Arme zu nehmen. Er ergreift die Flucht oder schläft fest ein. Konfrontiert mit dem Schmerz seiner Frau, ist er wie gelähmt. Dafür kennt er die Gebrauchsanweisung nicht. Man hat ihm nie beigebracht, für irgend jemand Mitgefühl oder Zärtlichkeit aufzubringen; er kennt freundliche Rippenstöße unter Freunden, sarkastische Bemerkungen und Saufgelage, aber jedes echte Gefühl ist ihm fremd. Er ist ein seelischer Krüppel.
Jackie würde alles tun, um ihren Schmerz zu vergessen. Sie schmollt stundenlang, um John zu provozieren. Sie schockiert absichtlich ihre Schwiegermutter, läßt ihre schlechte Laune am erstbesten aus und verkündet dem Clan, daß sie ihn nicht mehr ertragen kann. »Ihr Kennedys denkt nur an euch! Wer von euch hat denn je an mein Glück gedacht?«
Dank Joe Kennedy versöhnt sich das Paar wieder. Er

kauft ihnen ein neues Haus in Washington, und John läßt seiner Frau freie Hand, es einzurichten. Im März 1957 wird Jackie wieder schwanger. Diesmal beschließt sie, sich zu schonen und nur an das Baby zu denken.
Aber eine neue Tragödie erwartet sie. Ihr Vater stirbt an Leberkrebs. Erschüttert eilt sie nach New York an sein Krankenlager, kommt aber zu spät. Black Jack ist tot. Sein letztes Wort, ehe er starb, soll »Jackie« gewesen sein. Er war siebzig Jahre alt und mußte für sein ausschweifendes Leben büßen. Jackie wird von Gewissensbissen gequält. Von ihren eigenen Problemen in Anspruch genommen, hat sie, seit sie verheiratet ist, ihren Vater vernachlässigt. Um Jackie zu schonen, hatte man ihr die Wahrheit verschwiegen. Sie hat nicht gewußt, daß ihr Vater krank war.
Die Totenmesse wird im engsten Kreise in der Saint Patrick's Cathedral von New York gefeiert. Jackie hat weiße, mit bunten Blüten gefüllte Weidenkörbchen ausgesucht. Ehe man den Sarg schließt, legt sie ihrem Vater noch ein goldenes Armband, das er ihr einmal geschenkt hat, ums Handgelenk.
»Unter den Trauergästen befanden sich auch sieben oder acht von Jack Bouviers ehemaligen Schönheiten. Niemand hatte ihnen Bescheid gesagt: Sie waren von allein gekommen«, erzählt Edie Beale, Jackies Kusine. »Jackie vergoß keine einzige Träne. Sie ließ nie ihre Gefühle nach außen.«

VII

Caroline wird am 27. November 1957, vier Monate nach Black Jacks Tod, geboren. Nach Aussage ihres Vaters sieht sie »so kräftig aus wie ein japanischer Ringkämpfer«. John ist erleichtert nach dieser so sehnlich erwarteten Geburt. Immerhin hatte er sich schon gefragt, ob nicht er für Jackies Fehlgeburten verantwortlich sei. Jackie blüht auf. Sie hat entdeckt, daß es nichts Schöneres auf der Welt gibt, als ein Kind zur Welt zu bringen. Sie vergißt ihren Groll John gegenüber und gibt sich einfach ihrem Glück hin. Endlich hat sie ein kleines Wesen, das nur ihr gehört, von dem sie nicht bedroht wird und das sie lieben kann, ohne daß sie befürchten muß, verraten zu werden. Vor allem aber ist sie nun zu etwas nütze. Kinder werden in ihr immer das Bedürfnis wecken zu lieben, sich anderen zu öffnen und zu geben. Sie verschaffen ihr eine Identität. An jenem 27. November 1957 ist sie glücklich, großzügig und entspannt. Zu Weihnachten schenkt sie ihrem Mann einen großartigen weißen Jaguar, den dieser schleunigst gegen einen Buick umtauscht, weil er ihn zu protzig findet.

John befindet sich wieder einmal in einer Wahlkampagne, weil er ein zweites Mandat als Senator anstrebt. Er hätte gern, daß Jackie zusammen mit ihm Wahlkampf macht. Wahlkampf machen heißt, Hände zu schütteln, sich auf die Schulter klopfen zu lassen, sich die Klagen

der Wähler anzuhören und so gänzlich in ihre Ausführungen vertieft zu erscheinen, als würde man sich einen Vortrag über die Pyramiden von Gizeh anhören. Darin ist Jackie, gelinde gesagt, eine Anfängerin. Aber sie bemüht sich aufrichtig. Sie entwickelt ihren eigenen Stil. Sie versucht erst gar nicht, bei jedem x-beliebigen Baby, das man ihr hinhält, in Verzückung zu geraten oder es allen recht zu machen. Das Publikum spürt, daß sie ihnen nichts vormacht, und mag das. Wenn sie John zu einer Versammlung begleitet, sind doppelt so viele Leute da. Alle wollen sie sehen. John merkt, daß seine Frau in der Politik einen Trumpf darstellt. Sie spricht Italienisch, Spanisch und Französisch und kann sich an alle Minderheiten richten, als wäre sie in ihrem Viertel geboren. Das Bild, das John und Jackie von sich geben, rührt die Menge. Nur können all die Leute, die längs ihres Weges zusammenströmen, nicht ahnen, daß sich Jackie in einen Winkel der Limousine ihres Mannes verkriecht, um *Auf der Suche nach der verlorenen Zeit* von Marcel Proust oder die Memoiren von General de Gaulle zu lesen, sobald sie es satt hat, sich zu verstellen. Sie wissen ebenfalls nicht, daß sie, wenn John fährt und der Menge zuwinkt, oft unters Armaturenbrett kriecht, um nicht dasselbe tun zu müssen.
Im Laufe dieses Wahlkampfs entdeckt John auch noch andere Vorzüge an seiner Frau. Sie hat Menschenkenntnis, erkennt sofort einen Versager, berät John und gibt ihm unter dem Tisch einen Fußtritt, wenn er gegenüber Journalisten, die er schonend behandeln sollte, ausfallend wird. Sie besitzt ein ausgezeichnetes Gedächtnis für Gesichter; jemanden, der ihr einmal vorgestellt wurde, vergißt sie nicht.

Ihre Anstrengungen werden belohnt: John Kennedy erzielt ein blendendes Ergebnis, das in allen Zeitungen ausgiebig kommentiert wird. Jackie hat gut daran getan, sich mit all diesen Dingen vertraut zu machen, weil die Präsidentschaftswahl näherrückt und Joe Kennedy beschlossen hat, seinen Sohn gegen Nixon in die Schlacht zu schicken. Danach befragt, was er davon hält, antwortet John selbstbewußt: »Ich werde mich nicht nur aufstellen lassen, sondern ich werde auch gewinnen.«
Joe Kennedy zieht im Hintergrund die Fäden. Er ist der erste, der sich um Meinungsumfragen kümmert, um die Fortschritte seines Sohnes in der breiten Öffentlichkeit zu messen. Joe bietet Sinatra und alles, was in Hollywood Rang und Namen hat, auf, um Johns Kandidatur Glanz zu verleihen. Joe kauft ein Privatflugzeug, damit sein Sohn fast überall gleichzeitig sein und ein Maximum an Wahlversammlungen abhalten kann. Und Joe ist es auch, der zurückgezogen in seinem Bunker alle Umfragen und die Ergebnisse der anderen Kandidaten auswertet, um anschließend gezielter vorgehen zu können.
Die Mengen sind von Jackie fasziniert. Ein Journalist, der den Wahlkampf verfolgt, wohnt verwundert dem »Jackie-Effekt« bei: »Die Leute hatten sich mit der Prinzessin identifiziert. Es war deutlich, daß sie Jackie wollten. Sobald sie sie sahen, erschien in ihren Augen ein bewunderndes Leuchten. Sie waren auf der Suche nach einer Königin.« Jackie spielt mit, fühlt sich aber nicht sehr wohl dabei. Sie verdrückt sich, sobald sie ihren Mindestbeitrag geleistet hat, und schafft auf diese Weise eine geheimnisvolle Aura, die sie noch anziehender und

begehrter macht. Sie versucht nicht, sich um jeden Preis beliebt zu machen. Sie gibt in aller Öffentlichkeit zu, daß sie nicht viel vom Kochen verstehe, daß Caroline ein Kindermädchen habe, daß sie bisweilen Kleider von Givenchy oder Balenciaga trage, daß sie überhaupt ein Faible für französische Modeschöpfer habe und daß sie nur deshalb an der Seite ihres Mannes Wahlkampf betreibe, weil dies der einzige Weg sei, ihn zu sehen! Auf einmal wirkt Pat Nixon mit ihrer eng gewickelten Dauerwelle, ihren Kleidern aus bedrucktem Azetat und ihrem bleichen Gesichtspuder wie ein altes, farbloses Hausmütterchen.
Seit dem letzten Wahlkampf hat Jackie viel dazugelernt. Gelernt, Tausende von Händen zu schütteln, sich durch eine Menge zu drängen, auf eine Bühne zu steigen, mit drei Kleidern, einem Bügeleisen und einer Perlenkette auf Reisen zu gehen, Interviews im Fernsehen zu geben und in Supermärkten mit den Leuten zu sprechen. Ihre natürliche Neugier drängt sie dazu, das einfache Amerika zu erkunden. Sie besucht gern kleine Kirchen, um sich mit den Gläubigen über ihren Mann zu unterhalten. David Heymann erzählt, daß sie sich eines Tages ganz allein in eine Kirche der Schwarzen wagt und sich zu Hause verspätet. John macht sich Sorgen und holt sie ab.
»Wie ist es gewesen, Jackie?«
»Ausgezeichnet. Ich habe den entzückendsten aller Priester in der entzückendsten aller Kirchen dieser Schwarzen kennengelernt, und er hat mir gesagt, daß er finanzielle Schwierigkeiten habe. Also habe ich ihm 200 Dollar gegeben.«
»Das war wirklich nett...« Und nach einer Pause schreit

er dann: »Gottverdammt! Das war doch hoffentlich nicht mein Geld?«
John ist immer noch genauso geizig und Jackie immer noch genauso verschwenderisch. »Die nervt mich ungeheuer mit ihren Ausgaben!« brüllt er. Aber nichts kann Jackie daran hindern, Geld auszugeben. Es beruhigt sie, überquellende Kleiderschränke und ein schön eingerichtetes Haus mit alten Stichen und Gemälden an den Wänden zu besitzen. John hingegen sind solche Dinge völlig egal. Er sieht nur das verschwundene Geld. Deshalb ist es oft Joe Kennedy, der Jackies Launen bezahlt.
Je näher die Kandidatur für das höchste Amt rückt, desto eifriger stellt John anderen Mädchen nach. Die Männer vom Geheimdienst, die ihn jetzt überallhin begleiten, wissen nicht mehr, was sie machen sollen. Sein Kumpel Sinatra ist immer dabei und arrangiert zwischen zwei Wahlversammlungen elegante Parties. Vor allem aber hat er Marilyn kennengelernt! Marilyn, die sich gerade von Arthur Miller getrennt und mit Yves Montand gebrochen hat und die nun nach einem neuen Märchenprinzen sucht. Marilyn, die gurrend zugibt, daß sie eine wohltuende Wirkung auf Johns Rücken ausübe. Sie ist verrückt nach ihm, träumt davon, die Frau des Präsidenten zu sein, seine Kinder zu tragen, und schickt ihm Gedichte. Jedesmal, wenn sich Jackie vor einer Reise drückt, taucht Marilyn heimlich auf und teilt das Zimmer mit John. Das Gerücht von einer Affäre dringt bis an Jackies Ohr, woraufhin sie in den Streik tritt und nicht mehr in der Öffentlichkeit erscheinen will. Als der wohlgerundetste aller Filmstars irgendwann einmal anruft, um ihr mitzuteilen, daß sie

in ihren Mann verliebt sei, antwortet Jackie, daß sie ihr liebend gern den Platz und die Pflichten einer First Lady überlasse.

Jackie zeigt sich nicht mehr in der Öffentlichkeit. Dafür hat sie eine gute Entschuldigung: Sie ist schwanger. Unterhändler werden geschickt, um sie umzustimmen. Nach zähen Verhandlungen gibt sie nach, allerdings nur für eine begrenzte Anzahl von Auftritten. Am Abend der berühmten Fernsehdebatte mit Nixon ist John Kennedy nervös. »Treibt mir ein Mädchen auf«, verlangt er. Seine Mitarbeiter arrangieren für ihn ein kurzes Stelldichein in einem Wandschrank. Eine Viertelstunde später taucht er mit einem strahlenden Lächeln wieder auf und erscheint selbstsicher und entspannt vor einem verkrampften Nixon.

Da ihm Marilyn nicht mehr reicht, macht er sich an Angie Dickinson heran, die ihm auch erliegt. In ihrer Begleitung unternimmt er in den drei Monaten, die auf seine Wahl folgen und seiner Amtseinführung vorausgehen[1], mehrere kleine Ausflüge.

Als Jackie Bouvier Kennedy am 9. November 1960 um sieben Uhr morgens aufwacht, ist sie die First Lady der Vereinigten Staaten. Mit dreiunddreißig Jahren ist sie die jüngste Präsidentenfrau der amerikanischen Geschichte, die meistbeachtete Frau Amerikas. Als sie die Neuigkeit erfährt, beglückwünscht Jackie ihn mit einem: »Oh, du hast es geschafft, mein Häschen! Du bist nun Präsident«, um anschließend beim Gedanken daran, was nun alles auf sie zukommt, die Hände zu

[1] In Amerika wird der Präsident zwar im November gewählt, tritt sein Amt allerdings erst im Januar, also drei Monate später, an.

ringen und sich die Fingernägel abzuknabbern. Völlig gleichgültig gegenüber der ganzen Hektik und Begeisterung ringsum. »Die Falle ist zugeschnappt«, denkt sie. Dann faßt sie sich und kehrt auf den Boden der Tatsachen zurück. Sie weiß, daß man von nun an jede einzelne ihrer Gesten, jede einzelne Laune beobachten, auseinandernehmen und interpretieren wird und daß man ihr nichts nachsehen wird. Man erwartet von ihr die Reife und Weisheit einer alten First Lady; ausgerechnet von ihr, die Schwierigkeiten hat, tagtäglich mit dem kometenhaften Aufstieg ihres Mannes Schritt zu halten; von ihr, die nur davon träumt, bei Caroline zu sein, allein auf ihrer Stute zu galoppieren, Kunst- und Geschichtsbücher zu studieren oder barfuß in Jeans oder im Schlabberkleid spazierenzugehen. Diese neue Situation gefällt ihr ganz und gar nicht, sondern weckt vielmehr noch eine neue Angst in ihr, die sie in Zukunft nie mehr verlassen wird: Ihre Familie und sie sind nicht mehr in Sicherheit. »Wir sind nur noch Zielscheiben auf einem Schießstand«, wiederholt sie immer wieder. Und sie hat recht: In den Monaten nach seiner Wahl werden auf John mehrere Mordanschläge verübt. Alle können vereitelt werden. Und man hält sie sorgfältig vor ihr geheim.

Außerdem sind da noch die Journalisten, die Jackie ständig umlagern, um Artikel über sie, ihr Haus, die Geheimnisse ihrer Schönheit, ihre Schuhsammlung usw. zu schreiben. Eine weitere Art der Einmischung, die sie nicht ertragen kann. Sie steht ihnen nicht zur Verfügung und hat nichts zu verkaufen. Jeder Zeitung antwortet sie schriftlich und versucht, ihren Überdruß verständlich zu machen. »Gnade, bitte keine neuen

Fotos! Jack Lowe[2] und ich haben bereits drei Fototermine absolviert, bei denen ständig die Kleidung gewechselt, die Beleuchtung geändert, eine hübsche Landschaft gesucht und das Baby zum Lachen gebracht werden muß, und ich bin mir sicher, daß er ebenso wenig Lust hat wie ich, das alles wieder von vorn anzufangen!« Oder aber: »Es würde mich freuen, Ihnen sagen zu können, daß ich entzückt über Ihr Interesse bin oder daß ich von einem Bus angefahren wurde und einen Monat lang vor keinem Fotografen erscheinen kann. Das alles wären ja wundervolle Artikel, aber ohne Sie allzusehr verärgern zu wollen, denke ich, daß ich nicht so schnell Gegenstand einer weiteren Reportage sein will, nur um von den tragischen Geheimnissen meiner Schönheit und von meiner schlecht zusammengestellten Garderobe zu berichten. Ständig muß ich mit Jack an politischen Artikeln mitwirken, was unvermeidlich ist, obwohl es mich immer sehr einengt. Wenn ich das Zeug zu einem Mannequin hätte, fände ich dies alles natürlich herrlich, aber das habe ich nun einmal nicht. Ich bin sicher, Sie werden verstehen, daß ich auch nicht versucht bin, es einmal auszuprobieren ...«
Sie hat sich damit abgefunden, die First Lady zu sein, weigert sich aber, den Leuten ständig zur Verfügung zu stehen. Im vorhinein hatte ein Freund zu ihr gesagt: »Weißt du, wenn du erst einmal die Frau des Präsidenten bist, kannst du nicht mehr einfach in den Wagen steigen und auf Fuchsjagd gehen.«

[2] Der Fotograf. Er fertigte eine ganze Fotoserie von Jackie an, die John Kennedy so gut gefiel, daß er sie zu Jackies offiziellen Fotos erklärte.

»Das stimmt nicht! Das ist etwas, was ich nie aufgeben werde.«
»Trotzdem wirst du ein paar Zugeständnisse an deine neue Aufgabe machen müssen!«
»Oh! Natürlich werde ich welche machen... Ich werde Hüte tragen.«
Drei Wochen vor dem vorgesehenen Geburtsdatum beschließt Kennedy, mit ein paar Freunden nach Florida zu fahren. Diese neue Desertion so kurz vor der Geburt erfüllt sie mit Angst und Wut. Wieder einmal läßt er sie im Stich. Sie kreischt, tobt, wirft ihm alle möglichen Schimpfwörter an den Kopf, aber John hört nicht darauf und packt seine Koffer. Er sitzt schon im Flugzeug, als ihn ein Funkspruch erreicht: Bei Jackie haben die Wehen vorzeitig eingesetzt. Sie wurde als Notfall ins Krankenhaus eingeliefert. Dabei hatte sie auf der Tragbahre, mit der man sie abtransportiert hat, noch hartnäckig verlangt, daß man ihren Mann auf gar keinen Fall verständigen solle. John macht auf der Stelle kehrt und murmelt: »Ich bin nie da, wenn sie mich einmal braucht...«
Am 25. November 1960 kommt John Fitzgerald Kennedy junior drei Wochen zu früh auf die Welt. Jackie strahlt. Sie hat dem Schicksal zum zweiten Mal getrotzt! Die schrecklichen Eltern schließen wieder einmal Frieden über der Wiege ihres kleinen Jungen, der John getauft wird und sofort den Spitznamen John-John erhält. Für Jackie ist die Zeit der Zänkerei nun vorbei und diejenige des Weißen Hauses angebrochen. Ob sie wollen oder nicht, sie sind jetzt durch etwas verbunden, was weitaus mächtiger ist als sie beide und das sich Geschichte nennt. Und Jackie hat fest vor, sich der Ge-

schichte zu bemächtigen. Sie will die Präsidentschaft ihres Mannes zu einer Zeit machen, die für Amerika einen Wendepunkt darstellt.

Erste Etappe: das Weiße Haus. Von Mrs. Eisenhower eingeladen, besucht sie es. Und kehrt entsetzt von dort zurück. »Das sieht aus wie ein Hotel, das von einem Möbelgroßhandel kurz vor dem Schlußverkauf eingerichtet wurde. Da gibt es eine Menge zu tun!« vertraut sie ihrer Sekretärin an. Seit acht Jahren von den Eisenhowers bewohnt, die keinen besonderen Wert auf eine schöne Innenausstattung legen, ist das Gebäude alles andere als prunkvoll. Die Privatwohnungen befinden sich in einem erbärmlichen Zustand mit abblätterndem Verputz, fleckigen Teppichen, sich ablösenden Tapeten und einer zerfetzten Wandbespannung.

Zweite Etappe: Jackie selbst. Sie will so elegant erscheinen, als »wäre Jack der Präsident von Frankreich«. Sie trägt ihrer Schwester Lee auf, bei den französischen Modeschöpfern alles einzukaufen, was gut und teuer ist, und ihr dann zu schicken. In der Zwischenzeit bestellt sie jedoch alles zu sich, was in der amerikanischen Mode Rang und Namen hat, und wählt sich einen Modeschöpfer: Oleg Cassini.

Dritte Etappe: Das Weiße Haus zum Leben erwecken und ihm Glanz verleihen, um es zum Dreh- und Angelpunkt der schönen Künste der gesamten Welt zu machen. Obwohl sie sich nicht für Politik interessiert, hat sie doch ein Gespür für Geschichte und nimmt sich fest vor, von Johns Amtszeit eine Spur zu hinterlassen. Sie ist wie ein Regisseur, der sich selbst für das geringste Detail interessiert, weil sich dieses in ein großes Bild eingliedert, das später zu einem Mosaik wird.

Während der drei Monate, die den Amtseid des neuen Präsidenten von seiner Amtseinführung trennen, arbeitet Jackie hart an ihrem Programm. Zurückgezogen in einem Zimmer auf dem Anwesen ihrer Schwiegereltern in Miami schreibt sie die Einladungen für den Tag der Einweihung, organisiert die An- und Abfahrt der Autos und Busse, die die Gäste transportieren sollen, liest mehrmals die Geschichte des Weißen Hauses durch, sucht historische Dokumente über das Gebäude, fertigt Pläne an, um es einzurichten, um ihm das nötige Prestige zu verleihen, und entwirft das Kleid, das sie auf dem Einweihungsball tragen will.

Als Rose Kennedy eines Tages gegen ihre Tür hämmert und sie auffordert, zum Essen herunterzukommen, antwortet Jackie nicht. Nach einer Weile marschiert Rose tief verbittert zu Jackies Sekretärin und fragt sie: »Wissen Sie, ob sie heute noch einmal aus dem Bett steigen will?« Dabei vertrödelt Jackie ihre Zeit weder im Bett noch mit unnützem Geschwätz am Telefon. Sie steuert ohne Umschweife aufs Ziel los und macht sich Notizen über alles, was sie noch tun muß. Ebenso wie ihre Schwiegermutter wird sie zu einer Weltmeisterin der Merkzettel, die sie überall, wo sie vorbeikommt, zurückläßt. Diese Detailbesessenheit ist bei ihr auch ein Mittel, sich in eine Aufgabe zu vertiefen und alles andere zu vergessen.

John hingegen arbeitet mit seinen Beratern an der Zusammenstellung der neuen Regierung, an der Antrittsrede und an seiner Idee von der »neuen Grenze«. Und an seinem Gewicht. Im Laufe des Wahlkampfs hat er nämlich einiges zugenommen. Vor der versammelten Menge seiner in Anbetung erstarrten Sekretäre erzählt er, daß er entweder abnehmen oder alle für seinen Amtsantritt vorgesehenen Zeremonien absagen muß.

Der Tag seiner Amtseinführung, der 20. Januar 1961, wird ein seltsamer Tag. Stephen Birmingham beschreibt ihn sogar als finster und spannungsgeladen. Es ist eiskalt (minus 10° Celsius). Am Vortag hat sich ein Schneesturm über Washington ausgetobt und die ganze Stadt lahmgelegt. Abgesehen von Johns Eidesleistung erwarten Jackie ein offizielles Diner, dann ein Tee im Familienkreis und schließlich insgesamt sechs Bälle. Jedesmal wird sie als strahlendes Wesen erscheinen müssen, entzückt, sich gerade hier zu befinden, und für jedermann da sein. Die beiden Familien, die sich nicht leiden können, werden zusammenkommen. Von Jackies Seite her sind alle Republikaner, von denen keiner für John gestimmt hat. Für die Kennedys ist dies der Triumph des Clans. Auf jeden Fall werden sie alle anderen mit ihrer Arroganz und ihrer Selbstsicherheit niederwalzen. Allein schon beim Gedanken daran fühlt Jackie sich völlig ausgelaugt.

Tatsächlich wird dieser Tag merkwürdig finster und spannungsgeladen. Alles dreht sich nur um die Kennedys, die unter sich bleiben und mit niemandem sonst ein Wort wechseln. Die Bouviers übersehen geflissentlich sowohl die Lees[3] als auch die Kennedys, die Auchincloss wiederum verabscheuen die Kennedys, während die Bouviers auch die Auchincloss nicht besonders leiden können... Ein Szenario, das vielleicht in vielen Familien üblich sein mag, doch handelt es sich hier-

[3] Janets Familie.

bei schließlich nicht um irgendein beliebiges Familientreffen. Und außerdem treiben sich überall Berichterstatter und Journalisten herum auf der Jagd nach dem geringsten pikanten Detail.
Am Morgen hält John, nachdem er den Eid abgelegt hat, eine schwungvolle, glänzende Rede, allerdings ohne seine Frau zu küssen, wie es Tradition ist. Die Militärparade findet bei eisigem Regen statt, und John muß sechs Stunden lang ohne Mantel oder Schal stehenbleiben. Nach einer Weile verdrückt sich Jackie und flüchtet sich ins Weiße Haus, wo sie eine Tablette schluckt, um schlafen zu können, bis die Bälle anfangen.
Ihre Angehörigen treten im Salon von einem Bein aufs andere und fragen sich, was »die Prinzessin« wohl macht. Sie sollte doch mit ihnen Tee trinken. Das war so vorgesehen. Sie sind schließlich aus allen Teilen des Landes angereist, nur um ihr zu gratulieren. Aber Jackie schläft; sie hat die Amtsdiener des Weißen Hauses angewiesen, sie auf gar keinen Fall zu stören. Ihrer Mutter gelingt es, die Wachtposten zu umgehen, und kommt ins Zimmer geplatzt, um ihre Tochter auf Trab zu bringen. »Was ist, Jackie? Alle warten auf dich! Das ist für sie ein großer Tag!« Auch für Jackie ist es ein großer Tag und trotzdem kommt sie nicht hinunter. Sie will schlafen und sich für die Anstrengungen des Abends ausruhen. Also schlüpft sie unter die Bettdecken und schläft wieder ein.
Für dieses Verhalten wird Jackie nie eine Erklärung abgeben. War es die Erschöpfung? Erst sechs Wochen zuvor ist sie von John-John entbunden worden, eine lange und schwierige Geburt (man mußte einen Kaiserschnitt machen). War es, um für den anstrengenden

Abend, der ihr bevorstand, frisch zu sein? Hat sie sich mit John gestritten? Sie hatte erst am selben Morgen erfahren, daß sich seine letzte Eroberung, Angie Dickinson, in der Stadt befand und zu den Festlichkeiten eingeladen war. Sind ihr die Lehren ihres Vaters wieder eingefallen? »Mach dich rar, meine Hübsche, meine Allerschönste. Die Leute dürfen nie denken, daß du leicht zugänglich bist.« Oder hat sie sich ganz einfach davor gefürchtet, den Lees, Auchincloss, Bouviers und Kennedys mitsamt ihren alten Familienfehden gegenübertreten zu müssen?

Und wenn Jackie nun mitten in ihrer Apotheose von einem jener Anfälle von Panik ergriffen wurde, einem jener depressiven Momente, in denen sich ein Abgrund vor ihr auftut und sie blind und taumelnd an der Kante zurückläßt? Drei Monate lang hat sie nur die Frau des Präsidenten der Vereinigten Staaten gespielt, hat Pläne gemacht, Skizzen für das Weiße Haus, für ihre Kleider und für die Kinderzimmer gezeichnet. Jetzt ist sie das alles auf einmal wirklich, und sie verkriecht sich beim Gedanken daran, was sich in ihrem Leben nun alles ändern wird. Sie braucht die Ruhe und Dunkelheit ihres Zimmers, um Kräfte zu sammeln.

Am Abend der Amtseinführung erscheint Jackie wie eine Fee. In einem weißen, mit Silber und Straß bestickten Kleid, um die Schultern ein weißes Cape gelegt, das ihr bis auf die Füße fällt. John ist von der Schönheit seiner Frau überwältigt. »Dein Kleid ist großartig. Du bist nie schöner gewesen«, sagt er zu ihr, während sie die große Treppe des Weißen Hauses hinabschreiten. Sie nimmt seinen Arm und begleitet ihn hoheitsvoll zu den verschiedenen Zeremonien.

Zusammen gehen sie von Ball zu Ball, so jung, so schön, bewundert und bejubelt. Dann kehrt Jackie allein ins Weiße Haus zurück, während John den Rest der Nacht bei einem Kumpel verbringt, der für ihn ein halbes Dutzend Starletts aus Hollywood hat kommen lassen.

VIII

Das Weiße Haus war eher unkomfortabel, was zuerst einmal überrascht«, erzählt David Heyman. »Jackie mußte feststellen, daß ihre Dusche nicht funktionierte und daß die Wasserspülung kaputt war. Es gab weder Papierkörbe noch Bücherregale. ›Hat Eisenhower denn nie gelesen?‹ fragte Jackie.«
Wenn man in den Kaminen Feuer macht, verqualmen sie die Zimmer, und die Fenster lassen sich nicht öffnen. Jackie macht Bestandsaufnahme und durcheilt in Hosen und Mokassins die Flure ihres neuen Heims. Wenn sie nicht dazu gezwungen ist, ist sie weder geschminkt, noch trägt sie ein Kleid. Sie setzt sich einfach auf den Boden, streift ihre Schuhe ab, macht sich über alles Notizen, fummelt an ihrem Haar herum und knabbert an den Fingernägeln; das Personal betrachtet diese neue Bewohnerin, die Mamie Eisenhower ins Reich der Gespenster verbannt hat, sprachlos. »Wie kann die überhaupt etwas sehen, bei all den Haaren, die ihr ins Gesicht hängen?« fragt die alte Personalleiterin. Kurz und gut, so etwas nennt man einen Stilwechsel. Jackie arbeitet und häuft Notizen an: »Man muß die 18 Zimmer und 20 Badezimmer im zweiten Stock saubermachen; die 147 Fenster instand setzen; die 29 Kamine für ein Feuer bereithalten; die 412 Türgriffe blankputzen; die 1000 Quadratmeter Parkettboden bohnern; die 2500 Quadratmeter Marmor

wieder und wieder abwaschen; die Teppichböden und Teppiche dreimal am Tag saugen und in den 37 Zimmern des Erdgeschosses zweimal am Tag Staub wischen ...«

Die Bettlaken müssen zweimal am Tag und die Handtücher dreimal am Tag gewechselt werden! In einem Monat verbraucht sie das Jahresbudget für den Unterhalt des Weißen Hauses und verlangt eine Aufstockung. Damit die Renovierungsarbeiten durchgeführt werden können, setzt sie die öffentlichen Besichtigungen des Weißen Hauses zeitweise aus. Die Privatwohnungen werden in bester französischer Tradition neu eingerichtet, und ein Innenarchitekt folgt dem nächsten in atemberaubender Geschwindigkeit. Jackie hört allen zu und entscheidet dann selbständig. Sie läßt alles weiß streichen, abgesetzt mit blauen, grünen und roten Leisten. Verteilt die Gemälde an den Wänden. Achtet darauf, daß überall Blumensträuße stehen und in jedem Kamin jederzeit ein Feuer angezündet werden kann. Sie rennt, schwirrt und wirbelt durch die Gänge des erhabenen Hauses, bis allen schwindelig wird. Wenn sie am Vorabend nicht ausgegangen ist, steht sie um acht Uhr auf. Sonst schläft sie bis Mittag. Während sie von ihrer Dienstleistungsarmee die allergrößte Pünktlichkeit verlangt, nimmt sie sich selbst jede Freiheit heraus. Ihr Zimmer ist ein echtes Hauptquartier, von dem Befehle, Initiativen und diverse Angriffe ausgehen. Sie besucht viele Antiquitätenhändler und Auktionshäuser und kauft und kauft und kauft ... Sie möchte aus dem Weißen Haus »ein großes und schönes Haus, eine historische Residenz« machen. Sie verabscheut es, wenn jemand sagt, daß sie »neu einrichtet«, lieber hat sie das Wort »restaurieren«.

Alle übrigen Bewohner des ehrwürdigen Hauses trifft Jackies Ankunft wie ein Schock. »Raus mit all den Scheußlichkeiten!« verkündet Jackie, als sie die Möbel wechselt. Carolines Kindermädchen? »Die braucht in ihrem Zimmer nicht viel Platz. Einen Papierkorb für ihre Bananenschalen[1] und einen Nachttisch für ihr Gebiß!« Die Küche? »Die ist mir völlig egal. Streichen Sie sie weiß an und fragen Sie ansonsten René[2] um Rat!« Die Bilder? Sie holt die von Cézanne aus der National Gallery zurück, wohin Präsident Truman sie abgeschoben hatte. Die vorhandenen Vorhänge? »Die sind so grün, daß man davon seekrank wird, und ihre Fransen sehen aus wie ein alter, vertrockneter Weihnachtsbaum.« Nur die Eingangshalle findet Gnade in ihren Augen: »Sie sieht nach de Gaulle aus.« Uff!
Sie fackelt nicht lange. Leute, die nur dummes Zeug schwatzen und ihr die Zeit stehlen, kann sie nicht leiden. »Lucinda[3] soll aufhören, sich jedesmal zehn Minuten lang zu entschuldigen, wenn sie einmal eine Stecknadel fallen läßt!« Sie beschäftigt sich eingehend mit den Dienstboten, ihren Arbeitszeiten, ihren Gehältern und ihren Überstunden.
Ganz in ihre grandiosen Pläne vertieft, will Jackie nichts von den traditionellen Aufgaben einer First Lady wissen. Alles, was Besuche bei Pfadfindern, Myopathen, Behinderten, Blinden, Senioren, Umweltschutzvereinen oder Gesellschaften zur Unterstützung des Roten Kreuzes angeht, langweilt sie. Diese unangeneh-

1 Das Kindermädchen, Miss Maud Shaw, konsumierte eine Unmenge Bananen.
2 Der französische Küchenchef.
3 Jackies Kammerzofe.

men Dinge überläßt sie Mrs. Johnson, der Frau des Vizepräsidenten. »Warum soll ich in Krankenhäusern herumhängen und die wohltätige Dame spielen, wenn ich hier so viel zu tun habe?« Sie entläßt all die Dienstboten, die von ihrem Stilwechsel schockiert sind, läßt einen französischen Meisterkoch (der mit allen anderen Streit bekommt) und einen Konditormeister kommen, quartiert ihren Masseur, ihren Frisör und die Gouvernanten der Kinder ein. Und verfolgt ihr Ziel, ohne auf Kritik zu achten. Dabei überschreiten ihre »großen Arbeiten« den Rahmen des Weißen Hauses. Sie macht Pläne für eine große Bibliothek, für die Gründung eines gigantischen Kulturzentrums und ... für die Erhaltung der ägyptischen Denkmäler aus der Pharaonenzeit.

Nachdem sie ihren Aufgabenbereich abgesteckt hat, fühlt sie sich wohler. Dies ist ihre eigene Welt, in der sie Königin ist. J. B. West, der Chefbutler, unter dessen Aufsicht das Weiße Haus achtundzwanzig Jahre lang von Roosevelt bis Nixon stand, verbrachte drei Jahre in Jackies nächster Nähe, um die Haushaltsführung zu organisieren[4]. »Jacqueline Kennedy wisperte. Sie sprach so leise, daß man die Ohren spitzen mußte, um sie zu verstehen. In ihren Augen lag eine Mischung aus Entschlossenheit, Humor, aber auch von Zerbrechlichkeit. Wenn sie ein Zimmer betrat, hatte man immer den Eindruck, sie suche den Notausgang. Ich glaube nicht, daß sie schüchtern war. Dies war nur ihre Art, sich zur Herrin der Lage zu machen: indem sie das Zimmer inspizierte und die Eigenschaften der anwesenden Personen

[4] J. B. West, *Upstairs at the White House*, McCann & Geoghegan, Coward.

abwägte. Sie sagte nie etwas Überflüssiges und beschränkte die Unterhaltung auf jene Themen, die sie interessierten. Wenn sie ganz leise fragte: ›Meinen Sie, daß...‹ oder ›Könnten Sie bitte...‹, so war das kein Wunsch, sondern ein Befehl.«

Männern kann man eher vertrauen als Frauen. Männer sprechen von ihr eher in einer bedachten, differenzierten Weise, während die Frauen immer nach dem kleinen tödlichen Detail lechzen. In den Berichten aller weiblichen Augenzeugen spürt man, daß sie Jackie unerträglich fanden. Sie war von allem zuviel... Zu schön, zu reich, zu kultiviert, zu originell, zu privilegiert, zu fesselnd, zu unabhängig. Fast alle versuchen unterschwellig, sie geringer erscheinen zu lassen. Ganz nebenbei, indem sie mal hier, mal dort eine bittere Bemerkung einstreuen. Frauen können Jackies Anmaßungen, ihre natürliche Eleganz und ihre etwas hochmütige Gleichgültigkeit nicht ertragen. Man muß sie von ihrem Podest stoßen. Damit sie endlich zu den normalen Sterblichen gehört. Für eine verführerische, schöne und intelligente Frau gibt es keinen schlimmeren Feind als eine nicht ganz so verführerische, nicht ganz so schöne und weniger intelligente Frau. Und da Jackie der holden Weiblichkeit nur wenig Beachtung schenkt und ihr die gespannte Bezeichnung zu ihrer Mutter noch lebhaft in Erinnerung ist, bringt man ihr starke Abneigung entgegen.

»Mrs. Kennedy suchte nie die Gesellschaft anderer Frauen. Sie hatte keine Freundinnen, die auf einen Tee vorbeikamen, um zu plaudern. Ihre einzige Vertraute war ihre Schwester Lee«, fährt J. B. West fort. »Sie war dreißig Jahre jünger als alle anderen First Ladys, denen ich gedient habe, und besaß die vielschichtigste Persönlichkeit von allen. In der Öffentlichkeit war sie elegant, gelassen, würdevoll und königlich. Privat war sie ungezwungen, impertinent und rebellisch. Sie besaß einen eisernen Willen und mehr Entschlußkraft als irgend jemand sonst auf der Welt. Dennoch konnte sie auch sanft, stur und scharfsinnig sein und setzte ihren Willen durch, ohne daß sich die Leute dessen bewußt wurden. Sie war lustig, frech und hochintelligent, manchmal aber auch einfältig und borniert und ohne jeden Sinn für Humor. Wir haben viel Spaß mit ihr gehabt, und doch hat keiner sich je getraut, zu vertraulich zu sein. Sie hatte so eine ganz eigene Art, eine Distanz zu anderen Leuten zu schaffen. Sie haßte es, gedrängt und gehetzt zu werden.«

Sie hat den Schreibtisch ihres Vaters mit ins Weiße Haus gebracht, ein Empiremöbel, über das sie sorgsam wacht. Sie spricht oft von Black Jack, hat den Eindruck, daß er anwesend ist und sie überallhin begleitet. Wenn ihre Mutter oder Rose Kennedy ihr einen Besuch abstatten, ist sie höflich. Doch sobald Joe Kennedy angekündigt wird, rennt sie, vier Stufen auf einmal nehmend, die Treppe hinunter, wirft sich ihm um den Hals und küßt ihn. Als er nach seinem ersten Schlaganfall gelähmt ist und ins Weiße Haus gebracht wird, kümmert sie sich persönlich um ihn, füttert ihn und wischt ihm den Mund ab. Damit er gut behandelt wird, schickt sie J. B. West siebenseitige Memoranden.

Im dritten Stock des Weißen Hauses läßt sie an Stelle eines großen Solariums einen Kindergarten für Caroline und einige Diplomatenkinder einrichten. Sie verbringt viel Zeit mit Caroline und John-John, obwohl sie keine konventionelle Mutter ist. Die Kinder sind von Kindermädchen, Gouvernanten, Chauffeuren und Butlern umgeben und bekommen ihren Hamburger auf einem Silbertablett serviert. Nicht, weil Jackie snobistisch wäre; sie ist einfach so erzogen. Sie ist an Geld und große Häuser voller Dienstboten gewöhnt. Für sie ist das alles ganz einfach normal. Sie kann sich das Leben überhaupt nicht anders vorstellen. Aber selbst wenn sie weder wäscht noch bügelt, noch kocht, ist sie doch immer da, präsent und aufmerksam. Sie möchte, daß ihre Kinder gut erzogen werden. Sie legt Wert darauf, daß sie ihr eigenes Leben führen, unabhängig vom Weißen Haus, und daß sie nicht wie kleine Prinzen und Prinzessinnen behandelt werden. »Ich bitte Sie, wenn wir hinausgehen, ist es nicht nötig, beide Türflügel für sie aufzumachen. Ich möchte nicht, daß sie sich für Regierungskinder halten!«

Als John-John noch ein Baby ist, fährt sie ihn im Park des Weißen Hauses im Kinderwagen spazieren, während Caroline hinterher trippelt. Sie hat einen Spielplatz für die Kinder entworfen, versteckt zwischen Bäumen, damit sie vor den Blicken der Touristen, die den Zaun entlang schlendern, geschützt sind. Dort hat sie Carolines Pony *Macaroni,* ein Baumhaus, Meerschweinchen und Hunde, ein Trampolin, Schaukeln und einen Tunnel untergebracht. Sie springt mit ihnen auf dem Trampolin. Folge: hohe, dichtbelaubte Bäume, über denen höchstens noch Jackies Kopf auftaucht und niemand Fotos von ihr machen kann. Der Spielplatz ist nicht weit vom Büro des Präsidenten entfernt, so daß sich dieser bisweilen vor der Arbeit drückt, um mit seinen Kindern zu spielen, zu balgen und zu scherzen. Mit Caroline und

John-John ist auch Kennedy ein anderer Mensch: Er liebt seine Kinder, küßt und streichelt sie.
Jacqueline spielt genauso gern wie Caroline und John-John. »Wenn ich sie mit ihren Kindern beobachtet habe, sagte ich mir oft: ›Das ist die wahre Jacqueline Kennedy‹«, fährt J. B. West fort. »Sie wirkte dann so glücklich, so entspannt. Wie ein Kind, das nie erwachsen geworden ist.« Und ihr großspuriges Gehabe ist nur eine Maske, die sie trägt, um in der Welt der Erwachsenen zurechtkommen zu können.
Sie ist begeisterungsfähig wie ein Kind. Nachdem sie *Bambi* gesehen hat, beschließt sie, ein Reh zu kaufen. Ein andermal hat sie sich Pfaue in den Kopf gesetzt, und der arme J. B. West rauft sich die Haare beim Gedanken daran, wie er diese ganze Menagerie unter einen Hut bekommen soll. Sie ist dabei, wenn die Kinder gebadet werden, ißt jeden Tag mit ihnen zu Abend (oder tut so, als würde sie essen), liest ihnen eine Geschichte vor, deckt sie im Bett zu und geht dann weg, um die Rolle einer First Lady zu spielen. Wie eine Schauspielerin.
First Lady! Sie haßt diese Bezeichnung. »Das hört sich an wie der Name eines Pferdes, das im Pferdetoto läuft! Nennen Sie mich Mrs. Kennedy«, teilt sie am Tag ihres Amtsantritts mit.
Manchmal, wenn sie von einer Soiree nach Hause kommt und die Kinder immer noch wach sind, machen sie zu dritt im Spielzimmer Rabatz und veranstalten dabei einen solchen Radau, daß die Dienstboten wach werden und lauschen kommen. Dann verstecken sie sich und platzen fast vor Lachen. An einem Nachmittag in der Woche ist sie an der Reihe, um die Schüler der unte-

ren Klasse zu beaufsichtigen. Als ein kleiner Junge sie eines Tages drängt, mit ihm auf die Toilette zu gehen, zieht sie ihm die Hose herunter und sucht und sucht und sucht. »Sein Penis war so winzig«, erzählt sie später, »daß man eine Pinzette gebraucht hätte, um ihn zu finden!« Mit den Kindern lacht sie ausgelassen, gibt ihre Kleinmädchenstimme auf und spricht normal, spielt mit ihnen Versteck und bringt ihnen alle möglichen Spiele, Abzählreime und Taschenspielertricks bei. Es gibt jetzt ständig einen Clown im Weißen Haus, nämlich Jackie.
Ein Clown, der ernst wird, sobald es darum geht, der Residenz des Präsidenten Leben einzuhauchen. »Ich will, daß mein Mann von außergewöhnlichen Leuten umgeben ist, die ihn inspirieren und ihn nach den anstrengenden Regierungsgeschäften ablenken.« Sie verschickt Einladungen an alle großen Künstler, Intellektuellen oder Politiker.
Und sie antworten. Balanchine, Margot Fonteyn, Rudolf Nurejew, Pablo Casals, Greta Garbo, Tennessee Williams, Isaac Stern, Igor Strawinski und André Malraux treffen bei eleganten und köstlichen Diners mit Wissenschaftlern und Staatsoberhäuptern aufeinander. Im April 1962 organisiert sie für alle Nobelpreisträger der westlichen Welt ein Bankett. Bei dieser Gelegenheit macht Präsident Kennedy die Bemerkung: »Bei diesem Festmahl sind die außergewöhnlichsten Talente der ganzen Welt versammelt. Nie hat es im Weißen Haus so viel Intelligenz auf einmal gegeben, vielleicht abgesehen von der Regierungszeit Präsident Thomas Jeffersons, wenn dieser ganz allein zu Abend aß.« Es war Jackie, die auf die Idee gekommen ist und alles organisiert hat. Sie veranstaltet noch zahlreiche andere Soi-

reeen dieser Art, bis sie schließlich zum Aushängeschild des Weißen Hauses werden. André Malraux ist ein regelmäßiger Tischgast, den Jackie ausgesprochen zuvorkommend behandelt. Sie achtet nämlich darauf, niemanden einzuladen, der ein schlechtes Licht auf sie werfen könnte.

Jackies Stil ist etabliert. Dank ihres Charmes und ihrer Intelligenz gelingt es ihr, selbst Persönlichkeiten, die sich gegenseitig ignorieren oder verachten, zusammenzubringen. Sie erinnert sich an das alte geflügelte Wort von General de Gaulle: »Geben Sie Leuten, die sich nicht leiden können, weil sie sich nicht kennen, von ein und derselben Hammelkeule zu essen, und Sie werden sie in Lämmer verwandeln!« Che Guevara soll eines Tages verkünden, daß sie die einzige Amerikanerin ist, die er gern kennenlernen möchte, und das nicht gerade an einem Konferenztisch!

Unter ihrer Schirmherrschaft wird Washington zu einer bedeutenden, fröhlichen, intellektuellen und unterhaltsamen Stadt. »Ständig gab es herrliche kulturelle Soireen, die von Jackie inspiriert und angeregt wurden«, erzählt ihr Halbbruder Jamie Auchincloss. »Sie war weniger ein kreativer als vielmehr ein praktischer und anregender Geist. Sie war sich der Möglichkeiten, die ihr Status bot, völlig bewußt und wußte diese auch auszunutzen. Es stimmt, daß sie sich gewissen Verpflichtungen nie unterwarf. Sie ertrug nur schlecht das Speichelleckerische gewisser offizieller Funktionen, aber im kulturellen Bereich war sie fest entschlossen, etwas zu leisten, was noch keine First Lady je für ihr Land getan hatte.«

Im Kinosaal des Weißen Hauses setzt sie Filme wie *Letz-*

tes Jahr in Marienbad oder *Jules und Jim* aufs Programm. Sie ist fasziniert, während John neben ihr schnarcht und ihre Freunde den Saal verlassen. Ehe sie Fellini empfängt, schaut sie sich noch einmal alle seine Meisterwerke an und verschlingt alle Bücher über den Meister, um ihn anschließend durch ihre detaillierte Kenntnis seines Œuvres zu beeindrucken!

Natürlich tauchen schon bald Kritiker auf. Sie ist eine Weltmeisterin der Prahlerei, ein verzogenes Püppchen. Wer bezahlt eigentlich diese Feste? Etwa der amerikanische Steuerzahler? Was ist das für eine Präsidentenfrau, die man nie am Krankenlager der Armen, dafür aber ständig in langen Abendkleidern unter strahlenden Lüstern und von grauen oder rosafarbenen Eminenzen umringt sieht?

Jackie bemüht sich nicht, ihr Verhältnis zur Presse zu verbessern. »Am liebsten würde Jackie jeden, der eine Schreibmaschine besitzt, einsperren lassen«, prustet JFK. Journalisten sind ihre Phobie; verbissen schützt sie ihr Privatleben und lehnt es ab, Aufnahmen von ihren Kindern oder den neuen Räumlichkeiten machen zu lassen. Als sie eines Tages mit einem neuen Hund ins Weiße Haus kommt, stürzen sich die Journalisten auf sie und fragen, was sie ihm zu fressen geben will. »Reporter«, antwortet sie prompt. Als sie einmal vom Pferd stürzt, erscheint ihr Foto sofort in allen Zeitungen. Jackie kommt ins Büro des Präsidenten geplatzt, damit er solche Publikationen verbietet. »Aber Jackie, wenn die First Lady auf den Hintern fällt, ist das eine Schlagzeile wert!« antwortet dieser belustigt. John selbst ist daran gewöhnt, unter den Augen von Fotografen zu leben. Seine besten Freunde sind Journalisten. Er weiß, wie wichtig Bilder für ihn sind. Sobald Jackie einmal nicht da ist, organisiert darum er Fototermine mit John-John und Caroline. Das Ergebnis entdeckt Jackie, sobald sie die Zeitung liest. Dann geht sie an die Decke, tobt und stellt Forderungen. Vergeblich. Deshalb läßt sie, um sich zu schützen, Ziegelmauern um den Kinderspielplatz errichten, einen Schirm aus Milchglas um den Swimmingpool herum aufstellen und im ganzen Park gigantische Rhododendronhecken pflanzen. Sie will ihre Kinder ja gern für Johns Image »ausleihen«, aber nur von Zeit zu Zeit und nur, wenn sie selbst den Zeitpunkt bestimmen kann. Jackie will alles unter Kontrolle haben. Ohne die geringste Anstrengung zu unternehmen, ihre Defizite auszugleichen. Kitty Kelley erzählt, wie Jackie eines Abends bei einem Empfang zu Ehren von Präsident Bourguiba und dessen Frau, auf dem sie den anwesenden Journalistinnen hartnäckig aus dem Weg geht, von John am Arm gepackt und zu ihren ehemaligen Kolleginnen hinübergezerrt wird. Ganz leise bittet er sie: »Sag diesen Damen guten Tag, Liebling.« Mit finsterer Miene leistet sie ihm Folge. Als er ihren Arm losläßt, kann man die Spur seiner Finger auf ihrer Haut erkennen.

Die Journalisten sind zwar darauf erpicht, über jeden Schritt zu berichten, den Jackie oder die Kinder tun, aber nicht einer läßt auch nur ein Wort über die Seitensprünge des Präsidenten fallen. Sobald Jackie einmal nicht im Weißen Haus ist, organisiert John Feste, und die Leibwächter sehen junge nackte Wesen durch die Gänge hüpfen. Er läßt einfach jedes Mädchen zu sich, Hauptsache sie sieht appetitlich aus. In der Handtasche von einem dieser Girls entdeckt man gerade noch rechtzeitig eine Pistole! Aber ihm ist das egal. Er will nichts von Sicherheit hören, sondern nur von »Puppen«. Er hat Aufreißer, die für ihn Mädchen auftreiben. Wenn sie einmal nicht schnell genug sind, gibt er ihnen zu verstehen, daß sie sich für ihren Oberkommandierenden ruhig ein bißchen anstrengen könnten! Er hat schließlich keine Zeit zum Flirten, aber er braucht ständig frisches Fleisch. Da John ein netter Boß ist, teilt er seine Eroberungen mit ihnen. Die Männer vom Geheimdienst sind anfangs zwar verblüfft, finden aber schon bald Gefallen an den gemeinsamen Eskapaden. »Bei Kennedy zu sein hieß, zu so etwas wie einer verschworenen Gemeinschaft zu gehören. Ständig wurde gefeiert, und man hatte den Eindruck, nichts könne je schiefgehen«, erinnert sich ein Leibwächter. »Niemand kam auf den Gedanken, etwas auszuplaudern oder mit den Journalisten zu sprechen. Das wäre als Verrat empfunden worden. Dann hätten alle zusammengehalten. Falls es einen Denunzianten gegeben hätte, hätten alle anderen den Mund gehalten, oder sie hätten seine Aussagen energisch dementiert.« Selbst unter dem Personal des Weißen Hauses konspiratives Schweigen.

Es kommt auch vor, daß Kennedy in seine Schranken verwiesen wird. Wie einmal, als er sich an Shirley MacLaine heranmacht, die er, von Sinatra als Chauffeur verkleidet, in einer luxuriösen Limousine vom Flughafen abholt. Kaum sind die Wagentüren geschlossen, fängt Kennedy auch schon an, mit der Schauspielerin zu schäkern, bis diese aus dem fahrenden Wagen aus- und ... hinten wieder einsteigt. Shirley MacLaine nahm die Zudringlichkeiten des Präsidenten mit Humor auf

und erklärte: »Ich habe lieber einen Präsidenten, der Frauen fickt, als einen Präsidenten, bei dem am Schluß das Land der Gefickte ist!«
Philippe de Bausset, der damals Korrespondent für *Paris-Match* in Washington war, erinnert sich sehr gut an das Ehepaar Kennedy. »Die Kennedyadministration war der Jugend zugewandt, sie verkörperte die Hoffnung. Aber sie basierte nicht auf Wahrheit. Die Presse wußte zum Beispiel, daß sich John und Jackie nicht verstanden, obwohl sich JFK bemühte, das Bild von einem Mann, der von einer liebenden Frau und prächtigen Kindern umgeben war, aufrechtzuerhalten. Das Publikum wollte einen Traum haben, und den haben wir ihm gegeben. Die Kennedyadministration war ein einziges gigantisches Public-Relations-Spektakel. Ich habe mich oft gefragt, wie die Leute wohl reagiert hätten, wenn sie erfahren hätten, daß Jacqueline Kennedy, die angeblich die begehrenswerteste und erregendste Frau der Welt war, ihren Mann nicht befriedigen konnte. Das war nicht allein ihre Schuld. Kennedy konzentrierte sich viel zu sehr auf sein Vergnügen. Vielleicht hat das seine Fähigkeit, das Land zu regieren, nicht gemindert, aber geholfen hat es ihm auch nicht. Wir waren Gefangene eines Mythos, an dessen Erschaffung wir selbst mitgewirkt hatten. Die PR-Profis hatten ein Bild geschaffen, auf das alle Journalisten hereingefallen sind und das sie anschließend notgedrungen bestätigen mußten.«
Jackie weiß das alles, aber sie hat sich eine eigene Philosophie zurechtgelegt. Sie geht lieber auf Reisen oder fährt weg übers Wochenende, um ihrem Mann freie Bahn zu lassen. »Ich bin gern an einem Ort, an dem ich

allein sein kann«, gesteht sie. Weit weg vom Weißen Haus, weil ihr allein schon beim Gedanken an das, was dort im Augenblick passiert, übel wird ... Aber es kommt vor, daß sie über einen Beweis stolpert. Als ein Zimmermädchen eines Tages ein schwarzes Höschen, das sie in Johns Bett gefunden hat, zwischen ihre Sachen legt, liefert Jackie es beim Präsidenten ab und erklärt: »Hier, gibt das der Eigentümerin zurück, das ist nicht meine Größe!«

Sie rächt sich, indem sie Geld ausgibt wie eine Verrückte. John tobt, wenn er die Rechnungen erhält. Eisig mustert sie ihn von oben herab und macht unverändert weiter. Er soll vor allem nicht glauben, sie ließe sich zum Narren halten. Oder zum Opfer machen. Als sie einem durchreisenden Gast das Weiße Haus zeigt, öffnet sie die Tür zu Johns Büro, in dem sich zwei junge Frauen aufhalten, und bemerkt: »Die beiden da, das sind die Mätressen meines Mannes.«

Sie rächt sich auch dadurch, daß sie ihm heftige Szenen macht, sobald sie einmal allein sind. Als John an einem Ostersonntag in Miami lange trödelt, um sich zur Messe fertig zu machen, während die Journalisten unten warten, um ein Foto von dem ach so schönen und frommen Paar zu schießen, hört man, wie die First Lady der Vereinigten Staaten ihren Mann anschreit: »Na komm schon, du Mistkerl! Du hast es schließlich gewollt, und dich will das Publikum sehen. Binde dir eine Krawatte um, zieh eine Jacke über und dann los!«

An anderen Tagen wiederum erscheint sie in einem ärmellosen Minikleid mit nackten Beinen und Sandalen, um zur Messe zu gehen, und schneidet den Reportern eine Grimasse.

Auf die Dauer gewöhnt sie sich natürlich daran. Am Strand macht sie ihren Mann auf Sexbomben mit großen Brüsten (für die er eine besondere Vorliebe hat) aufmerksam, oder sie plaziert ihn bei einem Diner im Weißen Haus, um ihn zu ärgern, zwischen zwei von seinen Eroberungen. Während der Mahlzeit beobachtet sie dann gespannt und entzückt Johns Verlegenheit und die pikierten Mienen ihrer Rivalinnen.
Sie selbst hingegen ist eine vorbildliche Ehefrau. Von ihr ist kein einziges Abenteuer bekannt. Obwohl sie alle Männer, die sich ihr nähern, bezaubert, kann sich keiner von ihnen rühmen, ein Intimus zu sein. Manchmal provoziert sie Kennedy, indem sie in wollüstiger Umschlingung mit einem anderen Mann tanzt. Dann runzelt er die Stirn. Murrt. Beehrt sie ein paar Nächte lang, um schließlich wieder hinter dem erstbesten Rock herzurennen. Während er selbst sich einfach alles herausnimmt, gefällt es ihm ganz und gar nicht, daß sie dasselbe tun könnte. Als sie im August 1962 mit Caroline verreist, um ihre Schwester Lee auf einer Kreuzfahrt in Italien zu begleiten, sieht man häufig Gianni Agnelli an ihrer Seite. Die Fotos erscheinen auf den Titelseiten aller Zeitungen. Sofort schickt John ein Telegramm, das besagt: »Etwas mehr Caroline und weniger Agnelli.«
Man schreibt ihr Abenteuer zu, weil sie kokett ist und Männer mag, aber nie kann jemand etwas beweisen. Und das liegt keineswegs daran, daß man ihr nicht nachgestellt hätte. Wieder einmal erweist sich das Mysterium Jackie stärker als aller Tratsch, den man sich auf den Diners in der Stadt zuflüstert.
Schließlich wäre es absurd gewesen, Johns Seitensprünge

stillschweigend zu dulden, nur um sich dann selbst auf frischer Tat beim Ehebruch ertappen zu lassen! Sie zog es vor, Gefangene ihres selbsterschaffenen Images zu bleiben. Dies war, offen gestanden, ihr einziger Trost. Das einzige, worauf sie, abgesehen von ihren Kindern, noch stolz sein konnte. Verleumdern und Kleinsinnigen verbot sie den Mund. Wieder einmal fühlte sie sich über alle anderen erhaben.

IX

Am Ende des Jahres 1961 ist Jackie nicht mehr nur die junge Frau eines berühmten Mannes; sie selbst ist jetzt eine berühmte Frau, die mit dem Präsidenten der Vereinigten Staaten verheiratet ist.

In Paris hat alles angefangen. Am 31. Mai 1961 treffen John und Jacqueline Kennedy zu einem offiziellen Besuch in der französischen Hauptstadt ein. Präsident de Gaulle läßt hundertundeins Kanonenschüsse abfeuern, als sie aus dem Flugzeug steigen. Von diesem Moment an ist Jacqueline der Star. Die Pariser haben nur noch Augen für sie. Die Transparente auf der Strecke vom Flughafen Orly nach Paris rühmen ihre Schönheit, und die Franzosen skandieren: »Jackie, Jackie!« Plötzlich fühlt sich Jacqueline wie eine Königin, die in ihre Heimat zurückkehrt. In Paris hat sie die glücklichste Zeit ihres Lebens verbracht. In Paris läßt sie sich (heimlich!) einkleiden, und die französische Literatur gefällt ihr am besten! Die Straßen von Paris, die Cafés, die Museen... Paris, Paris! John Kennedy kommt sich fast überflüssig vor. »Guten Tag, ich bin der Kerl, der Jackie begleitet!« sagt er humorvoll. Man beachtet nur sie. Die normalerweise so kritischen Franzosen erliegen ihrem Charme. Das Schicksal meint es gut mit Jackie: Paris, das ihr schon 1951 Freiheit und Unabhängigkeit geschenkt hat, krönt sie 1961 zur Königin.

General de Gaulle ist vom amerikanischen Präsidenten, den er mit einem Frisörgehilfen vergleicht, nicht gerade begeistert. »Er streift die Probleme, entwirrt sie aber nicht.« Im Gegenzug erobert ihn jedoch Jackies funkelnder Blick. Sie flüstert ihm zu, daß sie seine Memoiren gelesen habe. Und zwar im Original auf französisch! Er fühlt sich geschmeichelt und steckt seine Brille weg. Jackie ist mehr als nur eine charmante Botschafterin der Eleganz, sie vermittelt zwischen JFK und dem General. Zwischen den beiden Männern kommt nur schwer ein Dialog in Gang.

Die Pariser sind von ihren Kleidern, ihren Frisuren, ihrem Lächeln und ihrem Auftreten so begeistert, daß sie sie für sich vereinnahmen und bereit sind, ihr die französische Staatsangehörigkeit zu verleihen. General de Gaulle, der nicht gerade für vertrauliche Mitteilungen bekannt ist, beschreibt sie als »charmante und entzückende Frau mit herrlichen Augen und Haaren«. Er hört ihr zu und entdeckt, daß sie sich über alles unterhalten kann. Über Poesie, Kunst und Geschichte. »Ihre Frau kennt die Geschichte Frankreichs besser als die meisten Französinnen«, raunt er John ins Ohr. »Und Franzosen«, erwidert John Kennedy.

Später unterhält sich der General sogar mit André Malraux über Jackie. In *La Corde et les Souris*[1] gibt André Malraux das Gespräch wieder, das er mit de Gaulle nach dessen Rückkehr von JFKs Begräbnis in Washington geführt hat.

»Sie hatten mir von Madame Kennedy erzählt«, berichtet Malraux. »Und ich habe Ihnen gesagt: ›Sie hat ein außer-

[1] In *Œuvres complètes*, Gallimard, »Bibliothèque de la Pléiade«, Paris.

ordentlich intelligentes Spiel gespielt: Ohne sich in die Politik einzumischen, hat sie ihrem Mann das Prestige eines Mäzens verliehen, das er ohne sie nie erreicht hätte. Das Diner der fünfzig Nobelpreisträger ...‹

›Und ihres ...‹

›... das war sie.‹ Aber Sie haben hinzugefügt: ›Sie ist eine mutige und sehr gebildete Frau. Und was ihr Schicksal angeht, so irren Sie sich: Sie ist ein Star und wird auf der Jacht eines Ölmagnaten landen.‹

›Das habe ich Ihnen gesagt? Nanu ... Im Grunde hätte ich eher gedacht, daß sie einmal Sartre heiratet. Oder Sie!‹

›Erinnern Sie sich an die Schilder in Kuba: *Kennedy nein! Jackie ja!*?‹

›Charles‹, sagt Madame de Gaulle, ›wenn wir dorthin gefahren wären, hätte es dann Schilder gegeben mit: *De Gaulle nein! Yvonne ja*?‹«

Zwischen Jackie und Malraux entwickelt sich eine Freundschaft fürs Leben. Sie empfängt ihn im Weißen Haus, veranstaltet für ihn Diners. Sie ist von Malraux' Intelligenz fasziniert. Ihn beeindrucken Jackies Charme und Schönheit. Mit Malraux fühlt sich Jackie wohl. Sie kann reden und vor allem zuhören. Er erzählt ihr einige Überlegungen des Generals, die sich für immer in ihr Gedächtnis einprägen. »Man hat in Frankreich nur wenig Könige ermordet ... Das stimmt, aber immer diejenigen, die alle Franzosen zusammenführen wollten.« »Das schlimmste Unglück nutzt sich ab.« Oder: »Wieviel Feigheit steckt doch in der Bescheidenheit!« Oder der folgende Satz, der Jackie einfach gefallen mußte: »Die Illusion vom Glück ist nur etwas für Schwachköpfe!« Malraux berichtet ihr von seinem Vorhaben, alle Gebäude von Paris reinigen zu lassen, und wieviel Kritik ihm das eingetragen habe. Er schlägt vor, sie bei seiner nächsten Reise nach Washington wiederzusehen, und Jackie verspricht, alles stehen und liegen zu lassen, um ihn zu treffen. Gemeinsam könnten sie dann einen Streifzug durch die Museen machen, bei dem er ihr jedes einzelne Gemälde erklären solle ...

Er hält Wort. Jackie ebenfalls. Und man sieht sie alles im Stich lassen, nur um Malraux zu treffen und mit ihm durch die National Gallery zu schlendern. Er läßt Sätze fallen wie: »Die Künstler erfinden den Traum, die Frauen verkörpern ihn.« Oder, während er sie anblickt: »Nichts ist geheimnisvoller als die Metamorphose einer Lebensgeschichte in eine Legende.« Jackie saugt seine Worte auf wie eine kostbare Essenz. Er hilft ihr, die Kraft, die in ihr steckt, zu festigen, und dafür ist sie ihm dankbar.

Am meisten fehlen ihr in diesem Leben, das sie führt, intelligente Köpfe, die sie nähren und erhöhen. Einige amerikanische Journalisten behaupten, sie sei snobistisch, intellektuell und eingebildet. Doch Jackie ist nur neugierig und bildungshungrig. Lernen ist ihre Lieblingsbeschäftigung.

In Frankreich fühlt sie sich zu Hause. Sie reißt sich darum, Säuglingsheime zu besuchen, was sie in Amerika nie tut. Jedesmal schreit eine riesige, auf den Bürgersteigen zusammengeströmte Menschenmenge: »Vive Jackiii!« Inkognito fährt sie in einem normalen Wagen spazieren, um all die Orte wiederzusehen, an denen sie als Studentin gewesen ist. Als sie Versailles besucht, stockt ihr der Atem. In der Spiegelgalerie seufzt sie: »Das ist das Paradies! So etwas kann man sich gar nicht vorstellen.« Sie wandert von Salon zu Salon, ruft: »Wie wundervoll!« und macht sich Notizen für die Restaurierung des Weißen Hauses. Selbst John ist geblendet. »Wir müssen etwas anderes aus dem Weißen Haus machen«, sagt er, »ich weiß noch nicht, was, aber wir müssen uns das ernsthaft durch den Kopf gehen lassen.« Jackie nimmt alles in sich auf. Sie untersucht in Versailles den Stoff der Vorhänge, das erlesene Tischservice, die Abfolge der nacheinander gereichten Gänge, die Gesten der Kellner. Sie nimmt sich fest vor, diese jahrhundertealte Wissenschaft im Weißen Haus einzuführen. Der Teil in ihr, der einer Marquise des achtzehnten Jahrhunderts entspricht, kann sich unter den Kristallüstern der Fünften französischen Republik voll entfalten.

Ihre Reise durch Europa wird dann unter denselben strahlenden Vorzeichen fortgesetzt. Zunächst fahren sie nach Wien, wo Kennedy mit Chruschtschow zusammentreffen muß (kurz nach dem Debakel in der Schweinebucht). Auch hier skandiert die Menge: »Jackie, Jackie.« Chruschtschow dreht sich zu ihr um und bemerkt: »Die scheinen Sie zu mögen!« Während der Dialog zwischen Chruschtschow und Kennedy schleppend verläuft, versteht sich Chruschtschow blendend mit Jackie. Er findet sie »köstlich«, verspricht, ihr einen Hund zu schicken, der im All gewesen ist (das Versprechen hält er), und als man ihn fragt, ob er einverstanden sei, sich zusammen mit Kennedy fotografieren zu lassen, antwortet er, daß er sich lieber mit dessen Frau fotografieren lassen würde! Dann geht es weiter nach London, wo Kennedy, der nach der Begegnung mit Chruschtschow niedergeschlagen ist, die ganze Nacht hindurch mit seinen Beratern diskutiert. Jackie hingegen schreibt einen langen Brief an de Gaulle, um ihm dafür zu danken, daß er aus ihrer Reise nach Paris ein echtes Märchen gemacht habe. Allerdings wird sie ihn nie abschicken: Man weist sie darauf hin, daß eine Frau einen Staatschef wie de Gaulle nicht mit »mon général« anreden darf. Sie soll eine respektvollere Formulierung verwenden. Jackie antwortet, daß man, wenn das so sei, am besten nur einen offiziellen Brief ohne Geschmacklosigkeit und ohne jeden Verstoß gegen die Etikette abschicken solle; danach verliert sie das Interesse. Die schöne Reise ist zu Ende, ihre Begeisterung erschöpft, sie hat wieder schlechte Laune.

Nach dieser Europareise sieht John seine Frau mit anderen Augen. Als ob er sie jetzt erst entdecken würde. Ihn interessiert der Eindruck, den sie in Paris hinterlassen hat, er ist fasziniert von ihrem königlichen Auftreten, und allmählich begreift dieser gehetzte und opportunistische Mann, daß er seine Frau unterschätzt hat. Er hört immer öfter auf sie. Er respektiert ihr politisches Urteil und setzt sie als wertvollen Beobachter ein. Und bei Personen, zu denen er keinen rechten Zugang findet, oder mit denen er sich nicht wohl fühlt, dient sie ihm als Vermittlerin.

Jackie hat ihre Amtszeit lediglich als Gestalterin des Heimes und als Galionsfigur für Fragen der Mode angetreten. In Zukunft beschäftigt sie sich mit wachsendem Interesse auch mit den Problemen des Landes. »Schließlich«, bemerkt sie gegenüber J. B. West, »bin ich *die* Mrs. Kennedy, bin ich *die* First Lady ...« Als könne sie es selbst nicht fassen. Als würden ihre Schwierigkeiten im Leben verschwinden und als hätte sie sich auf ihrer Reise durch Europa selbst entdeckt. Sie ist mehr als nur ein Aushängeschild. Sie existiert. Sie hat John nicht mehr nötig. Sie ist intelligent, wie sie begeistert feststellt. Man nimmt sie ernst. Sie entdeckt auch, daß ihr die Art, wie man sie neuerdings betrachtet, Flügel verleiht... und Macht. Wie viele Frauen, die sehr hübsch sind, hat sie sich selbst für dumm gehalten. Aus mangelndem Selbstvertrauen heraus hat sie sich in den äußeren Schein geflüchtet, den sie leicht kontrollieren konnte.

»Weil sie immer Partei für die Gemäßigten gegen alle Extremisten ergriff, nannte man sie die ›Liberale des Weißen Hauses‹«, erzählt ein politischer Berichterstatter. »JFK hat ihr viele Ideen geklaut.«

1960 hatte sie mitten in der Wahlkampagne erfahren, daß eine Firma in West Virginia, in der Kristallgläser hergestellt wurden, in Schwierigkeiten steckt. Damals hatte sie sich vorgenommen, ihr zu helfen, falls John und sie ins Weiße Haus einziehen sollten. Sie hielt Wort und verlangte, daß alle Gläser, die im Weißen Haus benutzt wurden, aus dieser Fabrik zu stammen hätten. Als ein großer Industrieller, der Luxusgläser herstellte, vorschlug, ihr ein komplettes Service zu schenken, lehnte sie ab. Sie wollte ihre Gläser weiterhin in Virginia kaufen. »Und wenn ich könnte, würde ich sie einzeln kaputt machen, damit diese Firma weiterleben kann!« Das ist ihre Art, Politik zu machen. Sie möchte sich Leuten, die es wirklich nötig haben, nützlich machen. Bevor sie ins Weiße Haus einzog, hatte sie, bedingt durch ihre Herkunft, nur eine begrenzte Vorstellung von den Vereinigten Staaten. Eigentlich hat sie ihr Land erst während der Präsidentschaftskampagne kennengelernt, als sie John in die amerikanischen Kleinstädte begleiten mußte. Natürlich spielte sie nicht Evita Perón und besuchte nie die Slums, doch sie beobachtete aufmerksam. Jedoch nur

das, was sie interessierte. Nichts und niemand konnte Jackie zwingen, etwas zu tun, wozu sie keine Lust hatte. »Bevor ich ins Weiße Haus einzog, hat man mir gesagt, daß ich in meiner Eigenschaft als First Lady hundert Dinge zu tun hätte, und ich habe auch nicht eins davon getan!« Wieder einmal kritisierte man ihre Unterlassungen, ohne auf ihre guten Taten hinzuweisen.
John hingegen begann endlich, seine Frau zu verstehen und sie zu unterstützen. Arthur Schlesinger bestätigt, daß »Präsident Kennedy seiner Frau auf politischem Gebiet größeres Vertrauen schenkte, als man allgemein annimmt. Auch auf sozialem Gebiet zeigte sie sehr umsichtige Reaktionen.«
»Sie beschäftigte sich mit wachsendem Interesse mit den Problemen, die die Präsidentschaft betrafen«, erzählt Sir David Ormsby Gore. »Fast täglich schickte sie jemanden zur Kongreßbibliothek, der neue Unterlagen, Nachschlagewerke, Geschichtsbücher und Zeitungsausschnitte für sie holen sollte, um sich mit dem Zusammenhang der politischen Ereignisse vertraut zu machen, und formulierte wenig später Ideen und Vorschläge, die sie dann ihrem Mann unterbreitete. Das war ihre Art, ihn dazu zu ermuntern, seine Überlegungen und Sorgen mit ihr zu teilen; und tatsächlich hatte er mehr Sorgen, als er sich je gewünscht hätte. Jackie diskutierte mit dem Präsidenten die anstehenden Fragen und widersprach ihm oft. Zum Beispiel überzeugte sie ihn davon, das McCarran-Gesetz über die Einwanderung fallenzulassen, weil es sich dabei, wie sie behauptete, um eine viel zu restriktive Maßnahme handle. Und sie drängte ihn dazu, mit Großbritannien und der Sowjetunion den Vertrag zum Verbot der Atombombentests zu unterzeichnen. Einige Mitglie-

der seines Beraterkreises hatten sich dem widersetzt, weil sie dachten, er müsse dazu viel zu große Zugeständnisse machen. Aber schließlich hat Jackie doch gewonnen.
Sie war für eine Normalisierung der Beziehungen zwischen den Vereinigten Staaten und der Sowjetunion. Zum Beispiel gab es 1963 unter den Beratern des Präsidenten einen großen Widerstand gegen den geplanten Verkauf von 150 Millionen Scheffel Weizen an die Sowjets. Jackie sprach sich für den Verkauf aus. Da sie ein gutes Gespür für die Analyse von Verhaltensmustern und gewissermaßen den Instinkt eines Spürhundes besaß, um verborgene Pläne aufzudecken, wußte sie genau, wen sie unter Druck setzen mußte und wie stark. Der Verkauf fand sechs Wochen vor der Ermordung des Präsidenten statt.«
Doch getreu ihrer Rolle als Frau im Hintergrund brüstete sich Jackie nie mit ihren Siegen. Im Gegenteil, sie spielte weiterhin die leichtsinnige Dame von Welt, damit der ganze Verdienst immer John zufiel. Außerdem erinnere man sich daran, daß Jackie hundertmal lieber die Rolle des Bühnenarbeiters als diejenige des Stars spielte.
Alle Mitarbeiter von Kennedy erkennen an, daß Jackie eine bedeutende Rolle gespielt hat. Der Staatssekretär für Verteidigung, Robert McNamara, erklärt: »Jackie ist eine der Frauen, die in unserem Land am meisten unterschätzt werden. In der Politik besitzt sie einen außerordentlichen Scharfsinn. Der Präsident hat sie bei zahlreichen Problemen zu Rate gezogen. Hiermit meine ich keine langen, dramatischen Diskussionen, aber sie wurde über alles, was passierte, informiert und äußerte zu nahezu jeder Frage ihre Meinung.«
Und General Clifton, der Militärattaché des Präsidenten,

fügt hinzu: »In jeder Krisensituation wandte sich JFK an seine Frau, um sie nach ihrer Meinung zu fragen. Gemeinsam unterhielten sie sich dann darüber. Sie sprach nicht mit seinem Team, sondern direkt mit ihm, deshalb wußte niemand davon.«

Im Weißen Haus erliegt John sozusagen zum zweiten Mal Jackies Charme. Er ist überrascht und letztendlich beeindruckt von dieser Frau, die zugleich ein kleines verlorenes Mädchen und ein Kämpfertyp, eine kluge aber auch verletzliche Frau ist, die das nie zeigt. In den letzten Monaten ihrer Ehe kommen sie sich näher. Während einer politischen Mission in Indien, die Jackie auf Johns Bitte hin ganz allein durchführt, äußert sie den Wunsch, die Reliefs der Schwarzen Pagode von Konarak zu sehen, einschließlich dem, auf dem »eine befriedigte Frau, die gleichzeitig mit zwei sehr erregten Männern schläft«, dargestellt ist. Die amerikanischen Funktionäre, die Jackie begleiten, verlieren den Kopf. Was wird man von diesem Besuch denken? Gehört es sich für eine First Lady, pornographische Skulpturen in Augenschein zu nehmen? Der Präsident wird über Fernschreiber unterrichtet. Seine Antwort ist lapidar: »Wo ist da das Problem? Findet ihr, daß sie dafür nicht groß genug ist?«

Anfang 1963 ist Jackie schwanger. Sie beschließt, jede offizielle Tätigkeit einzustellen, um ihr Baby zu schützen. Am 7. August desselben Jahres wird sie von heftigen Bauchschmerzen geplagt und überstürzt ins Krankenhaus eingeliefert. Man macht einen Kaiserschnitt. Es ist ein Junge, der den Namen Patrick Bouvier Kennedy erhält. Patrick nach dem Schutzpatron der Irländer und Bouvier zum Andenken an Black Jack... Wie Caroline, die Caroline Bouvier Kennedy heißt. Jackie vergißt ihren Vater nie.

Leider stirbt das Baby im Alter von drei Tagen. Jackie ist verzweifelt. Doch diesmal ist John an ihrer Seite. Dieses Erlebnis bringt sie einander noch näher. »Es ist schrecklich«, schluchzt Jackie, »aber es wäre noch viel schrecklicher, wenn ich dich verlieren würde.« Sie wird sich noch lange an diese Worte erinnern, die sie nur wenige Wochen vor der tragischen Reise nach Dallas ausgesprochen hat. Jackie ist zu krank, um an der Beerdigung ihres Sohnes teilnehmen zu können, so daß John seinen Sohn ganz allein auf seiner letzten Reise begleitet. Er legt eine Sankt-Christophorus-Medaille, die Jackie ihm zur Hochzeit geschenkt hat, in den winzigen Sarg.

Am 12. September 1963 feiern sie ihren zehnten Hochzeitstag. Wie immer zeigt Jackie nichts von ihrem Schmerz, und zum ersten Mal deutet John in aller Öffentlichkeit so etwas wie eine zärtliche Geste an: Er hält ihre Hand. Eine enge Freundin der Kennedys erinnert sich an diesen Abend. »John überreichte Jackie als Geschenk zum Jahrestag den Katalog des New Yorker Antiquitätenhändlers J. J. Klejman und meinte, sie könne sich aussuchen, was sie wolle. Er las die Liste der Gegenstände laut vor, und obwohl er die Preise verschwieg, seufzte er jedesmal, wenn er auf ein teures Objekt stieß: ›Ich muß sie dazu bringen, sich etwas anderes auszusuchen.‹ Das war sehr lustig. Schließlich entschloß sie sich für ein einfaches Armband. Ihr Geschenk für ihn bestand in einer goldenen Sankt-Christophorus-Medaille, um die zu ersetzen, die er dem kleinen Patrick in den Sarg gelegt hatte, sowie in einem in rotgoldenes Leder eingebundenen Album mit Fotos von den Rosenbeeten des Weißen Hauses vorher und nachher.«

Wieder einmal macht Jackie in Gesellschaft eine gute Figur, aber es kommt nicht von Herzen. Sie kann den Tod ihres kleinen Jungen nicht verwinden und versinkt in trüben Gedanken. Sobald jemand den Namen ihres Babys erwähnt, stockt ihr der Atem, und sie braucht eine ganze Weile, um ihre Ruhe wiederzufinden. Ihre Schwester Lee, die täglich anruft, schlägt ihr vor, zusammen mit ihr und Aristoteles Onassis eine Kreuzfahrt zu machen. Lee, die von ihrem ersten Mann geschieden ist und eine neue Ehe mit dem Prinzen Stanislas Radziwill geschlossen hat, hat zur Zeit ein Verhältnis mit Onassis. Sie hat es sich in den Kopf gesetzt, ihn zu heiraten. Kaum hat sie Onassis von den Problemen ihrer Schwester erzählt, stellt dieser ihr auch schon seine Jacht, die *Christina*, zur Verfügung. Jackie soll sein Gast sein und nach Belieben herumfahren können. Er selbst will an Land bleiben, um keinen Anlaß zum Tratsch zu geben.

Jackie nimmt die Einladung sofort an, besteht aber darauf, daß Onassis sie begleitet. »Ich kann doch nicht die Gastfreundschaft dieses Mannes akzeptieren und von ihm verlangen, an Land zu bleiben. Das wäre zu grausam.« John ist längst nicht so begeistert. Er denkt an die nächsten Wahlen und fragt sich, ob es wohl klug ist, daß sich Jackie offen mit einem Mann zeige, der in seinen Augen ausgesprochen fragwürdig ist. Dieser berufsmäßige und dazu auch noch ausländische Playboy ist ein Emporkömmling, der schon mehrmals wegen irgendwelcher anrüchiger Geschichten mit der amerikanischen Justiz aneinandergeraten ist. »Bist du sicher, daß du weißt, was du da tust, Jackie? Ist dir bekannt, was für einen Ruf dieser Kerl hat? Es reicht schon, daß sich deine Schwester mit ihm zeigt…«

Jackie ist fest entschlossen. Und in so einem Fall kann sie weder Johns politische Zukunft noch der Druck, den er auf sie ausübt, von ihrer Absicht abbringen.

Der Aufenthalt an Bord der *Christina* wird idyllisch. Die *Christina* ist nicht nur das luxuriöseste Kreuzfahrtschiff der Welt (sie ist achtundachtzig Meter lang und hat eine Besatzung von sechzig Mann, darunter ein Orchester), sondern ihr Eigentümer ist auch einer der lebhaftesten und energiegeladensten Männer, die Jackie je kennengelernt hat. Alles begeistert sie: die Bälle, die roten Rosen, die rosafarbenen Gladiolen und der Luxus, der sich in jedem Detail offenbart. An Bord gibt es eine Arztpraxis, einen Schönheitssalon, einen Raum für Filmvorführungen, zweiundvierzig Telefone, eine Masseurin und zwei Frisöre. Vor allem aber ist dort Ari.

»Onassis war großartig«, erzählt ein Gast, »sehr liebenswürdig (ohne förmlich zu wirken), sehr gebildet und außerordentlich gut über alle Ereignisse in der Welt informiert. Ein eindrucksvoller und außergewöhnlich attraktiver Mann. Als schön kann man ihn nicht gerade bezeichnen, aber er war sehr charmant und ungewöhnlich schlau.« Jeden Abend zieht sich Jackie in ihrer Kajüte zurück, um ihrem geliebten Mann einen langen Brief zu schreiben. Sie telefonieren miteinander. Fühlt sich Jackie gefährdet, daß sie so sentimental wird? Man sollte Frauen, die aus großer Ferne ihre Liebe beteuern, immer mißtrauen. Dies verbirgt oft ein Geheimnis, eine Unsicherheit oder eine Beklommenheit, die man mit leidenschaftlichen Beteuerungen kaschieren will. Um den anderen und sich selbst zu beruhigen. Um die Gefahr, die man herannahen fühlt, zu bannen …

Jackie ist hingerissen. Sie hört zu, wie Ari seine Lebensgeschichte erzählt, von seiner Jugend, als er noch in Argentinien für fünfzig Centavos die Stunde als Telefonist gearbeitet hat, von seinen Anfängen im Tabakhandel, durch den er es zum Millionär gebracht hat, von seinem Gespür für den Seehandel, von seiner Heirat mit der Tochter eines reichen griechischen Reeders und von seinem langsamen gesellschaftlichen Aufstieg. Er beschreibt seine Großmutter und ihre orientalische Weisheit. Zu zweit schauen sie auf dem Achterdeck des Schiffes allein den Sternschnuppen zu und unterhalten sich. Sie vertraut sich ihm an. Er hört ihr zu. Bei diesem Mann, der so viel älter ist als sie, fühlt sie sich geborgen. Schon immer hat sie unvorteilhaft aussehende Männer gemocht. Ari wirkt auf sie wie ein Pirat, ein gerissener Seeräuber, der bereits unter allen Flaggen der Welt gesegelt ist. Er versetzt sie in Erstaunen, bringt sie zum Lachen, überhäuft sie mit Schmuck, Geschenken und Zuvorkommenheit. Er liest ihr jeden Wunsch von den Augen ab. Sie wird wieder zu dem kleinen Mädchen, das durch die Stockwerke der großen New Yorker Kaufhäuser gehüpft ist, während ihr Vater an der Kasse auf sie wartete und den Scheck für ihre Extravaganzen unterschrieb. Sie ist weit, weit weg von der schwülen Atmosphäre Washingtons, befreit von der ständigen Kritik an allem, was sie tut. Sie atmet auf, verwindet den Tod ihres Babys und kostet ihre Freiheit aus. Sie ist so glücklich, daß sie die Attacken der amerikanischen Presse, die sich darüber empört, sie so unbekümmert und fröhlich zu sehen, ignoriert. Ein Foto von ihr im Bikini auf der *Chri-*

stina macht Schlagzeile. »Schickt sich ein solches Verhalten für eine Frau, die Trauer trägt?« fragt ein Leitartikler des *Boston Globe*. Ein Abgeordneter erklärt vor dem Kongreß, sie stelle »dadurch, daß sie die verschwenderische Gastfreundschaft eines Mannes, der die öffentliche Meinung Amerikas schockiert hat, annimmt, wenig Urteilskraft und viel Unschicklichkeit« unter Beweis. Das alles ist ihr völlig egal. Sie atmet auf. Sie lacht. Sie aalt sich im Luxus, verschlingt Kaviar, liebkost Diamanten und tanzt. Vergißt. Und kehrt in so strahlender Laune nach Washington zurück, daß sie sich sogar einverstanden erklärt, John zu einem offiziellen Besuch nach Texas im November zu begleiten. Er soll dazu beitragen, das Image des Präsidenten bei den Texanern aufzubessern. Und in schwierigen Situationen kann man immer auf Jackie zählen.

»John hatte wirklich überhaupt keine Lust, hinzufahren«, erzählt Lem Billings, sein ältester Freund. »Und kann man es ihm verdenken? Ich meine, ein Präsident wie Kennedy mußte schon wirklich Mumm haben, um in eine so verrückte Stadt wie Dallas zu fahren. Vielleicht hatte er eine Vorahnung? Letztendlich schien er jedoch ziemlich guter Laune zu sein. ›Jackie wird diesen hinterwäldlerischen Texanern einmal zeigen, was Mode ist‹, witzelte er ganz aufgedreht ...«

»Für deinen Wahlkampf werde ich dir folgen, wohin du willst«, hatte Jackie versprochen.

Sie bat nur um einen geschlossenen Wagen, um gut frisiert zu bleiben. Er verlangte jedoch ein Kabriolett. »Wenn wir wollen, daß die Leute kommen, müssen sie wissen, wo sie uns finden können ...«

X

Am Tag des Staatsbegräbnisses von John Kennedy wirkt Jackie wie eine Königin. Die Fernsehkameras der ganzen Welt richten ihre Objektive auf die 250 000 Personen, die dem Trauerzug folgen. Vor allem aber auf Jackie und die Kinder. Mit Beruhigungsmitteln vollgepumpt, hält sie durch und bietet allen die Stirn. Sie selbst hat alles organisiert. »Dieses Begräbnis war ein Mittel, um Kennedys Bedeutung als politischer Führer und auch die historischen Parallelen zu Abraham Lincoln, Andrew Jackson und Franklin Roosevelt zu verdeutlichen. Der Sarg wurde von derselben Artillerielafette gezogen, die schon 1945 die Leiche Franklin D. Roosevelts zu ihrer letzten Ruhestätte gebracht hatte. Ein reiterloses Pferd mit umgekehrten Stiefeln in den Steigbügeln folgte dem Sarg«, berichtet David Heymann.

Wie das Pferd heißt? Black Jack, wie ihr Vater. Ist es Ironie des Schicksals, das Jackie damit zu verstehen gibt, daß sie beide Männer gleichzeitig »beerdigt«, oder ihr eigener ausdrücklichen Wunsch? Man wird es nie erfahren. Ihre Gefaßtheit erschüttert alle anwesenden Gäste. General de Gaulle, der sich inmitten dieses unglaublichen Spektakels unbehaglich gefühlt hat, legt nach seiner Rückkehr nach Frankreich seinen letzten Willen hinsichtlich seiner Beerdigung fest: keine Prachtentfaltung,

keine vornehmen Gäste, kein Staatsbegräbnis. Nur das absolute Minimum.
Im Weißen Haus treffen achthunderttausend Beileidstelegramme ein. Jackie sieht es als Ehrenpflicht an, wenigstens einen Großteil davon zu beantworten. Ebenso setzt sie alles daran, um aus ihrem Mann einen Heiligen und Helden zu machen, indem sie den Journalisten das Image aufzwingt, das sie seit seinem Einzug ins Weiße Haus sorgfältig aufgebaut hat. Angesichts dieser erschütterten und doch würdevollen Witwe schreiben die Reporter in ihren Artikel wahre Lobeshymnen, die JFK's ewigen Mythos nähren. Erst Jahre später merken sie, in welchem Maße sie sich haben beeinflussen lassen.
Ehe sie das Weiße Haus verläßt, bittet Jackie darum, in ihrem Schlafzimmer neben einer Gedenktafel, die an den Aufenthalt von Abraham Lincoln im Weißen Haus erinnert, eine weitere Tafel anbringen zu lassen, auf der die Worte eingraviert sind: »In diesem Zimmer lebten John Fitzgerald Kennedy und seine Frau während der zwei Jahre, zehn Monate und zwei Tage, in denen er Präsident der Vereinigten Staaten war, vom 20. Januar 1961 bis zum 22. November 1963.«
Jackie verhält sich wie eine echte Schauspielerin und glaubt am Ende sogar selbst an ihre Erfindungen. John wird völlig reingewaschen, ihr gemeinsames Leben in rosige Farben getaucht. Von der Wahrheit will sie nichts mehr wissen. So lehnt sie es zum Beispiel ab, daß die Polizei Nachforschungen über seinen Tod anstellt, aus Angst, dabei könnten auch seine ganzen Frauengeschichten und seine zwielichtigen Beziehungen – die er zum Beispiel zur Mafia unterhielt – zutage gefördert werden. Ihre Detailbesessenheit wird sie nie wieder verlas-

sen. Sie möchte Johns Büro noch einmal sehen, das sie gerade eben erst neu hatte einrichten lassen, aber die Möbelpacker sind schon da gewesen, um das Mobiliar von Lyndon Johnson, dem neuen Präsidenten, aufzustellen. »Es muß sehr hübsch gewesen sein«, wispert sie zu J. B. West.

»Es war sehr hübsch«, antwortet West.

Ihre Assistenten können die Tränen nicht zurückhalten und verlassen schluchzend das Ovale Zimmer. Jackie hält sich kerzengerade inmitten des Kommens und Gehens der Möbelpacker, die die letzten Gemälde aufhängen. »Ich glaube, wir stören«, murmelt sie.

»Und plötzlich«, erzählt J. B. West, »mußte ich an den ersten Tag denken, an dem sie ins Weiße Haus einzog und an dem sie genauso verletzlich, zart und einsam gewirkt hat. Sie schaute sich alles an, erinnerte sich an Johns Büro, an die Fotos von John und Caroline, die an der Wand gehangen hatten, und dann stand sie plötzlich auf und ging hinaus.«

Sie setzen sich in ein anderes Zimmer, in dem nicht so viele Leute sind. Jackie blickt West tief in die Augen, als würde sie dort nach einer ehrlichen Antwort suchen, und fragt ihn: »Meine Kinder ... Das sind doch gute Kinder, nicht wahr?«

»Natürlich.«

»Es sind keine verwöhnten Kinder?«

»Ganz bestimmt nicht.«

»Mister West, wollen Sie ein guter Freund fürs Leben sein?«

Mr. West war zu gerührt, um zu antworten. Er nickte nur mit dem Kopf.

Einige Tage später erhielt er einen langen Brief von

Jackie, der all die vielen kleinen Einzelheiten betraf, von denen man Mrs. Johnson in Kenntnis setzen sollte. »Innerlich mußte ich lächeln. Trotz ihres Kummers dachte Mrs. Kennedy noch an die Aschenbecher, die Kamine und den Blumenschmuck, an all die vielen kleinen Details des Weißen Hauses ...« Als Mrs. Lyndon Johnson Jackies langes Memorandum las, war sie perplex: »Wie kann sie in einem solchen Moment nur an mich und an all diese Kleinigkeiten denken?«

Am Abend von Johns Beerdigung besteht sie gegen den Rat ihrer Umgebung darauf, den dritten Geburtstag ihres Sohnes zu feiern. Zusammen mit ihm bläst sie die Kerzen aus, singt »Happy birthday, John-John«, überreicht ihm seine Geschenke und beobachtet die unbekümmerte Freude ihres Jungen, der noch zu klein ist, um zu begreifen, was vorgeht. Eine Woche später feiert sie Carolines Geburtstag. Das Leben der Kinder soll unbedingt genauso weitergehen wie zuvor. Sie sind noch zu klein, um in Schmerz und Trauer gestürzt zu werden. Jackie hat das so beschlossen.

Dann zieht sie mit Caroline und John-John in ein kleines Haus in Washington um. Sie ist immer noch genauso würdevoll und sich ihrer Rolle als Hüterin des Andenkens bewußt. Immer noch genauso fest entschlossen, Distanz zu wahren. Lyndon Johnson, der neue Präsident, legt großen Wert darauf, sie zu den Diners im Weißen Haus einzuladen. Einerseits, um sie abzulenken, andererseits aber auch, um sie auf seine Seite zu ziehen. Die Wahlen rücken näher, und Jackie ist eine wertvolle Verbündete. Sie wehrt sich jedoch hartnäckig. Sie hat Mr. und Mrs. Johnson die Spitznamen »Colonel Maisbrot und sein kleines Schweinskotelett« gegeben.

Als Lyndon Johnson eines Tages wieder einmal anruft, begeht er die große Unvorsichtigkeit, sie »mein Engel« zu nennen. Wutschnaubend knallt sie den Hörer auf die Gabel. »Wie kann dieser fette, hinterwäldlerische Cowboy es wagen, mich ›mein Engel‹ zu nennen? Wofür hält der sich?«
Als sie ins Weiße Haus einzog, hatte sie die Geschichte fest beim Schopfe packen wollen. Jetzt ist es die Geschichte, die sie in ihren Klauen hält. Mit Johns Tod wurde sie zu mehr als nur einem Symbol: zu einer Legende. Einer Madonnenstatue, vor der sich alle auf die Knie werfen. Touristenbusse parken vor ihrer Haustür, um sie einmal zu sehen; Schaulustige lagern dort, weichen, wenn sie vorbeigeht, zurück wie vor einer wundersamen Erscheinung und versuchen, ihre Kinder zu berühren. Es geht dort zu wie in der Grotte von Lourdes. Sie traut sich nicht mehr, aus dem Haus zu gehen, und lebt völlig zurückgezogen mit Caroline und John-John. Sie vernachlässigt ihre Kleidung, hat Ringe unter den Augen und zuckt beim geringsten Geräusch zusammen. Sie redet völlig unzusammenhängend, geht ihr Leben mit John immer wieder durch. Erlebt den schrecklichen Moment noch einmal, in dem ihr der Chirurg mitgeteilt hat, daß ihr Mann tot sei, daß man nichts mehr tun könne. »Es war zu Ende«, erzählt Heymann. »Sie deckten seine Leiche mit einem weißen Laken zu, das aber zu kurz war, so daß ein Fuß, der noch weißer war als das Laken selbst, herausschaute. Jackie nahm ihn in die Hände und küßte ihn. Dann zog sie das Laken herunter. Sie küßte John auf die Lippen. Seine Augen waren noch geöffnet. Sie küßte auch diese. Sie küßte seine Hände und Finger. Dann ergriff

sie seine Hand und weigerte sich, sie wieder loszulassen.«
Ihre Angehörigen befürchten, daß sie verrückt wird. Sie hat so gut durchgehalten, als die Augen der ganzen Welt auf sie gerichtet waren, und schwankt nun, da sie ohne Zuschauer ist. Einem Freund, der sie eines Tages besuchen kommt, vertraut sie sich an: »Ich weiß, daß mein Mann mir treu ergeben war. Ich weiß, daß er stolz auf mich war. Wir haben viel Zeit gebraucht, um das alles zu erreichen, aber wir hatten es geschafft und wollten dieses gemeinsame Leben gerade voll auskosten. Ich hatte mich darauf vorbereitet, mich an seiner Seite in den Wahlkampf zu stürzen. Ich weiß, daß ich in seinem Leben eine ganz besondere Stellung eingenommen habe. Wie soll man jemandem verständlich machen, was es heißt, im Weißen Haus gelebt zu haben, und sich dann schlagartig allein in einem Haus als Witwe wiederzufinden? Und die Kinder? Die ganze Welt liegt ihnen zu Füßen, und ich habe Angst um sie. Sie sind so gefährdet…«
Die Erinnerung an die letzten Stunden, die sie mit John verbracht hat, läuft immer wieder wie ein schmerzlicher Film in ihrem Kopf ab. Sie macht sich Vorwürfe wegen ihres letzten Streits in Washington, kurz vor der Abreise nach Texas, bei dem sie sich auf ihn gestürzt hatte. Sicher wieder wegen einer Frauengeschichte. Sie erinnert sich auch daran, wie er abends im Flugzeug, das sie nach Texas brachte, an ihre Zimmertür[1] geklopft hat. Sie war gerade dabei, sich vor dem Schlafengehen das

[1] Jackie hatte das Flugzeug des Präsidenten zu einer eleganten und bequemen Wohnung umbauen lassen. Siehe Mary Barelli Gallagher, *My Life with Jacqueline Kennedy*, Michael Joseph, London.

Haar zu bürsten. Er stand auf der Schwelle, die Hand am Türgriff, als sei er verschüchtert und traue sich nicht, hereinzukommen.

»Ja, Jack? Was ist los?«

»Ich wollte nur wissen, wie es dir geht…«

Er trat von einem Fuß auf den anderen, wartete darauf, daß sie ihn auffordern möge, hereinzukommen. Aber sie hatte sich weiter das Haar gebürstet und gleichgültig und nachtragend, weil sie sich noch an die Szene vom Morgen erinnerte, geantwortet: »Es geht mir sehr gut, Jack. Würdest du mich jetzt allein lassen?«

Nie dem Feind eine Blöße geben, seinen Stolz wahren, selbst wenn man sich dem launenhaften Ehemann am liebsten um den Hals werfen würde, sich innerlich beschneiden, damit die Fassade unversehrt bleibt…

Er hatte die Tür wieder geschlossen und war gegangen.

Sie war wütend auf ihn. Wieder einmal. Nicht in der Lage, ihm zu verzeihen. »Wenn ich das gewußt hätte, wenn ich das nur gewußt hätte«, wiederholt sie sich immer wieder weinend.

»Wenn ich das gewußt hätte, hätte ich auch nicht versucht zu fliehen, als er von den drei Kugeln getroffen wurde und blutüberströmt gegen mich fiel. Aber ich habe solche Angst gehabt, daß ich zuerst meine eigene Haut retten wollte.«

Das wird sie sich nie verzeihen, und dieses Bild von sich, wie sie auf allen vieren auf der Kofferraumhaube des offiziellen Wagens herumkroch, sollte sie noch viele Monate lang verfolgen. Sie hat zuerst an sich selbst gedacht! Wie gewöhnlich. Sie hält sich selbst für armselig, feige und unwürdig des schönen Bildes vom perfekten Ehepaar. Diese Erinnerung befleckt und beschmutzt sie,

und es gelingt ihr einfach nicht, sie zu vergessen. Deshalb fängt sie an zu trinken. »Ich ertränke meinen Kummer in Wodka«, vertraut sie ihrer Sekretärin Mary Barelli Gallagher an.
Sie bleibt viele Stunden lang im Bett, nimmt Schlaftabletten und Antidepressiva. Sie spricht von ihrem Mann in der Gegenwart oder in der Zukunft. Hört nicht auf zu weinen. Ihr Schmerz ist so groß, daß sie die ganze Welt dafür verantwortlich macht. Wie kann sie sich einfach weiterdrehen, während sie selbst am Ende ist? Warum hat Lyndon Johnson Jacks Stelle eingenommen? Warum sind nicht alle Frauen Witwen wie sie? Es gibt so viele Idioten, die weiterleben, während ihr John tot ist.
Nach Johns Tod erhält sie von der amerikanischen Regierung eine jährliche Unterstützung von 50 000 Dollar. Sie kann sich nicht vorstellen, mit einem so kleinen Budget auskommen zu können. Von Kennedys Vermögen und den Lebensversicherungen, die ihr Mann für seine Kinder abgeschlossen hatte, hat sie nur die Nutznießung, kann jedoch nicht frei über das Kapital verfügen. Immerhin hat ihr John insgesamt 150 000 Dollar an jährlichen Einkünften hinterlassen. Falls sie noch einmal heiraten sollte, wird diese Summe den Kindern zufallen. Jacqueline, die vierteljährlich bis zu 40 000 Dollar nur bei Einkäufen ausgeben kann, muß sich einschränken. Aufpassen. Ein Budget verwalten. Für sie ist das die Hölle. Geld und Besitz sind die einzigen Dinge, die sie beruhigen. Besitzen, anhäufen, nur um nie wieder die Diskussionen über Geld aus ihrer Kindheit, die Lektionen im Sparen ihrer Mutter und Black Jacks tragischen Konkurs miterleben zu müssen. Luxus, Möbel, Liegenschaften, die Anordnung von Blumen und

Aschenbechern besänftigen sie, bieten ihr Schutz vor dem Unglück. Immer wieder kann man sich fragen, warum die Menschen so böse, knauserig und kleinlich sind. Das geschieht nie zufällig oder aus innerer Überzeugung heraus. Sie haben Angst. Angst davor, ihre Identität zu verlieren. Jackie, die gerade erst begonnen hatte, Selbstvertrauen zu fassen, wird in ihrem Anlauf gestoppt und an den Ausgangspunkt zurückgeworfen. Alles, was sie sich geduldig, die Zähne zusammenbeißend, aufgebaut hat, ist zunichte gemacht. John hat sie erst durch seinen Tod wirklich verlassen. Wie unwichtig waren im Vergleich dazu seine Untreue, seine Distanz und sein eiskaltes Kalkül; er war wenigstens da. Er hat sie beschützt. »Er ist solide wie ein Fels«, sagte sie von ihm. Er hat sie behütet. Es war keine Vernunftehe, wie oft behauptet wurde. Es war die Vereinigung zweier Neurotiker. Er hat eine Frau geheiratet, die seiner Mutter dem Anschein nach sehr ähnlich war, die harte Schläge einstecken konnte, ohne mit der Wimper zu zucken. Sie wiederum hat einen Mann geheiratet, der, ebenfalls dem Anschein nach, ihrem Vater ähnelte und der sie, davon war sie wirklich überzeugt, von der enttäuschten Liebe ihrer Kindheit heilen konnte. Ein Mann, der sie die Wunden ihrer Kindheit so lange neu erleben ließ, bis diese irgendwann einmal heilen würden. Ein Mann, der Black Jack ähnlich war - abgesehen von der Tatsache, daß er sie nie verlassen würde.

Und jetzt war er verschwunden, mit sechsundvierzig Jahren, in der Blüte seiner Jahre, und ließ sie in den Klauen all dieser Wahnvorstellungen zurück.

Sie hadert mit ihm, weil er fortgegangen ist, die schöne Ordnung ihres Lebens gestört und sie wieder in Angst und Schrecken gestürzt hat. Wie hat er ihr, nach allem, was sie ihm gegeben hatte, dies nur antun können? Wie soll eine vierunddreißigjährige alleinstehende Frau mit zwei kleinen Kindern nur mit so wenig Geld zurechtkommen? Im Gegensatz zu ihrer Mutter denkt sie nicht daran, noch einmal zu heiraten. Sie ist viel komplizierter und vielschichtiger als Janet. Sie weiß, daß kein Mann je wieder so bedeutend sein wird wie John. Ihn braucht sie. Er hat ihr gehört. Er hat nicht das Recht gehabt, einfach fortzugehen!

Dann macht sie sich selbst Vorwürfe, weil sie so reagiert, und fällt wieder in die Rolle einer keuschen Jungfrau zurück. Sie ist feinsinnig und zänkisch, pendelt zwischen beiden Extremen hin und her, ohne die gewaltsamen Attacken, die sie in eine Furie verwandeln, unter Kontrolle zu bekommen. Diese Spannung ist bei Jackie immer schon vorhanden gewesen, auf Großzügigkeit folgte nicht selten eine unvorstellbare Kleinlichkeit, aber der Status einer First Lady hatte ihr ein gewisses Gleichgewicht gegeben.

Als Witwe und ohne gesellschaftliche Stellung muß sie jetzt keine Rolle mehr spielen, die sie ablenken könnte. Jene Kontrolle, jene Selbstbeherrschung, in deren Kunst sie es zur Meisterschaft gebracht hat, um das Image zu pflegen, sind beiseite gefegt worden. Etwa so wie der Deckel eines Kochtopfs, in dem eine alte, unterdrückte Wut brodelt, plötzlich herunterfällt.

In solchen Augenblicken verfolgt sie ihre Nächsten. Sie beschuldigt die Dienstboten, sich an ihr zu bereichern, und verlangt von ihrer treuen Sekretärin, ihnen die Leviten zu lesen. Sie ist jetzt arm! Sie kürzt die Gehälter ihrer Mitarbeiter und wettert gegen alle Überstunden. Wenn diese Leute sie wirklich so sehr mögen würden, wie sie es immer behaupten, müßten sie eigentlich fast umsonst für sie arbeiten! Sie müßten zuerst an sie denken, an ihr Unglück, ihre Sorgen, und nicht an die Dollar, die sie aus ihr herausschlagen können. Und dann diese Rechnung, die ihre Leibwächter (sie hat zwei, die ihr von der Regierung zur Verfügung gestellt wurden), die unterwegs ihre kleineren Einkäufe bezahlen, vorgelegt haben, warum ist die so hoch? »Was machen die mit all dem Geld? Mit *meinem* Geld. Sie verprassen es, als würde es ihnen gehören!« Sie bekommt fürchterliche Wutanfälle, schlägt die Türen hinter sich zu und flüchtet sich auf ihr Zimmer, um dort ihr Schicksal zu beweinen. Sie ist ja so unglücklich. Niemand liebt sie, niemand versteht sie. Was soll nur aus ihr werden ohne schützenden Schatten? Sie schluckt Beruhigungsmittel und kippt Gläser mit Hochprozentigem hinunter, legt Fotoalben an wie eine Verrückte. Alben für Blumen, für Porzellan, für Haushaltswäsche und für Möbel. Sie sortiert alle Erinnerungen. Sie hat sogar einen Aktenordner mit dem Titel »Jack« angelegt. Um nichts zu vergessen. Um die Illusion aufrechtzuerhalten. Aber sobald sie auf die Straße geht, kann sie sich der Wahrheit nicht verschließen. Alles erinnert sie an John. Überall hängen Porträts von ihm. Eingerahmte Fotos mit einem schwarzen Band. Fotos, die ihr die Realität vergegenwärtigen: John ist tot. Zerschlagen, verängstigt kehrt sie dann nach Hause zurück. Immer verstörter. Sie weigert sich, in ein Taxi einzusteigen, ehe ihr Leibwächter es nicht bis in den letzten Winkel durchsucht hat.

Das einzige, was Jackie beruhigen kann, ist Geld. Geld und ihre Kinder. Sie wird sich um sie kümmern, wie das jede andere Mutter tun würde. Sie bemüht sich, den Kinder ihre Ratlosigkeit nicht anmerken zu lassen, erzählt ihnen von Papa, zeigt ihnen Fotos, führt sie an Orte, die sie gemeinsam mit John besucht hat. So fahren sie zum Beispiel nach Argentinien, wo Kennedy einmal auf einem Berggipfel einen Stein aufgestellt hat. John-John legt einen Stein auf den seines Vaters. Mehrmals kehrt er zurück, um sich zu vergewissern, daß die beiden Steine noch immer aufeinanderliegen. Für Jackie sind dies Momente des Friedens, die Vergangenheit und Zukunft miteinander versöhnen. Zusammen mit John und Caroline bezwingt sie ihren Schmerz.

Ihre Schwester Lee rät ihr, nach New York zu ziehen. Die Stadt sei viel größer, und sie könne dort anonymer leben. Jackie geht darauf ein und nimmt sich ein Appartement mit vierzehn Zimmern an der Fifth Avenue, das sie bis an ihr Lebensende bewohnen wird. (Sie erwirbt es mit dem Geld, das sie aus dem Verkauf ihres Hauses in Washington erzielt hat.) Sie ändert ihr Leben und wechselt die Freunde. All die Leute, die sie an John und ihren Aufenthalt im Weißen Haus erinnern, will sie nicht mehr sehen. Viele sind deswegen verletzt, gekränkt und beklagen sich über die Rücksichtslosigkeit, mit der sie alle Brücken abbricht. Aber Jackie glaubt, daß dies das einzige Mittel ist, mit ihrer allzu gegenwärtigen Vergangenheit zu brechen, und zögert nicht. Sie denkt zuerst an sich.

So beginnen fünf Jahre, die mit trauriger Untätigkeit ausgefüllt sind. Sie kümmert sich um die John-Kennedy-Bibliothek, unterhält die ewige Flamme oder geht mit dem Kindern und dem Kennedy-Clan, der sie keinen Fingerbreit aus ihrem Griff läßt, schwimmen oder Ski fahren. Auch die Kennedys brauchen das Markenzeichen Jackie. Sie kann ihnen bei Bobs bevorstehender Kandidatur um das Amt des Präsidenten nützlich sein. In ihrer Begleitung pflegt sie das Andenken an John. Außerdem bezahlt Joe Kennedy alle Rechnungen, Bob fungiert als schützender Arm, und Ethel, Joan und Eunice dienen ihr als Anstandsdamen. Im Schutze dieses Clans, den sie früher so gehaßt hat, kann sie Atem schöpfen. Sie ist nicht mehr isoliert: Sie gehört zu einer Gruppe. Dabei denkt sie auch an ihre Kinder. Diese brauchen zumindest die Vorstellung eines Vaters. Bob, dem sie sehr nahesteht, spielt diese Rolle. Wenn er sich in New York aufhält, was oft der Fall ist, da er dort zum Senator gewählt wurde, schaut er fast jeden Abend bei ihr vorbei.

Kennedys Kinder werden, ebenso wie Jackie, von gestörten Personen verfolgt, die die Erinnerung an John wachrufen. »Ich konnte immer noch nicht diese Verrückte identifizieren, die sich Allerheiligen nach der Kirche auf Caroline gestürzt hat. Sie hat das arme Kind angeschrien: ›Deine Mutter ist eine böse Frau, die drei Leute umgebracht hat. Und dein Vater lebt noch!‹ Es war schrecklich, sie anflehen zu müssen, doch aufzuhören.« Oder als Jackie am Jahrestag von Kennedys Tod den kleinen John von der Schule abholt: »Ich bemerkte, daß wir von einer kleinen Gruppe von Kindern, darunter einige Klassenkameraden von John, verfolgt wurden. Auf einmal sagte eines der Kinder so laut, daß wir es gut verstehen konnten: ›Dein Vater ist tot ... Dein Vater ist tot.‹ Sie wissen ja, wie Kinder sind. Nun, an jenem Tag hörte John, wie die anderen immer wieder diesen Satz wiederholten, und sagte kein Wort. Er trat näher an mich heran, nahm meine Hand und drückte sie fest, als versuchte er, mich zu beschützen und mir zu verstehen zu geben, daß alles wieder gut werden würde. Und wir sind mit all den Kindern im Schlepptau nach Hause gegangen.«[2]

Zu dritt bieten sie allem die Stirn, fest verbunden durch ein und dasselbe Unglück. Ein trübsinniges Dreigestirn, das stolz das Haupt erhoben hält. Nicht durchdrehen, nichts anmerken lassen, immer so tun als ob... John prügelt sich auf dem Schulhof mit allen, die ihn necken und zu provozieren versuchen, indem sie ihm den Namen seines Vaters zurufen. Jackie zollt ihm insgeheim Beifall, als der Schuldirektor sie deswegen zu sich bestellt. Sie ist immer da, sie wacht über ihre Kleinen. Sie wacht vor allem darüber, daß sie nicht zu Sonderlingen werden, auf die man mit Fingern zeigt.

»Ich will nicht, daß meine Kinder verwöhnt und ungezogen werden, nur in der Fifth Avenue wohnen und vornehme Schulen besuchen«, schreibt sie einer Freundin in einem Brief, den Kitty Kelley später abgedruckt hat. »Es gibt noch so viele andere Dinge auf der Welt als diesen Kokon, in dem wir leben. Bobby hat ihnen von den Kindern in Harlem erzählt. Er hat ihnen von Ratten erzählt und von den schrecklichen Lebensbedingungen, die es mitten in einer reichen Stadt geben kann. Er hat ihnen von zerbrochenen Fensterscheiben erzählt, durch die die Kälte eindringt, und John ist so erschüttert gewesen, daß er gesagt hat, er wolle arbeiten gehen und sein Geld dafür hergeben, daß man in die Fenster dieser Häuser neue Scheiben einsetzt. Letzte Weihnachten

[2] Diese Erinnerungen von Jackie Kennedy habe ich dem Buch von Kitty Kelley entnommen: *Oh! Jackie*, Buchet-Chastel, Paris.

haben die Kinder aus ihrem schönsten Spielzeug einen Haufen gemacht und es den Armen geschenkt. Ich möchte, daß sie wissen, wie das Leben in der übrigen Welt ist, aber ich will sie auch beschützen, wenn sie es nötig haben, ihnen eine Zuflucht bieten, wenn ihnen schlimme Dinge widerfahren, die anderen Kindern nicht zwangsläufig passieren. Zum Beispiel wurde Caroline von einem ganzen Trupp Fotografen umgerannt, als ich mit ihr Ski fahren war. Wie soll man das einem Kind erklären? Und all die anklagenden Blicke, und die Leute, die mit Fingern auf einen zeigen, und diese Geschichten... Die tollsten Geschichten, an denen kein Wort wahr ist, echte Reportagen, die von Leuten geschrieben wurden, die man nie getroffen, nie gesehen hat. Ich will ja gern glauben, daß sie ihren Lebensunterhalt verdienen müssen, aber wo bleibt da das Privatleben einer Person oder das Recht eines Kindes auf Anonymität?«

Die Belästigungen gehen weiter. Jetzt, wo sie zu einem Mythos geworden ist, verkauft die Presse Geschichten über die Witwe Jackie und wühlt dabei nach schlüpfrigen Details. Zu denen Jackies Leben keinen Anlaß bietet. Doch indem man das Leben einer Nonne erzählt, verkauft man keine einzige Zeitung. Man muß ständig hinzuerfinden, ein Abendessen mit zwei, drei Freunden in ein beginnendes Idyll umdichten oder einen Einkaufsnachmittag in die fieberhafte Vorbereitung auf einen Mann, den sie vor kurzem kennengelernt hat und für den sie sich nun schönmachen will. Und wenn es nichts mehr gibt, was man breitwalzen könnte, befragt man jene Leute, die früher einmal mit ihr zu tun hatten: die Hausmeister, Laufburschen, Taxifahrer und Nachbarn. Bezahlt sie, wenn nötig, um ihr Gedächtnis aufzufri-

schen. Einem Dienstmädchen, das für sie arbeitet, rutscht vor einem Journalisten heraus, daß Mrs. Kennedy eine Diät mache. Jackie entläßt sie auf der Stelle. Sie hat den Eindruck, daß man ein gewaltiges Komplott gegen sie und ihre Kinder geschmiedet habe und daß diejenigen, die John umgebracht haben, jetzt auch sie vernichten wollen. Doch je eifriger sie versucht, ihr Leben abzuschirmen, desto mehr schürt dies die Neugier. Ihre Zurückgezogenheit wird zu einem Geheimnis, das enthüllt werden muß, ihre Einsamkeit wird zu einem Schwindel und ihre Würde zu einem Betrug.
Sie versucht, dieser verhängnisvollen Verleumdungskampagne dadurch zu entgehen, daß sie mit oder ohne Kinder lange Ausritte auf dem Lande macht. Sie bringt John das Reiten bei und überwacht Carolines Fortschritte. Oder sie galoppiert allein durch die Wälder, glücklich, frei und unbeschwert. Spazierritte waren für Jackie immer schon eine Erholung, ein Mittel, um wieder Atem zu schöpfen. Sie liebt das flache Land, die Natur und das Alleinsein. Außerdem unternimmt sie häufig Auslandsreisen. Sie fährt jedoch nie allein. Oft nimmt sie die Kinder mit; wenn diese in New York bleiben müssen, um die Schule nicht zu versäumen, fährt sie mit Freunden. Es genügt, daß sich darunter ein alleinstehender, geschiedener oder verwitweter Mann befindet, und schon gehen die Mutmaßungen wieder los. Wer ist dieser attraktive Spanier, mit dem man sie bei einem Stierkampf in Spanien gesehen hat? Hat sie für ihn die Stierkämpferjacke übergezogen, um zu Pferde durch die Arena zu ziehen? Und dieser Lord Harlech, der sie schon *zweimal* auf einer Vergnügungsreise begleitet hat? Wird sie ihn heiraten?

Kein Journalist kann allerdings erraten, daß es sich bei diesen Reisen oft nur um getarnte Missionen handelt. Nach JFK's Tod macht sich die amerikanische Regierung Jackies Charme und Wirkung zunutze, indem sie ihr öfter eine vertrauliche politische Mission anvertraut, die als Privatreise getarnt wird. Jackie wird als Botschafterin vorgeschickt, um das Terrain zu erkunden und dem Freund-Feind, mit dem die Regierung verhandeln möchte, auf den Zahn zu fühlen. Wenn sie einen »Galan« mitnimmt, dann nur, damit die Presse nichts wittert. Man spricht von einer verliebten Eskapade, von einer bevorstehenden Hochzeit. Und schon hat es geklappt. Das Ablenkungsmanöver ist geglückt!
Um so leichter, als Jackie gern in Gesellschaft ist. Sie weiß die Begleitung eines oder mehrerer Kavaliere, die ihr zu Füßen liegen, zu schätzen. Sie kostet es aus, ihren Kreis schüchterner Verehrer zu haben. Die Bewunderung eines Mannes stärkt sie. Sie benutzt ihn als Vertrauten, neckt ihn, zeigt sich einmal grausam, dann wieder zärtlich, läßt ihn spüren, wie intelligent und bedeutend er ist, ohne ihm je etwas zuzugestehen. Sie spielt die Rolle einer jener frechen und koketten Frauen des achtzehnten Jahrhunderts, das sie so liebt. Zahlreich sind diejenigen, die geduldig darauf warten, daß die Königin sich hingeben möge, ohne es jedoch zu wagen, Forderungen zu stellen. Sie hoffen demütig. Jackie ist immer von einem Hofstaat umgeben gewesen, der von ihr fasziniert war. Man erinnere sich daran, wie sie als kleines Mädchen die neugierigen, sehnsuchtsvollen Jungen aufgefordert hat zu erraten, an welches Lied sie gerade dachte. Oder wie sie an der Universität schüch-

ternen Studenten den Kopf verdreht hat, um dem Taxifahrer anschließend zu befehlen, den Zähler weiterlaufen zu lassen. Sie vergewissert sich gern, daß ihr Charme und ihre Verführungskraft intakt geblieben sind. Sie steht gern im Mittelpunkt des Interesses, spielt den Star und macht sich dann aus dem Staub. Sieht man nichts, bekommt man nichts! Männerblicke sind ihr Lebenselixir … für einen kurzen Augenblick, von Zeit zu Zeit. Aber sie träumt von Verehrern, die unnahbarer, schwieriger sind. Von Männern, die ihr eine harte Nuß zu knacken geben. Doch keiner kann Kennedy das Wasser reichen.

Im Grunde braucht sie einen Mann, auf den sie sich stützen kann. Einen großen, starken, verantwortungsbewußten und mächtigen Mann. Einen wie John. Nicht unbedingt einen Liebhaber, sondern jemanden, der ihr zuhört, der sie tröstet und sich um sie kümmert. Sie hat immer im Schatten eines Mannes gelebt: zunächst in dem ihres Vater, dann in Onkel Hughies Schatten und schließlich in dem ihres Mannes. Sie will das Unmögliche zustande bringen: eine unabhängige Frau sein, die niemanden nötig hat, und mit einem Mann zusammenleben, der sie beschützt und sie beruhigt. Aber ist dies nicht das Dilemma aller moderner Frauen? Sie träumen von einem Märchenprinzen, der sie wie eine Prinzessin behandelt; gleichzeitig aber starten sie eine Karriere, verdienen ihren Lebensunterhalt selbst und wollen tun und lassen, was ihnen gefällt. Sie beklagen sich, daß es keine echten Männer mehr gibt, weil sie keinen finden, der beide Rollen gleichzeitig spielen kann: einerseits Prinz aus Tausendundeiner Nacht und andererseits freizügiger, verständnisvoller

Liebhaber. Dieses weibliche Wunschdenken richtet einigen Schaden an und treibt beide Geschlechter in eine unwiderrufliche Isolation. »Es gibt keine echten Männer mehr«, sagen die Frauen aufgebracht. »Wir verstehen die Frauen nicht mehr«, hallt das Echo der Männer zurück. »Was wollen die eigentlich?« Eine Wunschvorstellung, die die Männer mißtrauisch und die Frauen wütend und traurig macht. Es war auch Jackies Wunschvorstellung. Gerade hierin ist ihre Persönlichkeit absolut modern. Ende der sechziger Jahre lassen sich die Frauen noch in gute Ehefrauen, gute Mütter und Abenteurerinnen einteilen. Sie will alle drei auf einmal sein.

Sie entstammt einem Milieu und einer Zeit, in der alle finanzielle und politische Macht in den Händen der Männer liegt. Die Frauen haben passiv zu sein. Jackie lehnt diese Unterwerfung ab und sucht sie unbewußt doch immer. Sie verlangt einerseits völlige Freiheit, während sie andererseits beschützt werden möchte... aus der Ferne.

Sie sucht bei Bob Kennedy Zuflucht. Er ist genauso stark wie ihr Mann. Er hat sie immer unterstützt, hat nie ihre Hand losgelassen und ist nun plötzlich das Oberhaupt der Familie. In ihrer Beziehung liegt nichts Zweideutiges, obwohl manche behaupten, sie hätten ein Verhältnis miteinander gehabt. Er ist einfach da. Er ist ihr Bezugspunkt. Er berät sie, wacht über sie und die Kinder und schränkt ihr Privatleben in keinster Weise ein. Sie vertraut ihm, spricht mit ihm; er hört ihr zu, sagt seine Meinung, und sie befolgt seine Ratschläge.

Für ihn übernimmt Jackie wieder die Rolle einer Kennedy-Frau. Auf dem Konvent der Demokraten im Jahre

1964, auf dem sie Bobs Bewerbung um die Präsidentschaft unterstützt, erweist sie sich als einer seiner wichtigsten Anhänger. »Einmal Kennedy, immer Kennedy.« Sie macht Wahlkampf an seiner Seite und löst dabei Massenhysterien aus. Eines Tages geht unter dem Druck ihrer Fans die Fensterscheiben des Salons kaputt, in dem sie gerade den Abgeordneten die Hände schüttelt. Jackie ist eine bedeutende Verbündete.

Aber sie langweilt sich. Sie ist deprimiert. Wenn sie nicht auf einer Kreuzfahrt entflieht, verbarrikadiert sie sich in ihrer Wohnung, um zu lesen. Als sie den sowjetischen Dichter Jewgeni Jewtuschenko bei sich empfängt, ist dieser hinterher verblüfft über ihre Kenntnis der russischen Literatur. Sie studiert Alexander den Großen, Cato und Juvenal, kümmert sich um John und Caroline, besucht einen Psychoanalytiker, ist in ihrer eigenen Legende gefangen. Aber man wird nicht in wenigen Monaten von so vielen Jahren der Angst befreit. Vor allem nicht Jackie, die sich nie jemandem anvertraut und alles für sich behält. Sie beginnt im Kennedy-Clan zu ersticken. Sie gibt weiterhin wie besessen Geld aus und schickt ihre Rechnungen an Joe, der sich, durch seinen Schlaganfall geschwächt, nicht mehr so durchsetzen kann wie früher. Bei jeder Rechnung rümpft Rose die Nase. Man erinnere sich daran, daß die Kennedys ungeheuer geizig sind. Ihr Vermögen dient dazu, politische Kampagnen zu finanzieren, aber nicht all den Firlefanz, den sich Jacqueline, ohne zu überlegen, kauft. Wenn sie sich sträuben zu bezahlen, greift sie zur Erpressung: Ich unterstütze Bob und halte die Standarte der Familie hoch, und als Gegenleistung erhalte ich freien Zugang zu euren Dollar. Sobald sie sich in die Enge getrieben fühlt, versucht Jackie, die Dinge in ihrem Interesse zu beeinflussen. Man darf ihr nie Fesseln anlegen. Sonst wird sie bockig. Dann ist es ihr völlig gleich, ob sie recht hat oder nicht. Eine Hand wäscht die andere. Niemand darf sie ungestraft ausnutzen.

Es gibt noch einen anderen Mann, verborgen im Hintergrund. Auch er will das Markenzeichen Jackie für sich gewinnen, um dadurch sein Image des alten Freibeuters mit den schmutzigen Händen aufzupolieren. Er heißt Aristoteles Onassis. Mit ihm hat sie kurz nach dem Tod ihres Söhnchens eine unvergeßliche Zeit auf der *Christina* verbracht. Damals hat sie sich gehenlassen. Vielleicht hat sie sogar mit ihm geflirtet, um sich anschließend wieder zusammenzureißen und zu den Pflichten einer Präsidentenfrau zurückzukehren. Als alter Frauenheld hat Ari Jackies schwachen Punkt erkannt, ihren unersättlichen Hunger, alles kennenzulernen, alles zu besitzen, ihre königliche Haltung und ihre kleinmädchenhaften Kapricen, ihre Härte und ihre Furcht. Diese Widersprüche haben ihn gerührt. Sie machen ihm keine Angst. Im Gegenteil, er fühlt sich in der Lage, sie zufriedenzustellen. Er ist davon überzeugt, daß er der einzige Mann der Welt ist, der sie glücklich machen kann. Während Johns Beerdigung wurde er zusammen mit den engsten Vertrauten und den Familienangehörigen im Weißen Haus untergebracht. Seitdem wartet er. Er hat Jackie nie aus den Augen verloren und hat sich in ihren engsten Freundeskreis eingeschlichen. Ohne je etwas zu verlangen. Er macht ihr lange und geduldig den Hof, zumal er gleichzeitig ein leidenschaftliches Verhältnis mit der Callas hat. Er hat es nicht eilig:

Er kennt die komplexe Persönlichkeit seiner Beute. Er weiß, daß man sie auf gar keinen Fall drängen darf. Er stellt ihr seine Schiffe, seine Flugzeuge und sein Geld zur Verfügung. Entzückt läßt sich Jackie den Hof machen, ohne je etwas zu verlangen. Sie profitiert ganz einfach von einigen luxuriösen Annehmlichkeiten, die er ihr großzügig einräumt. Ein Flugzeug, ein Schiff, einen Aufenthalt auf einer sonnenverwöhnten Insel. Er erweist sich als sehr diskret, taucht nie in der Öffentlichkeit auf, so daß niemand den Mann bemerkt, durch den es schließlich zu einem Skandal kommt. Einige Male gehen sie gemeinsam in New York essen. Er steht ihr sehr nahe und gibt sich gleichzeitig äußerst distanziert. Bemerkt so ganz nebenbei, daß er daran denkt, sie zu heiraten. Daß er glücklich wäre, wenn sie einverstanden wäre. Sie antwortet nicht, behält sein Angebot aber im Gedächtnis. Merkwürdigerweise berichten die Journalisten nie über ihre Begegnungen. Sie finden ihn für Jackie zu alt, zu flegelhaft, zu strauchdiebartig. Ihre Prinzessin muß einen Prinzen heiraten. Einen Amerikaner natürlich und dazu aus gutem Hause. Groß, blond, gutaussehend und proper. Alle liegen sie voll daneben: Jackie mag Strolche, Ganoven und Spitzbuben, die nur ihr eigenes Gesetz kennen und nicht makellos aussehen. Black Jack, Joe Kennedy, John Kennedy, das sind ihre Idole. Alle mittelmäßigen und grundanständigen Männer, die die Spielregeln beachten, findet sie sterbenslangweilig.

Heimlich besucht sie ihn auf Skorpios. Eine Insel! Ihr Traum! In vollkommener Ruhe und im Luxus von der Welt abgeschnitten sein! Mit einigen Dutzend Paar Schuhe an den Füßen, fünfzig Dienstboten und Büchern, die sie verschlingen kann! Sich in ein Schultertuch wickeln, barfuß und in Jeans leben, sich in einer herrlichen Umgebung Tee servieren lassen, allein sein, unerreichbar, Aquarelle malen, Freunden schreiben (Jackie ist eine große Briefeschreiberin), während sich die Kinder im Swimmingpool tummeln und nichts zu befürchten haben, und Ari, der von Zeit zu Zeit vorbeikommt und jedesmal ein kleines Geschenk mitbringt. Die Möglichkeit, rasch mit einem Privatflugzeug fliegen zu können, wohin sie will, zu sehen, wen sie will und solange sie will. Das entspricht ihrer Vorstellung von Glück.

Sie trifft sich auch in Paris mit ihm, in der Avenue Foche. Er räumt ihr ein unbegrenztes Budget ein, um alle Modeschöpfer, Luxusgeschäfte, Frisöre und Masseure abzuklappern. Er macht nie eine Bemerkung über die anderen Männer, die Jackie trifft. Er weiß genau: Von denen wird keiner das Rennen machen. Sie schüchtert andere viel zu sehr ein, als daß irgendein Dahergelaufener es wagen könnte, sich ihrer zu bemächtigen. Jackie entscheidet, macht Avancen und lehnt ab. Wenn sie in diesen fünf Jahren irgendwelche Abenteuer gehabt haben sollte, so dringt davon beinahe nichts in die Öffentlichkeit vor. Es handelt sich immer um kurze, verschwommene Geschichten, bei denen Jackie schon das Wort »Ende« geschrieben hat, ehe sie angefangen haben. Während die Männer betäubt und frustriert mit dem Gefühl, nur benutzt worden zu sein, zurückbleiben.

Als man Onassis im März 1969 fragt, was er von Jacqueline Kennedy hält, spricht er die rätselhaften Worte: »Sie ist eine Frau, die völlig falsch verstanden wird. Vielleicht sogar von sich selbst. Sie wird als Musterbeispiel an Schicklichkeit, Beständigkeit und all den anderen langweiligen amerikanischen weiblichen Tugenden dargestellt. Man bräuchte einen kleinen Skandal, um sie aufzumuntern. Die Leute empfinden gern Mitleid mit gefallener Größe.«

Alarmiert schickt die Familie Kennedy eine Abordnung zu Jackie, um sie anzuflehen, sich wenigstens bis zur Präsidentschaftswahl, bei der Bob eine gute Chance hat zu gewinnen, nicht öffentlich mit Onassis zu zeigen. Jackie gibt zu, daß sie daran denkt, wieder zu heiraten. »Und warum nicht ihn?« fragt sie mit ihrem leisen Kinderstimmchen und amüsiert sich über das ausgelöste Entsetzen. Das wäre vielleicht gar keine schlechte Idee. Sie ist gezwungen, wispert sie, einen mächtigen Mann zu heiraten, sonst würde der arme Freier, egal, um wen es sich dabei handelt, immer für einen Mister Kennedy gehalten. Sie flehen sie an, wenigstens noch acht Monate zu warten. Das ist doch nicht zuviel verlangt...

Jackie muß sich ihren Argumenten beugen. Dabei denkt sie vor allem an Bob und dessen Zukunft. Sie will später entscheiden, ob sie das Angebot von Onassis annimmt oder nicht. Im Grunde hat sie ihre Entscheidung noch nicht getroffen. Sie zögert. Sie weiß, daß sie einen Skandal verursachen wird. Wie damals, als sie den Wettbewerb von *Vogue* gewonnen hatte und ins Ausland ziehen, arbeiten und unabhängig sein wollte. Ebenso wie vor siebzehn Jahren ist ihre Mutter strikt gegen diese neue Heirat. Ihre Schwester Lee ist dafür. Aber Jackie hat sich geändert. Tief im Innern weiß sie auch, daß sich so eine Chance, frei, unabhängig und ihrer ganzen Umgebung entledigt zu sein, kein drittes Mal bieten wird. Sie ist es leid, für die Kennedys nur ein Tauschobjekt, für ihre Mutter eine achtbare Frau und für alle Schaulustigen eine Ikone zu sein. Sie hat Lust, auf eigenen Füßen zu stehen. Noch einmal wird man ihr die Flügel nicht stutzen. Und doch ändert sie ihre Meinung, nachdem sie sich alles noch einmal gut überlegt hat. Die Familien atmen erleichtert auf. Onassis, der nicht nachtragend ist, beteiligt sich an der Finanzierung von Bobs Wahlkampagne.

Am 6. Juni 1968 wird Bob Kennedy ermordet. Für Jackie bricht erneut eine Welt zusammen. Nach Bobs Tod wird sie wieder von ihrer alten Furcht gepackt. Solange er da war, hatte sie sich beschützt gefühlt. Aber jetzt... Wer wird sie jetzt bei den Kennedys verteidigen? Bestimmt nicht Ted, das Nesthäkchen der Familie, auf den selbst seine nächsten Verwandten keinen müden Dollar wetten würden. Bei wem soll sie jetzt Rat suchen? Bei einem dieser vernarrten Verehrer, die sie an der Nase herumführt? Ganz bestimmt nicht.

Sie erlebt den Mord von Dallas ein zweites Mal, und ihre Alpträume kehren wieder. Johns zerschmetterter Kopf liegt auf ihrer Schulter. Sie sieht sich wieder blutbefleckt auf allen vieren über die Kofferraumhaube des Wagens kriechen. Nie wieder so etwas! Entsetzt und erschüttert erklärt sie: »Ich hasse Amerika. Ich will nicht, daß meine Kinder weiterhin hier leben. Ich will dieses Land verlassen.« Der Name der Kennedys ist verflucht. Ihre Kinder sind die nächsten auf der Liste. Ihr Entschluß steht fest: Sie wird Onassis heiraten. Mehr als alles andere hat sie ein Bedürfnis nach Sicherheit, sie will nicht länger zurückgezogen und gehetzt leben. Außerdem gesteht sie einer Freundin: »Ich liebe Männer mit großen Füßen, die schwerer sind als ich.« Er ist zweiundsechzig. Für sie ist das ideal: Ältere Männer haben sie immer schon fasziniert. Warum also nicht Onassis?

Sie nimmt den Telefonhörer in die Hand und ruft Onassis an. Er ist einverstanden. »Prima«, antwortet er. Er hat sich gerade erst von seinem Arzt gründlich untersuchen lassen, alles ist in Ordnung. Er wird ein feuriger Gemahl sein!

Der treuen Nancy Tuckerman, die ihre Privatsekretärin geblieben ist und die die einzige Frau ist, der Jackie auf ihre Weise nahesteht, gesteht sie: »O Tucky, du ahnst gar nicht, wie allein ich mich in all den Jahren gefühlt habe!«

Diese merkwürdige Ehe läßt sich jedoch schon sehr merkwürdig an. Die Familie Kennedy hat nicht vor, ihre berühmte Witwe für einen Spottpreis herzugeben. Mit Ausnahme von Rose, der Königinmutter, die Jackie eher erleichtert davonziehen sieht. »Das kann nicht länger so weitergehen«, verkündet sie eines Tages Jackies Mutter. »Ihre Tochter muß lernen, einen anderen Lebensstil anzunehmen. Mein Mann kann nicht länger jede einzelne ihrer verrückten Launen finanzieren ...«

Ted Kennedy nimmt die Sache in die Hand und fährt mit Jackie nach Skorpios, um über den Heiratsvertrag zu reden. »Ich habe keine Mitgift erwartet, und ich habe auch keine bekommen«, erklärt Onassis lachend einigen Freunden. Schlimmer, er muß ein echtes Lösegeld bezahlen, um Jackie heiraten zu können. Die Kennedys und ihre Rechtsanwälte verlangen eine astronomische Summe: zwanzig Millionen Dollar. Onassis wird wütend und handelt sie auf drei Millionen herun-

ter. Plus eine Million für jedes Kind. Im Falle einer Scheidung oder im Todesfall erhält Jackie 250 000 Dollar jährlich auf Lebenszeit plus zwölf Prozent von der Erbschaft. Das ist schon kein Heiratsvertrag mehr, sondern ein Kaufvertrag. Während Ted Kennedy und seine Männer alles Punkt für Punkt mit Onassis durchsprechen, entfernt sich Jackie. Das ist nicht ihr Problem. Sollen die doch zurechtkommen! Obwohl sie weiß, daß sie viel wert ist. Sie wird sich nicht verschleudern lassen. Ihr ist bewußt geworden, was für einen Ruf sie hat und daß ihr Name sein Gewicht in Gold wert ist. Im Büro von Onassis weist man Ari darauf hin, daß er sich für diese Summe auch einen brandneuen Öltanker hätte zulegen können. Nun hat Jackie ihren Spitznamen, den sie auch behalten wird. Für die Sekretäre von Onassis ist sie in Zukunft »der Riesentanker«. Das Codewort. Ari weiß das und findet es lustig. Während der ganzen Verhandlungen sehen sich Jackie und Ari kaum. Ari schickt ihr Rubine und Diamanten: Insgesamt wird er ihr in ihrer Ehe Schmuck für fünf Millionen Dollar schenken.
Die Hochzeit wird am 20. Oktober 1968 auf Skorpios gefeiert. Caroline und John sind dabei, blaß und verkrampft. John starrt auf seine Schuhe, und Caroline läßt die Hand ihrer Mutter keinen Moment los. Die Kinder von Onassis und seine Familie spielen die Beleidigten. Es regnet. Janet Auchincloss und der gute alte Onkel Hughie sind da, weil man das Gesicht wahren und wenigstens einen Anschein von Familienzusammenhalt zeigen muß. Die meisten von Jackies Freunden haben sich geweigert zu kommen. »Aber Jackie, Sie werden von Ihrem Podest gestoßen, wenn Sie diesen Mann heira-

ten!« hat eine von ihnen zu ihr gesagt. »Das ist immer noch besser, als daß ich zur Statue erstarre«, hat Jackie geantwortet.

Die ganze Welt ist schockiert. Die Madonnenfigur hat sich verkauft. Für eine Handvoll Dollar. Die Hochzeit bestimmt in großer Aufmachung die Titelseiten sämtlicher Zeitungen und ist jedesmal mit entsetzten Ausrufezeichen versehen. »Jackie heiratet einen Blankoscheck!« lautet die Schlagzeile einer englischen Zeitung. »Amerika hat eine Heilige verloren!« ruft ein deutsches Magazin. »Hier herrscht Wut, Bestürzung und Fassungslosigkeit!« erklärt die *New York Times.* »John Kennedy starb heute zum zweiten Mal!« jammert *Il Messaggero.* »Trauer und Schande!« lautet der Aufschrei von *France-Soir.*

Jackie ist das egal. Sie ist frei, frei zu leben, wie sie will. Schluß mit dem Kennedy-Clan! Schluß mit der kritischen, herablassenden Haltung ihrer Mutter! Schluß mit den Hirngespinsten der Journalisten: Sie hat den reichsten, den mächtigsten Mann der Welt geheiratet. Nun fürchtet sie nichts und niemanden mehr. Sie erlebt einen neuen Traum mit einem neuen Vater. Sie muß fünf Jahre voller Frustrationen nachholen. Frei! Frei! Frei! Ari ist ein vielbeschäftigter Mann, der seine Zeit nicht damit vergeudet, sich nach ihr zu verzehren und ihr das Händchen zu halten. Er ist lustig und attraktiv. »Schön wie Krösus«, sagte einmal die Callas, um hinzuzufügen, als sie die Neuigkeit erfuhr: »Jackie hat schließlich doch noch einen Großvater für ihre Kinder gefunden.«

»Jeden Tag sortierten die Leibwächter der Kinder erst einmal die Briefe mit Beschimpfungen aus, die bündelweise in ihrer Wohnung in der Fifth Avenue eintrafen. Die Fernsehkommentatoren verurteilten Jackies Geldgier. Und einige Leitartikler prangerten die ehemalige First Lady sogar als Vaterlandsverräterin an«, erinnert sich David Heymann.

Einige verteidigten sie, wie zum Beispiel Romain Gary, der in der Zeitschrift *Elle* ein schwungvolles Plädoyer zugunsten der neuen Mrs. Onassis hielt. Hier ein Auszug daraus: »Der Fall Jacqueline Onassis fesselt mich sehr, weil er ein Schlaglicht auf einen der seltsamsten Aspekte unserer Zivilisation wirft: daß die öffentliche Meinung in Zusammenarbeit mit den Medien Mythen und Wunschbilder erzeugt, die oft kaum noch einen Bezug zur Realität haben. Die Jacqueline Kennedy, wie die ganze Welt sie kennt, hat nie existiert. Als ausgelassenes Mädchen der amerikanischen Oberschicht hatte sie einen gutaussehenden, außerordentlich reichen jungen Mann aus ihren Kreisen geheiratet, der ›zufällig‹ – das möchte ich hier besonders betonen – auch ein Politiker war. Zum Zeitpunkt ihrer Eheschließung war Senator Kennedy mehr ein Playboy als ein Politiker. Man verlangt von ihr, eine bewundernswerte Witwe zu sein, die der tragischen Größe von Kennedys Schicksal bis in den Tod hinein treu bleibt. In den Augen der nach beispielhafter Schönheit dürstenden Welt wird ihre Ehe rückwirkend zu einem Sinnbild des Glücks, das durch ein verhängnisvolles Ereignis zerbrochen wurde. Treue bis in den Tod, Treue zum Kennedy-Clan, Treue zum Wunschbild, das wir uns geschaffen haben. Zur großen Befriedigung unserer eigenen Moralvorstellungen verlangen wir von ihr, ›sich angemessen zu benehmen‹. Solange es sich um andere handelt, kommt nichts unserem Bedürfnis nach vorbildhaften Beispielen gleich. Die kleine Marquise hatte jedoch Lust, all denen, die sich im Theater kaum noch Racine und Corneille anschauen und die bei Shakespeare gähnen, die sich aber weiterhin von ›der Schönheit eines großen Unglücks‹ faszinieren lassen, einmal ›Jetzt reicht's‹ ins Gesicht zu brüllen. Natürlich ist da außerdem noch Onassis. Warum gerade Onassis? Zunächst einmal sei es mir hier gestattet – *mea culpa* –, daß ich für Onassis nicht jene wohlmeinende Verachtung empfinden kann, die heutzutage mehr oder weniger von allen gern zur Schau gestellt wird, vielleicht, weil sie sich dem Milliardär gegenüber auf billige Art eine ›qualitative‹ Überlegenheit beimessen wollen. Alles in allem ist mir ein Straßenverkäufer von Zigaretten, der barfuß aus der Türkei kam, um Milliardär zu werden, lieber als ein reiches Muttersöhnchen, egal ob es nun ›rebellisch‹ ist oder nicht, oder als ein Lord, der durch väterliche Macht und die Kraft der Traditionen in einen sozialen Status erhoben wurde, der ihm ›von rechts wegen‹ zusteht. Wir haben nicht das Recht, einen Menschen lediglich aufgrund seiner Armut oder seiner Milliarden zu verurteilen. Wir sind alle in irgendeiner Weise ›Emporkömmlinge‹; zumindest diejenigen, die aus ihrem Leben etwas gemacht haben. Gewiß, unser Grieche war oder ist der Eigentümer des Kasinos von Monte-Carlo, aber Fürst Rainier und seine Ahnen waren das auch. Was würden Sie denn machen, wenn Sie eine entzückende kleine Marquise wären, die Sonne, Meer und Reisen liebt, die nach Sorglosigkeit dürstet und die vor allem die Nase voll hat von griechischen Tragödien? Sie heiraten einen Griechen ohne Tragödie. Wenn Sie historische Größe, Mythos, blaues Blut und

Ansehen nehmen, und dann das genaue Gegenteil davon suchen, werden sie höchstwahrscheinlich auf Aristoteles Onassis stoßen. Wenn Sie im Schatten eines sehr mächtigen Mannes gelebt hätten, würden Sie sich auch wieder einen sehr mächtigen suchen, der nun allerdings in Ihrem Schatten leben muß. Wenn Sie als Frau nie verhätschelt wurden, da Ihr berühmter Mann immer anderes zu tun hatte, würden Sie diesmal auch einen Mann heiraten, der Ihnen sein ganzes ungeheures Vermögen vor die Füße wirft; einen Mann, für den Sie die glorreiche, unverhoffte und triumphale Krönung wären. Er wird unsere entzückende Marquise zu einer echten Königin machen ...«

Danke Romain Gary. Danke, Pierre Salinger, der Jackie schrieb, »daß sie damit schließlich niemandem schadet und daß sie tun und lassen kann, was sie will«. Danke, Elizabeth Taylor, die erklärte: »Ich finde Ari charmant und zuvorkommend. Ich denke, Jackie hat eine ausgezeichnete Wahl getroffen.« Danke, Ethel Kennedy, deren Glückwunschtelegramm mit dem Satz endete: »Haben Sie keinen kleinen Bruder, Ari?«

Danke schließlich auch dem alten Joe Kennedy, der, als ihm die geplante Ehe seiner Lieblingsschwiegertochter mit dem alten Freibeuter (der ihm merkwürdig ähnlich war) zu Ohren kam, sich in Jackies Wohnung bringen ließ und ihr, obwohl gelähmt und außerstande zu reden, in kodierten Zeichen seinen Segen gab!

Warum soll man nicht das Recht haben, sich von Reichtum überwältigen zu lassen, wie man sonst von Schönheit oder Intelligenz überwältigt wird? Alle Zeitschriften sind voll von »Persönlichkeiten«, die in Wirklichkeit nicht die geringste Charakterstärke besitzen, von Män-

nern mit schönen, leeren Gesichtern, bei deren Anblick alle Frauen in Verzückung geraten. Solche Typen blickt Jackie nicht einmal an. Als sie mit zwanzig Jahren Schlange gestanden hat, um ihr damaliges Idol zu sehen, geschah das für die wunderschönen Augen von ... Winston Churchill! Die Phantasie wird von seltsamen Dingen gespeist, die oft alles andere als ehrbar sind. Man erinnere sich nur an die Bemerkung von Colette: »Ich sehne mich sehr nach einem unwürdigen Mann.« Bei Jackie versetzen Geld und Macht das Blut in Wallung und nicht Schönheit oder Jugend. Ist das ein Fehler?
Und wer sagt uns denn, daß ihre Geschichte nicht als echte Romanze begonnen hat? Schließlich war sie nicht gezwungen, Ari zu heiraten. Wenn sie es getan hat, wenn sie der öffentlichen Meinung getrotzt und ihre beiden Kinder all dem ausgesetzt hat (was bei ihr etwas heißen will), dann nur, weil sie tief im Innern Lust dazu hatte und weil sie angesichts dieses verrückten und unerklärlichen Verlangens sich lieber ergeben als Widerstand geleistet hat.
Larry Newman, ein Journalist, der auf Cape Cod Jackies Nachbar war, sah sie, wie sie »Hand in Hand die Straße hinaufgingen, ein paar Tanzschritte andeuteten und spielten wie kleine Kinder. Ich habe sie essen sehen – gegrillten Fisch mit Champagner – und sie schienen dabei sehr glücklich zu sein. Ich sagte mir: ›Ist das nicht großartig, daß sie endlich jemanden gefunden hat, mit dem sie das Leben teilen kann?‹ Wir haben alle jede Menge Gerüchte über das Geld, das sie dank ihrer Heirat mit Onassis bekommen haben soll, gehört, und doch habe ich immer geglaubt, daß sie sehr ineinander verliebt waren. Er wirkte auf mich wie ein begehrens-

werter Kerl, jemand, der jede Frau um den Finger wickeln konnte.«

Und wenn (aber hier verliere ich mich in Spekulationen ...) Onassis für sie eine Enthüllung war? Wenn sie nun ein Verlangen entdeckt hätte, das sie nie zuvor gespürt hat, ein – sprechen wir nur jenes gräßliche Wort aus, das genauso anrüchig ist wie das Wort »Geld« – sexuelles Verlangen? Nach ihrer Hochzeit bleiben Jackie und Onassis drei Wochen lang allein auf Skorpios. Sie schwimmen, aalen sich in der Sonne, gehen spazieren, angeln und ... treiben es miteinander. Nach Aussage von Onassis leben sie dort »wie Adam und Eva im irdischen Paradies«. Ari erzählt seinem Partner, daß sie sich fünfmal in der Nacht und morgens dann noch zweimal geliebt haben. Onassis treibt es gern überall, selbst an den ungewöhnlichsten Orten. Ein Matrose der *Christina*, der ihn sucht, um ihn zu Tisch zu rufen, überrascht ihn in einer mit der Jacht vertäuten Schaluppe, als er gerade mit Jackie intim ist. »Ich habe ihm gesagt: ›Man sucht Sie überall!‹ Und er hat geantwortet: ›Nun! Sie haben mich gefunden. Also verschwinden Sie jetzt!‹«

Onassis ist ein Mann, der Frauen gefällt, der die Frauen liebt und der sich Zeit zum Leben nimmt. Anders als John Kennedy, der sich immer mit einem kurzen und hastig beendeten Vollzug begnügt hat.

Die wenigen Personen, die Jackie im ersten Jahr ihrer Verbindung mit Onassis sehen, finden sie glücklich, entspannt und fröhlich, wie sie es nie zuvor gewesen ist. Sie hat entdeckt, daß eine Ehe auch etwas Vergnügliches sein kann, und kostet das aus. Sie leben glücklich und zurückgezogen. In Aris Augen ist Jackie eine Königin, für die nichts schön genug ist. Ganz allein für sie mietet er das Theater von Epidauros und führt sie mitten in der Nacht hin, um dort eine Oper zu hören. Ganz in den Sternen und der Musik versunken, ist Jackie wie berauscht. Speziell für sie und ihre Kinder läßt er eine Villa bauen: ein »Cottage« mit einhundertsechzig Zimmern. Er spickt die Insel mit Sicherheitsvorkehrungen, damit sie von niemandem gestört wird, stellt ihr eine ganze Sammlung an Kreditkarten zur Verfügung, damit sie sich kaufen kann, was sie will, und ermuntert sie sogar dazu, Geld auszugeben. »Jackie hat jahrelang nur Traurigkeit gekannt«, sagt er, »laßt sie doch ausgeben, was sie will, wenn ihr das Spaß macht.« Er ruft sie jeden Abend an, egal, wo auf der Welt er sich gerade befindet. Er schreibt ihr jeden Morgen kleine Liebesbriefe, weil sie sich einmal beschwert hat, daß John dies in zehn gemeinsamen Jahren fast nie getan hat. Und aufs Frühstückstablett legt er ihr eine Perlenkette, einen Diamantring oder ein goldenes Armband, das sie mit einem freudigen Seufzer überstreift. Sie hat einen König geheiratet! »Du bist eine Königin, meine Hübsche, meine Allerschönste, mein schönstes Gut auf Erden...« Die Worte ihres Vaters gehen ihr durch den Kopf, und sie lächelt hingerissen.

Die Frischverheirateten verbringen nur einen gemeinsamen Monat in der Abgeschiedenheit ihrer Insel. Jackie muß zu ihren Kindern zurückkehren, und Onassis muß sich um seine Geschäfte kümmern. Die Kinder gehen weiterhin vor, und Jackie organisiert ihr eigenes Leben nach deren Schulferien, wobei sie zu Ari fährt, sobald Caroline und John keinen Unterricht haben. Obwohl sowohl Jackie als auch Onassis sehr unabhängig sind, trägt diese getrennte Lebensführung nicht dazu bei, sie einander näherzubringen. Beide nehmen sehr rasch wieder ihre Freiheit in Anspruch. Anfangs tun sie alles, um sich auf dem einen oder anderen Kontinent zu treffen; aber nach und nach wird jeder wieder von seiner Routine in Anspruch genommen. Ihre Begegnungen hängen jeweils von überladenen Terminkalendern ab, die von Sekretären und Fremden verwaltet werden. Aber Ari ruft weiterhin jeden Abend an.

Sobald sie Skorpios verläßt, wo sie nur im Badeanzug und in Jeans herumläuft, wird Jackie wieder vom Größenwahn gepackt: Sie gibt hemmungslos Geld aus. Sie unterschreibt, unterschreibt und unterschreibt Quittungen zu ihren Kreditkarten. Wenn sie keine Zeit hat, um selbst zu unterzeichnen, ruft sie dem verblüfften Verkäufer zu: »Schicken Sie die Rechnung meinem Mann ins Büro.« Auch das ist Teil des Traumes. Zehn Minuten reichen ihr, um in einem Laden 150 000 Mark auszugeben! Sie kauft völlig wahllos: ganze Kollektionen bei französischen Modeschöpfern, alte Kaminuhren, Dutzende von Schuhen, Statuen, Bilder, Kanapees, Teppiche und Gemälde.

»Sie handelte wie im Traum, man hätte sie für hypnotisiert halten können«, erzählt Truman Capote. »Eines Tages, als ich einen Empfang gab, hat mein Hund den Zobelmantel von Lee Radziwill angefressen. Radziwill war fuchsteufelswild. Jackie fand das nur lustig. ›Mach dir nichts draus‹, sagte sie zu Lee, ›morgen kaufen wir auf Aris Rechnung einen neuen. Was macht das dem schon aus?‹« Jackie verfügt über 100 000 DM Taschengeld im Monat, kommt damit aber nicht aus. Wenn sie in einen Kaufrausch verfällt, will sie dadurch etwas gutmachen, kompensieren und vergessen. Manche Leute trinken, andere nehmen Drogen, fressen sich fett oder brüten ein Krebsgeschwür aus. Jackie gibt Geld aus.

Was ist passiert, daß ihre alte Manie wieder zum Ausbruch kommt? Hat die Realität sie doch noch eingeholt und dabei ihren schönen Traum beiseite gefegt? Im Kontakt mit der Realität verlieren die Phantasievorstellungen ihre Farben, und die Märchen verblassen schnell. Und wenn es eine Sache gibt, von der Jackie nichts hören möchte, dann ist das die Realität. Sie hat schon zu viele Dramen erlebt. Sie ist nicht stark genug, um sie zu akzeptieren. Zu verängstigt, um einen Augenblick innezuhalten und sich die richtigen Fragen zu stellen. Sie verlangt, daß alle Träume ewig währen und daß die böse Fee nie erscheint...

XI

Auf der Insel Skorpios leben Jackie und Ari im Paradies. In gewisser Hinsicht ähneln sie sich. Beide sind sie ausgesprochene Einzelgänger, von vielen Menschen umgeben und doch allein. Zwei Ästheten, die in das vergoldete Leben von Milliardären verliebt sind, unabhängig, eigensinnig und charmant. Wären sie beide zurückgezogen auf ihrer Insel geblieben, hätte ihr Glück länger angehalten. Ari kümmert sich um die Kennedy-Kinder, und seine Hingabe rührt Jackie. »Er war sehr großzügig zu ihnen«, berichtet Costa Gratsos, der rechte Arm von Onassis. »Er kaufte Caroline ein Segelboot und John-John ein Motorboot, eine Jukebox und einen Minijeep. Er schenkte ihnen Shetlandponys. Aber über alle Geschenke hinaus versuchte er auch, ihnen persönlich etwas zu geben. Er wohnte den Schulaufführungen in New York bei und fuhr anstelle von Jackie nach New Jersey, um sie reiten zu sehen. Und das war für ihn keineswegs Vergnügen. Pferde konnte er nicht leiden. Er beschwerte sich immer, daß der Schlamm und der Pferdemist seine Schuhe und Hosen dreckig machen.«
Die Kinder kommen mit diesem Stiefvater, der vom Alter her ihr Großvater sein könnte, nicht besonders zurecht. Caroline belauert ihn hinter ihren langen Teenagerhaaren hervor. John-John läßt sich leichter gewinnen, aber nicht wirklich von Herzen. Sie begreifen die Wahl ihrer

Mutter nicht, akzeptieren sie aber. Weil sie ihre Mutter ist und weil sie sie mehr lieben als alles andere auf der Welt. Jackie spürt diese Zwischentöne und ist ihnen dankbar dafür, daß sie keinen offenen Konflikt provozieren.

Jackie und Ari tun ihr Bestes, damit ihr Glück anhält. Wenn sie allein sind, finden sie zueinander. Dann müssen sie nicht reden: Sie halten sich bei der Hand und lächeln sich an.

Nur... Sie sind selten allein. »Onassis war ein internationaler Geschäftsmann, der sämtliche Dossiers und alle Bilanzen seiner zahlreichen Firmen im Kopf hatte. Sein Büro war dort, wo er sich gerade befand, und um ihn zu unterstützen, war er von einem Dutzend Assistenten umgeben, die sich mit ihm in Sprachen unterhielten, die Jackie nicht verstand«, erzählt Stephen Birmingham. »Auch John Kennedy hat seinen Hofstaat gehabt, aber Jackie ist damals in der Lage gewesen zu verstehen, was vorging. Die Geschäfte von Onassis waren für sie - und für viele andere - dermaßen schleierhaft, daß sie es für ratsam hielt, nicht mit ihm darüber zu reden. Einige von Onassis' Männern waren ihr sympathisch. Andere überhaupt nicht. Letztere behandelten Jackie wie einen Störenfried, der sich zwischen sie und ihren Chef gedrängt hatte. Sie benahmen sich unverschämt ihr gegenüber, sagten ihr kaum guten Tag, sondern stürzten sich sofort auf Onassis, um flüsternd und auf griechisch mit ihm zu reden. Jackie fand das äußerst unhöflich. Und zu allem Überfluß schien Onassis diese Leute auch noch sehr zu schätzen!«

Hier beginnt das Mißverständnis: Onassis behandelt Jackie wie ein kleines Mädchen, das auf Schmuck, Luxus und Schönheit versessen ist, aber er spricht ihren Verstand nicht an. Jackie schmückt sein Leben, sie ist eine Haremsfrau, eine Berühmtheit, die er verhätschelt und beherrscht. Er hat das Gefühl, sie physisch und finanziell »in der Hand zu haben«, und dieser Einfluß erfüllt ihn mit Stolz. Er ist der Herr. Er hat dort Erfolg gehabt, wo viele amerikanische, wohlerzogene und wohlgeborene Verehrer gescheitert sind. Jackie sehnt sich danach, verwöhnt und angebetet zu werden. Aber darüber hinaus möchte sie auch, daß man sie achtet. Wie John dies zum Schluß getan hat. Sie möchte seine Vermittlerin, seine Vertraute, seine Verbündete im Hintergrund sein. Ein kostbares Püppchen zu sein hat sie noch nie zufriedengestellt. Onassis lebt in einer Männerwelt. Eine Frau hat darin keinen Platz. »Sei schön, gib Geld aus und halt den Mund.« Nach etwas anderem hat eine Frau nicht zu streben. Diese herablassende Art verletzt sie, und sie versucht, nicht daran zu denken. Aber die Erbse verursacht bei der Prinzessin blaue Flecken.

Anfangs zeigt sich Jackie versöhnlich. Sie führt dasselbe Leben wie Ari: das Leben eines Nachtschwärmers in den Bars, immer von seinen Männern umgeben. Wenn sie bockig wird und so tut, als wolle sie gehen, ruft er sie mit einem drohenden Zeigefinger oder einem finsteren Blick zur Ordnung. Dann setzt sie sich wieder, ist verwirrt wegen der Macht, die er über sie ausübt. Man erzählt sich, er habe sie bezwungen, er habe die temperamentvolle Königin in ein gehorsames Kind verwandelt. Sie tut alles, was er will. Manchmal revanchiert sie sich, indem sie spitze Bemerkungen macht. Das ist ihre Art, ihn daran zu erinnern, daß sie existiert. Vor allen Leuten macht sie sich über seine mangelnde Eleganz lustig.

»Schaut ihn euch an«, sagt sie. »Er hat in seinen Kleiderschränken mindestens vierhundert Anzüge hängen, und in New York trägt er immer denselben grauen, in Paris immer denselben blauen und in London immer denselben braunen.« Ari tut so, als höre er es nicht. Und Jackie hat das Gefühl, einen Punkt erzielt zu haben.
In Wirklichkeit ist Onassis äußerst abergläubisch. Wenn er einen wichtigen Vertrag unterzeichnet hat, zieht er den Anzug, den er an diesem Tag getragen hat, nicht mehr aus. Außerdem könnte er seiner Frau, die fast nur in Jeans und T-Shirt herumläuft, denselben Vorwurf machen.
Er spricht nie mit ihr über seine Geschäfte und lebt nur für sein Imperium. Schon bald fühlt sie sich in den Hintergrund gedrängt. Frustriert wiederholt sie dasselbe Schema wie mit Kennedy: Sie schmückt das Heim wie eine Besessene und füllt ihre Schränke, bis sie nicht mehr zugehen. Sie läßt Innenarchitekten kommen, besucht viele Auktionen und kauft. Sie richtet die Häuser und Schiffe ein, damit sie ein »Zuhause« haben. Er bemerkt nichts, behandelt sie wie eine Kurtisane oder schaut nur auf einen Sprung vorbei. Er ist ständig im Flugzeug, auf den Meeren oder am Telefon. Und sie lernt wieder die Warterei, Frustration und Vernachlässigung kennen.
»Er arbeitete viel und war ständig auf Reisen«, fährt Stephen Birmingham fort. »Er war fast nie da. In New York besaß er eine Suite im Pierre Hotel, und da er oft bis spät in die Nacht arbeitete, schlief er lieber dort, statt zu Jackie in ihre Wohnung zu gehen. Manchmal begleitete sie ihn auf seinen Geschäftsreisen. Aber die meiste Zeit blieb sie zu Hause. Um den Luxus zu genießen,

in dem er sie leben ließ. Finanziell hing sie ganz und gar von ihm ab. Sie versuchte zwar, ihr Geld anzulegen, ohne auf Aris Rat zu hören, aber das erwies sich als Katastrophe. Treuherzig bat sie ihn dann darum, doch bitte ihre Verluste auszugleichen. Gereizt wegen ihrer Arglosigkeit antwortete er, daß sie dazu nur einen Teil des Schmucks und der Gemälde, die er ihr geschenkt hatte, verkaufen müsse. Das fand sie überhaupt nicht nett.«

Sie leidet unter solchen Bemerkungen, die sie sofort als Mangel an Liebe auffaßt. Es braucht nicht viel, damit sich Jackie angegriffen, verletzt fühlt. Wenn alles sehr idyllisch ist, ist sie sich ihrer Ausstrahlung und ihrer Macht gewiß, aber schon beim kleinsten Mißton sieht sie alles schwarz. Dann erstarrt sie zu einer kaiserlichen Statue. John Kennedy gab sich damit zufrieden, weil er dann beschwingt weiter herumschäkern konnte. Aber Onassis irritiert so etwas, weil er es nicht versteht und sie zurechtweist wie ein Kind. Er hat keine Zeit, um Jackie zu beobachten. Wenn er ein Verhältnis mit einer Frau hat, dann ist das nicht nur zu seinem Vergnügen, sondern ebenso, um andere neidisch zu machen. Er zeigt sich nur mit berühmten Frauen. Die anderen sucht er um zwei Uhr morgens auf, um in der Morgendämmerung wieder zu verschwinden.

Obwohl im ersten Jahr von seiner Autorität und seiner Virilität fasziniert, ist sie schon bald aus denselben Gründen gegen ihn eingenommen. Er will sie zu seiner »Sklavin« machen. Er glaubt, sie physisch in der Hand zu halten, weil sie sich bei ihm dazu hat hinreißen lassen, glücklich zu sein; deshalb vollführt sie eine Kehrtwende. Niemand, aber auch niemand soll sich je rühmen können, Jacqueline Bouvier erniedrigt zu haben.

Wenn er sich ein entzückendes Dummerchen gewünscht hat, das ihm überallhin folgt und ihm auf den leisesten Wink hin gehorcht, oder ein kleines Hausmütterchen, das beruhigt ist, weil er alle Rechnungen bezahlt und ihr Kinder macht, dann hat er sich getäuscht. Sie ist nicht wie die Callas, die ihren Mann und ihren Beruf im Stich gelassen hat, nur um ihm zu folgen. »Was für eine dumme Gans!« denkt Jackie. »Das ist das beste Mittel, ihn zu verlieren. Solchen Männern muß man den Brotkorb höher hängen.« Wieder einmal scheint Black Jack recht gehabt zu haben: immer Distanz wahren und ein strahlendes, mysteriöses Lächeln zeigen, in dem sich alle verlieren. Jener köstliche Schauder, der sie jedesmal gepackt hat, wenn Ari mit ihr sprach wie ein autoritärer Vater mit seinem Kind, wenn er sie an jedem beliebigen Ort geliebt und ihr den Verstand geraubt hat, den wird sie jetzt abschaffen. Bald wird er nicht mehr die geringste Macht über sie ausüben. Wenn das physische Vergnügen geradewegs in Abhängigkeit, Unterwerfung und damit ins Unglück führt, wird sie es aus ihrem Leben streichen. Sie verschließt ihr Herz.

Dann kehrt sie eben zu ihren früheren Gewohnheiten zurück und kommt ihm keinen Schritt mehr entgegen. Und wenn sie nur dazu gut ist, Geld auszugeben, nun, dann wird sie eben Geld ausgeben! Ohne Hemmungen. Geld ist ihre alte Waffe, ihr Instrument der Rache. »Ich bin also nur eine Zierpuppe, die sich am Geld berauscht? Dann soll er sich an meinen Rechnungen berauschen!« Stolz und hochmütig beschließt sie, ihm die Stirn zu bieten und ihre moralische und gefühlsmäßige Unabhängigkeit und Freiheit zurückzufordern.

Jackie steht gern früh auf, um mit den Kindern zu frühstücken und sie noch zu sehen, ehe sie zur Schule gehen. Am liebsten geht sie um zehn Uhr mit einem Buch ins Bett. Oder sie geht aus, um sich in Begleitung kultivierter Leute, die es ebenfalls zu schätzen wissen, eine Oper anzuhören, ein Ballett anzusehen oder ein Theaterstück zu besuchen und anschließend bei einem leichten Souper Kritik oder Zustimmung zu üben.

Ari ist zugleich vornehmer Herr und Bauer. Er geht jeden Abend aus und schläft nur vier Stunden pro Nacht. In der Oper schnarcht er. Er schätzt einfache Gerichte, Mädchen, die sich ohne langes Zieren hingeben, Volksfeste und alles Saloppe. Er sucht gern kleine griechische Tavernen auf, Restaurants, in denen er auf den Tisch steigen und Sirtaki tanzen kann. Er kommt um drei Uhr morgens nach Hause und wacht um sieben Uhr wieder auf, um ein Telefongespräch mit jemandem am anderen Ende der Welt zu führen.

Jackie schmollt und läßt ihn allein ausgehen. Soll er doch tun, was er will, das ist nicht mehr ihr Problem! Er präsentiert sich in aller Öffentlichkeit mit Mannequins und anderen Berühmtheiten, trifft sich wieder mit der Callas. Ein Foto mit Ari und Maria erscheint in der Zeitung. Jackie antwortet, indem sie sich mit ihrem Bataillon von Verehrern zeigt.

Das bedeutet Krieg. Offenen Krieg. Onassis erklärt einem Journalisten: »Jackie ist ein Vögelchen, das nach Sicherheit und Freiheit verlangt, und die biete ich ihr gern. Sie kann einfach alles tun, was sie will. Ebenso wie ich. Ich stelle ihr nie Fragen, und sie mir auch nicht.«

Als Jackie in ihrem Appartement in New York diese Worte liest, verliert sie den Kopf. Was soll das heißen? Ist er ihrer überdrüssig und denkt daran, sie zu verlassen?

Ihre alte Furcht vor dem Verlassenwerden bricht wieder durch, sie kann einfach nicht anders. Schon fliegt die stolze Jackie nach Paris, um öffentlich Abbitte zu leisten. Allein der Gedanke daran, daß er eventuell eine Trennung ins Auge faßt, schmettert sie zu Boden. Sie hat nicht begriffen, daß Onassis, wie viele umschwärmte und verwöhnte Männer, seines Spielzeugs überdrüssig geworden ist. Er hat Jackie bezwungen, hat sie geheiratet, hat in der ganze Welt Entrüstung erregt. Damit hat er genug Werbung und Prestige eingeheimst. Jetzt kann er sich anderen Dingen zuwenden. Er hat sich wieder mit der Callas getroffen, genießt ihre alte Vertraulichkeit und die Ergebenheit der Diva, die ihn so liebt, daß sie darüber ihre Stimme verliert. Sie ist griechischer Abstammung wie er, ist leidenschaftlich und unterwürfig. Sie wartet auf ihn, versteht ihn und akzeptiert ihn so, wie er ist. In ihrer Begleitung erholt er sich. Sie ist seine Frau – im griechischen Sinne.
Alles, was ihn an Jackie vorher amüsiert hat, stört ihn jetzt. Er wirft ihr ihre Einkaufswut vor, ihre Gefühlskälte, ihre Gleichgültigkeit gegenüber seinen eigenen Kindern, Christina und Alexander, gegenüber seiner Kultur. Deshalb zeigt er sich gleichgültig und grausam, so daß sich Jackie nicht vorsieht. Sie ist zu allem bereit, um ihn zu behalten und unterschreibt einen Brief, der ihren Anteil an der Erbschaft auf zwei Prozent von Onassis' Vermögen herabsetzt. Alles andere, nur nicht ihn verlieren. Nicht, daß sie ihn noch lieben würde – sie hat sich geschworen, dieses gefährliche Gefühl abzuschaffen –, aber sie kann den Gedanken, verlassen zu werden, einfach nicht ertragen. Sie macht Schluß, wenn sie es entscheidet. Es muß ihr Wille sein. Sonst wird die Trennung

zu einem Trauma, von dem sie nie wieder geheilt wird. Bei John war sie durch die Geschichte geschützt: Ein Präsident läßt sich nicht scheiden. Bei Onassis hat sie nicht die geringste Sicherheit. Sie schließen ein Abkommen: Sie wollen sich benehmen, als wäre zwischen ihnen alles in Ordnung. Sie wollen das Bild in der Öffentlichkeit retten. Er wird weiterhin für ihre Ausgaben aufkommen, nimmt aber wieder seine Freiheit in Anspruch.
Jackie ist beruhigt: Er bleibt. Die anderen Frauen? Eine einzige und auffällige Liaison würde sie stören, aber mit diskreten Seitensprüngen ist sie völlig einverstanden. Costa Gratsos, der Geschäftsführer von Onassis, behauptet deshalb: »Der Grad der Zuneigung von Jackie für Onassis war direkt proportional zu den Geldsummen, die sie von ihm erhielt.«
Das Ganze ist sehr viel komplizierter. Geld ist für Jackie eine Art zu sagen: »Ich liebe dich.« Je mehr man ihr gestattet auszugeben, desto mehr hängt man an ihr. Man erinnere sich an Black Jack, der in den Geschäften das Geld, das er längst nicht mehr besaß, für seine beiden kleinen Prinzessinnen verschleudert hat, indem er sie dazu ermunterte, mehr und mehr auszugeben und ihnen Perlenketten, goldene Armbänder und Reitkostüme schenkte, bis keine Schecks mehr übrig waren, die er noch unterschreiben konnte. Gleichzeitig legte er sich immer mehr Mätressen zu, die er Jackie und Lee zugemutet hat. Jackie tröstete sich damit, daß sie sich sagte, diese flüchtigen Liebschaften seien nicht wichtig, weil er sie an erster Stelle liebe. Schließlich ruiniere er sich nur für sie ...
Solange ein Mann noch da ist und alle ihre Wünsche erfüllt, muß er sie lieben. Den ganzen Rest – die Mätres-

sen, Streitereien und Beleidigungen - kennt sie und schließt davor die Augen. Sie hält sich schon so lange die Ohren zu, daß sie gelernt hat, alles, was sie stört, zu ignorieren. Sie klettert dann auf ihre Wolke und erzählt sich Geschichten.
Um ihre Ängste zu verdrängen, wendet sie sich ihrem verstorbenen, perfekten und mythischen Mann zu. Sie facht die ewige Flamme neu an, wobei sie weiß, daß sie damit ihren Ruf aufpoliert und Ari demütigt. Bei allen Gedächtnisfeiern und allen Einweihungen, die John Kennedy betreffen, ist sie zugegen. Onassis hat vielleicht keinen lebenden Rivalen, aber er hat einen, der tot und damit nur um so lästiger ist.
»Für einen stolzen griechischen Ehemann war es nicht leicht, im Schatten eines anderen zu leben. Dies rief einen starken Antagonismus hervor, den er nicht vorhergesehen hatte und der weiter entfacht wurde mit jedem Gedenktag, den Jackie zu feiern beliebte: Johns Todestag, ihr Hochzeitstag und dazu all die Jahrestage der großen Etappen seiner Karriere, die Jackie ihren Kindern fortwährend ins Gedächtnis rief«, erzählt David Heymann.
Da sie nun nicht mehr von ihnen abhängig ist, nähert sie sich den Kennedys an. Sie knüpft wieder an die alten Bande an. Sie erholt sich im Umgang mit einem Clan, der dieselbe Kultur hat wie sie. Nicht daß sie sie deswegen besser leiden könnte. Aber zumindest verstehen sie sie. Entsprechend zum »Onassis-Clan« hat sie ihren »Kennedy-Clan«. Eins zu eins. Aber während die Männer von Onassis Jackie verachten, wird sie von den Kennedys, die von ihrem Reichtum und ihrer Widerstandskraft fasziniert sind, gefeiert. Jackie bleibt nicht lange eine

Verliererin. Ganz selbstverständlich übernimmt sie die Führung der Familie und ersetzt den alten Joe, der nur noch ein Schatten seiner selbst ist.
Während der Affäre von Chappaquiddick im Juli 1969 ruft Ted Kennedy sie als erste an. In den neun Stunden vor seiner Unfallanzeige bei der örtlichen Polizei - neun Stunden, in denen er umherirrt und sich nicht traut, für seinen Fehler einzustehen - versucht er vergeblich, Jackie zu erreichen. Jackie, die starke Frau, die aus jeder Lage einen Ausweg findet. Als es ihm endlich gelingt, mit ihr zu sprechen, tröstet sie ihn wie einen kleinen Jungen. In einem Brief schlägt sie ihm vor, Carolines Pate zu werden, da diese seit Bobs Tod keinen mehr habe.
Nach diesem schrecklichen Unfall ist Teddys politische Karriere verpfuscht, und der alte Joe Kennedy siecht dahin. Sein Tod ist ein fürchterlicher Verlust für Jackie, die kurz nach ihrer ersten Hochzeit erklärt hatte: »Abgesehen von meinem Mann und meinem leiblichen Vater liebe ich Joe Kennedy mehr als sonst jemanden auf der Welt.«
Zum Glück bleiben ihr noch ihre Kinder. Sie verfolgt ihre Fortschritte in der Schule, geht mit ihnen an jedem Wochenende reiten, achtet darauf, daß sich John-John, der eher schwächlich veranlagt ist, abhärtet und daß sich Caroline zu einem perfekten jungen Mädchen entwickelt. »Man muß Jacqueline Onassis zugute halten, daß sie aus Caroline und John junior zwei anständige, ausgeglichene Kinder, fern jeder Publicity, gemacht hat. Das hat sie ganz allein geschafft, obwohl alles dagegen sprach. Selbstverständlich ist das nicht gewesen, man muß sich nur die meisten anderen Kennedys dieser Ge-

neration ansehen«, berichtet die Mutter einiger Spielkameraden der kleinen Kennedys. Jackie hat keine Angst davor, ihren eigenen Kindern und Kindern im allgemeinen Liebe entgegenzubringen. Sie kümmert sich um Johns und Carolines Freunde, als sei es ihr persönlicher Nachwuchs.

John hat gelernt, sich Verrückte vom Hals zu schaffen. »Um seine Schule strichen immer drei, vier Frauen herum, alte harmlose Omas in Hosen und mit Lockenwicklern, die ständig fragten: ›Wo ist John-John?‹« erzählt die Mutter eines Schülers. »Eines Tages stolperten sie über ihn: ›Kennst du John?‹

›Ja‹, antwortete er.

›Und wie ist er?‹

›Das ist ein toller Kerl!‹«

Diese Ausgeglichenheit ist Jackies Werk.

Mit den Kindern von Onassis, von denen sie nie akzeptiert wurde, hat sie größere Probleme. Alexander geht ihr aus dem Weg, und Christina verspottet sie. Als ihr Jackie einmal beim Anziehen hilft und ihr rät, doch abzunehmen, kontert Christina damit, daß sie nicht aussehen will, wie ein »fades amerikanischen Mannequin«. Sie heiratet den erstbesten, der ihr über den Weg läuft, nur um ihren Vater zu ärgern, ruft diesen dann zu Hilfe und verlangt von ihm, zu kommen, um sie zu entführen. Jackie findet, daß es Christina an Haltung fehlt, daß sie verwöhnt ist, ein verzogener Balg reicher Leute. Onassis wirft Jackie darauf ihre Strenge vor. Er hat Schuldgefühle gegenüber seiner Tochter, weil er nie wirklich Zeit gehabt hat, sich um sie zu kümmern. Seine ständige Abwesenheit hat er mit Geschenken auszugleichen versucht. Christina wird zum Streitthema.

Onassis' Verbitterung gegenüber Jackie wird dadurch noch größer.
Schließlich verliert er jeden Respekt vor ihr. Als sie einmal fragt, was sie an Bord der *Christina,* wo sie sich langweilt, tun kann, schlägt er ihr vor, »die Menüs zu dekorieren«. Sie entfernen sich immer mehr voneinander. »Er sagte mir, seine größte Torheit hätte in dem schwachsinnigen Vorhaben bestanden, Jackie Kennedy zu heiraten. Das war der kostspieligste und dümmste Irrtum, den er je begangen hat«, erzählt ein enger Freund.
Die Vornehmheit und Eleganz seiner Frau regen ihn auf. Um sie wütend zu machen, benimmt er sich absichtlich ungehobelt. Er ißt geräuschvoll, rülpst, schlingt alles hinunter und spuckt es wieder aus. Einem Journalisten, der ihn verfolgt, um ein Interview zu bekommen, antwortet Onassis: »Wollen Sie das Geheimnis meines Erfolgs kennen?« Er knöpft seine Hose auf, zieht die Unterhose herunter, zeigt seine Geschlechtsteile und fügt hinzu: »Mein Geheimnis ist, daß ich Saft in den Eiern habe!«
Während sie vor anderen Leuten seine Fehler zu korrigieren versucht, geht er an die Decke. Ruft ihr die Höhe ihrer Rechnungen in Erinnerung. »Zweihundert Paar Schuhe auf einmal! Mag ja sein, daß ich gigantisch reich bin, aber das verstehe ich nicht! Diese Frau ist verrückt! Dabei kann man nicht behaupten, daß ich sie kurz halte! Und die Schuhe sind nur ein Beispiel! Sie bestellt Handtaschen, Kleider, Mäntel und Kostüme zu Dutzenden, mehr als genug, um ein Kaufhaus an der Fifth Avenue zu versorgen! Sie kann einfach nicht aufhören. Mir reicht's jedenfalls. Ich will die Scheidung!«
Er macht sich über ihr Stimmchen lustig, über ihren

Hofstaat von New Yorker Freunden, »Alles Verrückte!«, verspottet ihre Manie, sich in Schals und Tücher zu wickeln. Eine echte Landstreicherin. Bei all dem Geld, das er ihr gibt! Er führt sie zum Essen aus ins Maxim's, bringt sie dann zurück in die Avenue Foch und sagt, sie solle allein hochgehen, weil er die Nacht bei einem verführerischen Mannequin verbringen wolle. Jackie zuckt nicht mit der Wimper, legt sich ins Bett und heult. Wie ist es nur soweit mit ihnen gekommen? Das Ende von *Vom Winde verweht* geht ihr durch den Kopf. Sie hört, wie Scarlett hinter Rhett herschreit: »Ach, Lieber, wenn du gehst, was fange ich nur an?« Und Butler-Onassis antwortet ihr gelassen: »Mein Kind, es ist mir ganz gleichgültig!«

Sie interessiert ihn nicht mehr. Und er bezahlt ihre Extravaganzen nicht mehr länger. Sie verkauft ihre Kleider, Handtaschen und den ganzen Firlefanz in einem New Yorker Geschäft, um ein paar Dollar zu verdienen. Er erfährt davon und beschimpft sie als Geizhals. Man muß zugeben, daß er ungeheuer großzügig ist. Nach Aussage von Costa Gratsos »unterhielt er nicht nur eine Familie von sechzig Personen, sondern er behandelte selbst seine Angestellten und Dienstboten so, als würden sie dazugehören. Er verlangte viel von ihnen, belohnte sie aber auch durch Geschenke und viel Freundlichkeit. Wenn die Frau eines Gärtners auf Skorpios eine medizinische Behandlung brauchte, vergewisserte er sich, daß sie diese auch bekam. Wenn derselbe Angestellte einen hochintelligenten Sohn hatte, bezahlte er ihm das Studium. Er gab immer gewaltige Trinkgelder. Wenn er ein Taxi nahm, gab er dem Fahrer das Doppelte von dem, was auf dem Zähler angezeigt war.«

Er hatte keine Angst davor zu versagen. Er hatte bittere Armut und Demütigungen aller Art kennengelernt und hatte sich hochgearbeitet. Nichts machte ihm Angst, und Geldmangel schon gar nicht. Er besaß ein unbegrenztes Selbstvertrauen und wußte, daß er jedes Hindernis aus dem Weg räumen, jeden Schmerz überwinden konnte.

Jeden, außer einem. Am 22. Januar 1973 stirbt sein Sohn Alexander bei einem Hubschrauberunfall. Dieses Ereignis erwies sich als verhängnisvoll für Ari und nahm ihm jede Lust am Leben. Dieser reiche, mächtige Mann, dieser gesetz- und skrupellose Kerl, dieser geniale Geschäftsmann zerbricht von diesem Zeitpunkt an innerlich. Jackie an seiner Seite begreift seinen Schmerz nicht und findet ihn unschicklich. Daran gewöhnt, sich nie etwas anmerken zu lassen, findet sie die Verzweiflung ihres Mannes völlig unbegreiflich. Man darf seinen Schmerz nie in aller Öffentlichkeit zeigen. Das ist würdelos. Sie muß an Ethel Kennedy, Bobs Frau, denken, die kurz nach dem Tod ihres Mannes einen Arzt aufgesucht hat, der ihr ein Medikament verschreiben sollte, das ihr half, nicht weinen zu müssen! Jackie billigt ein solches Verhalten. Das ist ihre Erziehung, ihre Kultur. Sie empfindet nur Ekel vor Onassis, der schreit, Tränen vergießt und Verwünschungen gegen den Himmel, die Götter und das Schicksal ausstößt! Ihre Abneigung gegen ihn wächst. Sie möchte nicht mehr am selben Tisch mit ihm essen, weil sie findet, daß er sich schlecht benimmt. Fassungslos entdeckt Onassis, was für eine Frau er geheiratet hat. »Sie will mein Geld, aber nicht mich. Sie steht nie auf meiner Seite.«

Er verfaßt ein neues Testament, in dem er sie völlig von der Erbschaft ausschließt und ihr und ihren Kindern nur eine Rente auf Lebenszeit bewilligt. Er will sich scheiden lassen und heuert einen Privatdetektiv an, der sie verfolgen und auf frischer Tat beim Ehebruch ertappen soll. Der Detektiv kehrt unverrichteter Dinge zurück. Sechs Monate nach dem Tod seines Sohnes wird Onassis schwer krank. Die Ärzte stellen eine Myasthenie fest, eine Krankheit, die das Muskelgewebe zerstört. Als er die Augen nicht mehr öffnen kann, klebt er seine Lider mit Heftpflaster fest. Darüber reißt er Witze. Er arbeitet weiter, allerdings ohne echte Begeisterung. Anfang Februar 1975 bricht er zusammen, von starken Magenschmerzen gepackt. Er wird ins amerikanische Krankenhaus von Neuilly eingeliefert, um dort behandelt zu werden. Jackie besucht ihn, aber da sie seinen Zustand nicht allzu dramatisch findet, fliegt sie gleich wieder nach New York zurück.

Am 15. März 1975 stirbt Aristoteles Onassis. Seine Frau ist in New York. In Begleitung von Ted Kennedy wohnt sie dem Trauergottesdienst in der kleinen Kapelle auf der Insel Skorpios bei, in der sie sechs Jahre zuvor geheiratet hatten. Sie läßt nichts von ihren Streitereien durchscheinen und äußert vor der Presse einige »tadellose« Worte über ihren Mann: »Aristoteles Onassis ist mir in einem Moment, in dem mein Leben in Finsternis getaucht war, zu Hilfe geeilt. Er hat mich in eine Welt der Liebe und des Glücks entführt. Gemeinsam haben wir herrliche Augenblicke erlebt, die ich nie vergessen werde und für die ich ihm ewig dankbar bin.«

Der Tod hatte zugeschlagen, die Zeit des Kultes begann. Sie läßt sich weiterhin Mrs. Onassis nennen, spricht auf New Yorker Diners mit glänzenden Augen von Ari und erzählt, was für Verrücktheiten er für sie in Szene gesetzt hat, was für ein berauschendes Glück sie durch ihn kennengelernt hat. Er muß um jeden Preis jener herrliche Traum bleiben, der sie einige Monate lang so glücklich gemacht hat. Er gesellt sich auf den Stufen des Podestes zu den beiden anderen Helden, deren Andenken sie weiterhin bekränzt: Jack Bouvier und John Kennedy. Obwohl die Realität Jackie oft auf so tragische Weise bezwingt, ignoriert sie diese beharrlich, wie sie alles ignoriert, was sie stört.

XII

Beim Tod von Onassis wird sein Vermögen auf eine Milliarde Dollar[1] geschätzt. Seine Tochter Christina erbt den größten Teil davon. Daraufhin liefern sich Jackie und Christina einen gnadenlosen Kampf um das Testament. Um einen endlosen Prozeß zu vermeiden, bieten Christina und ihre Berater schließlich eine Ablösesumme von sechsundzwanzig Millionen Dollar (das entspricht heute ca. 120 Millionen DM), die Jackie annimmt. Christina ist erleichtert, Jackie, die sie »die schwarze Witwe« nennt, auf diese Weise loszuwerden. Später soll sie einmal gestehen, daß sei bereit gewesen wäre, ihr noch mehr zu geben.

In seiner Biographie über Jackie analysiert Stephen Birmingham Christinas Haltung sehr zutreffend: »Jackie brachte Unglück. Christina hatte das Gefühl, daß Jackie alles, was sie berührt, umbringt. Sie war der Engel des Todes.« Ein Gefühl, das von Costa Gratsos bestätigt wird. »Sie zog Unheil an wie ein Blitzableiter den Blitz. Beweis dafür: John und Bob Kennedy. Christina hatte vor Jackie Angst. Sie schrieb ihr magische Fähigkeiten zu. Angeblich starben alle um sie herum.«

Mit siebenundvierzig Jahren verfügt Jackie endlich über die nötigen Mittel, um ihre Ängste besänftigen zu kön-

[1] Das entspricht heute einer Summe von über fünf Milliarden DM.

nen. Sie wird nie wieder Geldsorgen haben. Endlich kann sie auf eigenen Füßen stehen, ohne weder von den Auchincloss noch von den Kennedys, noch von sonst einem Mann abhängig zu sein. Ein ausgeglichenes Leben führen: Sie wird nicht im Ruin enden wie Black Jack. Sie hat ein gut gepolstertes Bankkonto, das ihr Schlaflosigkeit, Alpträume und Angstanfälle erspart, weil es sehr viel stärker beruhigt als alle Schlaftabletten, Beruhigungsmittel oder ... Liebhaber. Endlich kann sie das Leben als Abenteuer angehen, einsam, aber interessiert. Zuerst benimmt sie sich wie eine schüchterne Anfängerin. Sie bleibt zu Hause, kümmert sich um ihre Kinder, schaut fern, versucht sich in Yoga, Jogging und Radfahren, gräbt ihre Kochbücher wieder aus, bestellt ihre Einkäufe per Telefon, organisiert daheim kleine Diners, arrangiert ihre Wohnung neu, stellt die Möbel um und rahmt alle Fotos, die sie mag, ein. Sie nimmt Maß, schafft ihre eigenen Ruhepunkte, entspannt sich und kümmert sich um sich selbst. Sie erliegt der Faszination des schönmachenden Skalpells und läßt, wie alle Frauen aus der Oberschicht von Manhattan, einige Schönheitsoperationen über sich ergehen, um die Fältchen an den Augen und das Fett am Kinn zu beseitigen. Ihre Wochenenden verbringt sie in ihrem Landhaus in New Jersey. Reitet, malt, zeichnet, liest. Nach Aussage ihrer Tante Michelle Putman hatte sie »in ihrer Wohnung in der Fifth Avenue ein Teleskop aufgestellt, mit dem sie den Leuten im Park zuschauen konnte. Die am meisten beobachtete Frau der Welt war im Grunde eine Voyeurin!« Sie hat immer noch keine engen Freunde, abgesehen vielleicht von ihrer Schwester Lee. Leute, die sich ihr nähern wollen und sich allzu vertraulich benehmen, kann sie immer noch nicht leiden. Sie zieht das Alleinsein oder die Gesellschaft ihrer Kinder vor. John und Caroline sind groß geworden, studieren, haben ihre eigenen Freunde, kommen und gehen daheim ein und aus und erzeugen ein angenehmes, aber immer nur kurz anhaltendes Durcheinander. Sie stehen ihr immer noch sehr nahe, brauchen sie jetzt aber nicht mehr so wie früher. Sie hat ihnen Kraft und Selbstvertrauen geschenkt; jetzt beanspruchen sie ihre Unabhängigkeit.

Daraufhin macht sie dieselbe Erfahrung wie all die Frauen, die ihr ganzes Leben einzig und allein auf ihre Kinder ausgerichtet haben und die, wenn letztere erwachsen werden und allmählich auf eigenen Füßen stehen, auf einmal einsam und verstört dastehen. Was tun? Sie dreht sich in ihrem wohlgeordneten Leben im Kreise. Dann erinnert sie sich an jene Zeit, in der sie Journalistin war, Leute kennengelernt, Reisen unternommen und viel gelernt hat. Es reizt sie, arbeiten zu gehen. Sie spricht in ihrem Bekanntenkreis davon, spielt mit dem Gedanken.

Ein Verlagshaus, Viking Press, bietet ihr eine Stelle an, die sie akzeptiert. Im September 1975 beginnt sie mit einem Gehalt von 10 000 Dollar im Jahr und sehr flexiblen Arbeitszeiten, damit sie sich um ihre Kinder kümmern kann. Anfangs fehlt es ihr an Selbstsicherheit; sie weiß nicht, was man von ihr erwartet. Dann lernt sie dazu und entdeckt, daß sie gern Manuskripte bearbeitet, die Autoren ermuntert und ihre Werke begleitet. Ihre Assistentin, Barbara Burn, erinnert sich: »Vor ihrer Ankunft herrschte vor allem Skepsis. Aber nach einigen Tagen waren wir angenehm überrascht, weil wir in ihr etwas anderes entdecken mußten als eine Modepuppe mit einem komischen Stimmchen. Sie glich ganz und gar nicht einer mondänen Marie Antoinette und nahm ihren neuen Beruf sehr ernst. Schon bald stellte sich heraus, daß sie gern an Manuskripten arbeitete, um sie druckreif zu machen. Dafür besaß sie Gespür und arbeitete hart. Sobald alle das akzeptiert hatten, wurde sie etwas lockerer. Dennoch konnte man sich nur schwer daran gewöhnen, im Flur andauernd einem Zeitschriftencover zu begegnen.«

Journalisten, Fotografen und Kameraleute lauern ihr in der Eingangshalle auf. Jackie ignoriert sie. Sie hat etwas viel Interessanteres gefunden als den Ruhm, der nur auf Fotografien besteht: eine Leidenschaft.

Dennoch ist sie weiterhin unausstehlich zu jedem, der in ihrem Leben herumschnüffelt. Als sie in einer Buchhandlung an einem Autor vorbeigeht, der gerade ein Buch über sie signiert, hält sie sich die Nase zu. Zu völlig Unbekannten kann sie allerdings fabelhaft sein. Einem Mädchen mit einem Gipsbein hilft sie, in ein Taxi einzusteigen. Das Mädchen kann es überhaupt nicht fassen: »Man stelle sich vor: von Jackie Onassis ins Taxi gesetzt zu werden!« Jedesmal, wenn sie irgendwo zum Essen eingeladen war, schickt sie einen einfühlsamen und geschmackvollen Brief, um sich zu bedanken. Alle, die sie kennenlernen, sind überwältigt von ihrer Anmut, ihrer Intelligenz und ihrer Schönheit. Der englische Dichter Stephen Spender, der sie auf einer Abendgesellschaft bei Freunden kennenlernt, ist von ihr bezaubert. Er fragt sie, worauf sie im Leben am meisten stolz sei, und sie antwortet mit ihrem leisen Stimmchen: »Ich habe außerordentlich schwere Stunden erlebt und bin dabei nicht verrückt geworden.« »Ich fand das sehr ergreifend«, erzählt ihre Gastgeberin Rosamond Bernier, die Sprecherin des Metropolitain Museum of Art. »Was für ein Erfolg! Durchgemacht zu haben, was sie durchgemacht hat, und es dennoch geschafft zu haben, das Gleichgewicht zu bewahren, verdient Anerkennung. Damit will ich nicht behaupten, daß sie perfekt ist. Wie jeder von uns hat sie ihre Fehler. Sie kann sich nur schwer anderen öffnen, zum Teil vielleicht wegen all dem, was sie erdulden mußte. Außerdem muß man sagen, daß sie unglaublich verschwiegen ist. Vertraulichkeiten behagen ihr nicht. Ich glaube, sie ist eine Einzelgängerin, eine Schüchterne.«

Im November 1976 stirbt der gute alte Onkel Hughie, er ist ruiniert. Merrywood und Hammersmith Farm mußten verkauft werden. Janet Auchincloss wohnt jetzt im Wachhaus! Jackie überweist eine Million Dollar auf das Konto ihrer Mutter, damit es ihr an nichts fehle. Deshalb nähern Janet und sie sich aber noch längst nicht einander an. Sie kümmert sich um ihre Mutter, sorgt sich um ihre Gesundheit, handelt wie eine pflichtbewußte Frau, ohne das besonders herauszustellen. Doch noch weitere familiäre Prüfungen sind nötig, damit die beiden Frauen endlich Frieden schließen.

Ein Verleger, John Sargent, der Direktor von Doubleday, schlägt Jackie vor, als Teilhaberin in sein Verlagshaus einzusteigen. Geschmeichelt und interessiert nimmt sie an. »Ihre Aufgabe bestand darin, berühmte Persönlichkeiten anzulocken«, erklärt John Sargent. »Darüber hinaus kümmerte sie sich um die Kunstbücher und Fotoalben, wie sie es schon bei Viking getan hatte. Dank ihrer Verbindungen sollte sie neue Autoren für uns gewinnen.«

Wie gewöhnlich hat sie ihre Anhänger und ihre Verleumder, wobei es schwierig ist, die wahren Beweggründe eines jeden zu unterscheiden. Ihre Schüchternheit bringt die einen zum Lachen und rührt die anderen. Sie weiß nicht, wo die Sitzungsräume sind, irrt sich in der Tür und traut sich nicht, offen eine Meinung zu äußern. Sie ist genauso verschüchtert wie damals, als sie zum ersten Mal einen Fuß ins Weiße Haus gesetzt hat. »Sie ähnelte eher einem verschreckten Huhn als der Witwe eines Präsidenten der Vereinigten Staaten«, sagt einer ihrer Kollegen. Ihr Sonderstatus irritiert die anderen. Sie ist nur drei Tage in der Woche anwesend. Die übrige Zeit arbeitet sie zu Hause. Die Distanziertheit, die sie immer noch an den Tag legt, sowie die ständige Anwesenheit ihrer Fans ärgern manche. Darüber hinaus wirkt sie immer so zerstreut, daß man meinen könnte, sie verachte alle anderen. Jackie ist nicht für die Welt der Arbeit geschaffen, für Kaffees, die man gemeinsam neben der Kaffeemaschine trinkt, für geflüsterte Vertraulichkeiten, für untereinander ausgetauschte Adressen, für Gekichere hinterm Rücken des Abteilungsleiters, für schlüpfrige Witze und für den üblichen Tratsch. Sie lebt für sich. In ihrer eigenen Welt. Sie arbeitet und bringt Bücher heraus; einige gut, andere weniger. Unter anderem veröffentlicht sie die Memoiren von Michael Jackson. Sie ist eifrig wie ein Lehrling und lernt ihren Beruf. Doch wenn man Jacqueline Bouvier Kennedy Onassis heißt, darf man sich einfach keinen Fehler erlauben. Wenn man erhobenen Hauptes einherstolziert, darf man nicht stolpern. Wenn man sich selbst auf ein Podest erhoben hat, kann man nicht herabsteigen, um mit seinen Kollegen zu schwatzen. Wenn man jahrelang der öffentliche Feind beziehungsweise Freund Nummer eins gewesen ist, wird man beobachtet, wird man gelyncht oder wird man umschmeichelt. Aber nie spricht jemand objektiv mit einem. Ihre Berichte lösen in der Redaktion entweder Begeisterung oder böswillige Kritik aus. Sie kümmert sich nicht darum und macht weiter. Sie arbeitet gern und ist daran gewöhnt, Zielscheibe zu sein. Sie hält durch.

Sie hat andere Sorgen. Auch weiterhin scheint ein Fluch auf der Familie Kennedy zu lasten. »Peter Lawford verfiel immer mehr den Drogen und dem Alkohol«, erzählt David Heymann, »und seine Ehe mit Pat Kennedy Lawford kam zusehends auf den Hund. Bei den Kindern von Bob Kennedy jagte eine Katastrophe die andere (Autounfälle, Versagen in der Schule mit Rausschmiß, Drogen, Führerscheinentzug). Klara, Teds Tochter, rauchte Haschisch und Marihuana und war von Zuhause ausgerissen. Joan Kennedy war Alkoholikerin. Teddy Kennedy junior mußte wegen Knochenmarkkrebs ein Bein amputiert werden. Gegen ihren Willen wurde Jackie mit in diese peinlichen Situationen hineingezogen. Als Joan erfuhr, daß ihr Mann sie betrog, fragte sie Jackie um Rat. Wenn es jemanden gab, der die Untreue der Kennedys kannte, dann war das Jackie. ›Die Kennedy-Männer sind eben so‹, erklärte Jackie ganz gelassen. ›Sobald sie einen Rock sehen, müssen sie hinterherrennen. Das hat nichts weiter zu bedeuten.‹ Joan Kennedy war offensichtlich völlig durcheinander. Das ging über ihre Kräfte. Sie hätte sich ja gern angepaßt, schaffte es aber nicht. Jackie, ›das Original‹, war geistesgegenwärtig genug, um die destruktiven Kräfte der Familie Kennedy zu bekämpfen, wußte aber auch ihren Vorteil aus allem zu ziehen, was ihr persönlich nützlich war.«

Jackie will nicht, daß ihre Kinder mit dem Virus des Unglücks infiziert werden. »Was mich auf der Welt am meisten beschäftigt, das ist das Glück meiner Kinder. Wenn man bei seinen Kindern scheitert, wüßte ich nicht, was einem im Leben sonst noch wichtig sein kann, zumindest für mich.«

Sorgfältig hält sie ihre Kinder von den Kennedys fern, obwohl sie einige Familienzusammenkünfte anregt, um Kontakt zu halten und das (äußerliche) Prestige ihres Namens nicht zu verlieren. Sie weiß, daß die Tatsache, zum Clan zu gehören, immer noch ein Trumpf ist, will aber nicht, daß der Charakter der Kennedys ihre Kinder durcheinander bringt. Immer lächelnd, immer freundlich zu den Kennedys, versammelt sie diese einmal im Jahr zu einem gigantischen Picknick auf ihrem eigenen Grund und Boden.

Auch Caroline bleibt lieber für sich. Unabhängig und alle Äußerlichkeiten ablehnend, will sie ihr eigenes Leben führen. Sie zieht nach London, um dort zu studieren, kehrt aber in die Vereinigten Staaten zurück, um ihren Abschluß zu machen. Künstler und Außenseiter ziehen sie an, und sie weigert sich, Teil der eleganten Welt ihrer Mutter zu werden. Jackies Vorschlag, in die Gesellschaft eingeführt zu werden, lehnt sie ab und verkehrt mit Journalisten, Malern, Bildhauern und Schriftstellern. Später wird sie Rechtsanwältin, heiratet einen sehr originellen Mann, halb Künstler, halb Intellektueller, von dem sie drei Kinder bekommt, und lebt glücklich im verborgenen. Im Grunde ist Jackie entzückt. In Caroline erkennt sie die zweiundzwanzigjährige Jacqueline wieder, die von einem unkonventionellen und außergewöhnlichen Leben träumte. Sie wird die Entscheidungen ihrer Tochter immer billigen.

John, der umgänglicher und nicht so entschlußfreudig ist wie seine Schwester, macht Jackie weitaus mehr Sorgen. Sie zittert beim Gedanken daran, er könne homosexuell sein (er hat seinen Vater nie gekannt und ist in einer Umgebung von Frauen aufgewachsen), erzieht ihn sehr streng und kontrolliert seinen Umgang. »Er war ein netter Junge«, erzählt seine erste Liebe, »aber die Dinge waren für ihn nicht einfach, weil er ständig beobachtet wurde und es zweifellos auch immer sein wird. Und egal, was er im Leben einmal anfangen wird, er wird es nie so weit bringen wie sein Vater.«

In der Vorstellung der Leute ist er immer noch der kleine John-John in seinem blauen Wollmantel, der in Habachtstellung die sterblichen Überreste seines Vaters grüßt. Ich erinnere mich, ihn eines Nachts in New York gesehen zu haben, wie er in einer Schlange vor dem Eingang einer Diskothek stand. Ein Mädchen schrie, als sie ihn erblickte: »Aber das ist doch John-John!« Der Junge in ihrer Begleitung echote sofort: »Das ist John-John, das ist John-John!« Und John trat aus der Schlange heraus, um sich zu prügeln. Seine Freunde hielten ihn zurück, und alles beruhigte sich wieder.

Vorfälle dieser Art müssen ihm oft passieren.

Jackie paßt auf wie ein Schießhund. Sie schickt ihn zum Psychiater, wirft ihm seine schlechten Schulnoten vor, schickt ihn auf eine andere Schule, widersetzt sich seinem Wunsch, Schauspieler zu werden, und zwingt ihn dazu, sein Jurastudium abzuschließen. Nach seinem Studium hegt er den Wunsch, die weite Welt kennenzulernen und fährt für ein Jahr nach Indien. Da er ein eher träges Naturell besitzt, gehorcht John seiner Mutter immer. Was sie auch sagen mag, er liebt und respektiert sie. Jackie - John - Caroline: ein Dreigespann, das nie auseinanderbrechen wird. Dieses Trio ist gewiß Jackies schönster Erfolg.

Gegen Ende ihres Lebens scheint Jackie endlich Frieden mit ihren alten Dämonen geschlossen zu haben. Sie ist reich. Sie ist immer noch schön; die Männer sind fasziniert, wenn sie ein Zimmer betritt. Doch das ist ihr egal. Sie hat ihr Gleichgewicht gefunden und »bestellt ihren Garten«. Sie pflegt weiterhin Johns Andenken, weiht die Bibliothek in Boston ein, die seinen Namen trägt.
Sobald man sie mit einem Mann in der Öffentlichkeit sieht, dichtet man ihr eine neue Liaison an. Aber eine Liaison zu haben, hat sie noch nie interessiert.
Der letzte Mann in ihrem Leben heißt Maurice Tempelsman. Sie werden vierzehn Jahre gemeinsam verbringen. Sie sind gleichaltrig. Er ist im Diamantenhandel reich geworden, und sie kannte ihn schon lange, aus der Zeit, als er zusammen mit seiner Frau im Weißen Haus empfangen wurde, als er noch JFK's Berater für afrikanische Angelegenheiten war. Zuerst war er Jackies Freund, dann ihr Finanzberater (er wird ihr Vermögen verzehnfachen), und schließlich ihr Liebhaber und Lebensgefährte. Von belgischer Abstammung, in Antwerpen geboren, unterhielt sich Maurice mit Jackie auf französisch. Einerseits schützte dies ihre Privatsphäre und andererseits verlieh es ihrer Beziehung einen kleinen europäischen Touch, für den sie gewiß sehr empfänglich war.
Die Leute nennen ihn den »Onassis der Armen«, aber Jackie zuckt darüber nur die Schultern. »Ich bewundere Maurice, seine Stärke und seinen Erfolg und hoffe von

ganzem Herzen, daß meine Bekanntheit ihn mir nicht entfremdet.« Er ist klein, beleibt und kahl, raucht Zigarren, sammelt Kunst und vermehrt die Millionen wie ein Zauberer. Sie haben denselben Geschmack, segeln gern, machen Kreuzfahrten (selbst wenn ihr Segelschiff verglichen mit der *Christina* wie eine Nußschale wirkt), unterhalten sich über Literatur und Kunst, hören sich Opern an, gehen in kleinen Restaurants essen, ohne gleich einen Volksaufstand zu entfesseln. Aber ihr Gegenüber zeigt sich sanft und zuvorkommend. Natürlich ist er nicht so gutaussehend und berühmt wie John, so mächtig und charmant wie Ari, aber was macht das schon! Mit ihm zusammen entdeckt Jackie ein zärtliches und einfaches Glück.

Ein anonymer Beobachter kann es eines Tages gar nicht fassen, ihr in einem einfachen Lokal zu begegnen, »einer nach Fett stinkenden Hamburgerbude. An der Theke! Mit einer Ausgabe des *New York Magazine*. In Gummiregenmantel und schwarzen Hosen aß sie ein Sandwich«.

Nach ihrem fünfzigsten Geburtstag scheint sie ihren Frieden mit dem Leben und den Männern geschlossen zu haben. Sie hat ihr Gleichgewicht und ihr Glück gefunden. Auch wenn Maurice Tempelsman verheiratet ist und sich nicht scheiden lassen kann, weil seine Frau sich weigert. Er lebt mit Jackie zusammen, begleitet sie auf Reisen und führt sie aus. Caroline und John mögen ihn. Endlich hat sie eine ... normale Familie aufgebaut.

Die letzten Jahre von Jackies Leben verlaufen friedlich. Es kommt noch vor, daß sie sich mit Fotografen anlegt, die sie verfolgen, oder mit Firmen, die ihr Bild benutzen, ohne ihre Erlaubnis eingeholt zu haben. Sie erträgt immer noch nicht, daß irgend jemand in ihr Privatleben eindringt, und verteidigt erbittert ihr Recht darauf, respektiert zu werden. Sie hat nichts von ihrem alten Groll vergessen. Hat sie sich einmal verraten gefühlt, gilt das fürs ganze Leben. Sie ist schrecklich nachtragend und besitzt ein unfehlbares Gedächtnis, aus dem keine Beleidigung je gestrichen wird.

Sie hat einen Lebensrhythmus, der ihrer Persönlichkeit sehr entgegenkommt. Jeden Morgen steht sie um sieben Uhr auf und geht eine Stunde lang Arm in Arm mit Maurice Tempelsman im Central Park spazieren. »Ich habe sie täglich im Park gesehen«, hat mir eine New Yorker Freundin erzählt. »Sie war nachlässig angezogen, in Schals oder Tücher gewickelt, trug einen alten Überzieher, eine Mütze auf dem Kopf. Man hätte meinen können eine Stadtstreicherin, aber gleichzeitig sah sie strahlend aus, und selbst so ungepflegt wirkte sie schön und einzigartig ...«

Danach zieht sie sich um und geht ins Büro. Mittlerweile beherrscht sie den Verlegerberuf, gibt Bücher von Fotografen, Historikern oder berühmten Leuten heraus. Sie publiziert ausländische und amerikanische Romane. Immer steht sie ihren Autoren zur Verfügung und spricht mit ihnen, als seien sie das größte aller Weltwunder. Dabei verstellt sie sich nicht: Sie kann zuhören und lernt gern dazu.

Wenn jemand, den sie liebt, in Schwierigkeiten steckt, eilt sie herbei. »Jackie besaß insbesondere die Qualität, bei Schicksalsschlägen nicht zu kneifen«, erzählt Sylvia Blake, eine Freundin. »Man hörte oft lange nichts von ihr, aber wenn etwas passierte, war sie da. Als meine Mutter 1986 starb, habe ich Jackie häufig gesehen. Man

kann sich gar nicht vorstellen, wie freundlich, hilfsbereit, sensibel und rücksichtsvoll sie war.«
Als Janet Auchincloss von der Alzheimer Krankheit befallen wird, übernimmt Jackie ihre Pflege. Sie vergißt ihren ganzen Groll und wacht geduldig über ihre Mutter. Dank Caroline ist sie Großmutter geworden und kümmert sich um ihre drei Enkelkinder: Rose, Tatiana und Jack. Einmal pro Woche nimmt sie sie für den ganzen Tag zu sich und geht mit ihnen im Central Park spazieren oder spielen. Die Ferien verbringt sie mit ihnen in einem Haus, das sie in Martha's Vineyard gekauft (und eingerichtet) hat. »Mein kleines Haus, mein wundervolles kleines Haus«, wiederholt sie hingerissen.
Über glückliche Menschen gibt es nichts zu berichten, und Jackie ist nun eine von ihnen. Es gibt jetzt keinen Märchenprinzen mehr, von dem sie träumen kann und wegen dem sie leidet, keine Mörder im Hinterhalt, die sie bedrohen, keine bösen Zungen, die sie richten, keine schmutzigen Gerüchte und kein hintergetragenes Geschwätz, das ihren Ruf zugrunde richten soll.
Im Februar 1994 ist sie mit vierundsechzig Jahren immer noch schön und strahlend, als sie erfährt, daß sie Lymphknotenkrebs hat. Sie kommt ins Krankenhaus, läßt eine Chemotherapie über sich ergehen, aber als das Übel unaufhaltsam Fortschritte macht, besteht sie darauf, wieder nach Hause zurückkehren zu dürfen. Sie verfaßt ihr Testament. Nach Meinung des amerikanischen Wirtschaftblattes *Fortune* ein vorbildliches Dokument. Niemand wird vergessen: Alle, die sie geliebt oder ihr gedient haben, werden darin berücksichtigt. John und Caroline sind die Haupterben, aber auch ihre Neffen und Nichten, ihre Enkelkinder und die CJ-Stiftung (für Caro-

line und John), deren Aufgabe es ist, »Projekte zu fördern, die zur Verbesserung der Menschheit oder zur Linderung ihrer Leiden beitragen«, werden darin bedacht. Damit beschämt die Prinzessin all diejenigen, die sie zu Lebzeiten als geizig und egoistisch beschimpft haben.
Am Donnerstag, den 19. Mai 1994, entschläft Jackie, von ihren Kindern und nächsten Angehörigen umringt. Das amerikanische Volk trauert; es hat seine Königin, seine Prinzessin, seine Herzogin verloren. Sie hat dazu beigetragen, mehr Zeitungen, Filmszenarios und Bücher zu verkaufen als sämtliche Königshäuser der Welt. Sie nimmt ihr Geheimnis mit ins Grab. Dies ist ihr letzter Seitenhieb gegen ihre Anbeter und gegen ihre Verleumder.
Und oben, ganz hoch droben reibt sich ein gutaussehender Mann die Hände und wählt seinen schönsten Anzug aus weißem Gabardine aus, glättet sich das dichte, schwarze Haar, überprüft seinen Atem und rückt die Krawatte zurecht; endlich wird er seine Tochter wiedersehen. Er wartet schon so lange auf sie, während er zugleich mitansehen mußte, wie sie sich auf Erden abgequält hat! Er wird sie mit offenen Armen empfangen und ihr gratulieren. Sie hat seine Lektionen beherzigt und die ganze Welt in Atem gehalten. »Wenn du in der Öffentlichkeit stehst, mein kleines Mädchen, mein Liebling, dann stell dir vor, du stehst auf einer Bühne, und alle schauen dich an. Behalte deine Gedanken für dich, wirke ein bißchen geheimnisvoll, gedankenverloren und unerreichbar, so wirst du allen ein Rätsel bleiben, ein leuchtender Stern bis an dein Lebensende, meine Hübsche, meine Allerschönste, meine Königin, meine Prinzessin ...«

Epilog

Jacqueline Bouvier Kennedy Onassis wurde an der Seite von John Fitzgerald Kennedy auf dem Friedhof von Arlington bestattet. »Dieser Ort ist so schön, daß ich gern für immer hier bleiben würde«, hatte sie gesagt, als sie ihren ermordeten Mann dorthin begleitet hat. Dort gesellte sie sich auch zu ihrer totgeborenen Tochter und ihrem kleinen Jungen Patrick, der nur drei Tage gelebt hat.

Damit ging sie ein in den Mythos der Kennedys.

Sie selbst hatte maßgeblich dazu beigetragen, diesen Mythos zu schaffen und aufrechtzuerhalten. Wenn die Kennedys trotz aller Mißgeschicke auch heute noch eine Legende sind, ist das zum großen Teil der Willenskraft, der Würde und dem Sinn für Geschichte von Jacqueline Bouvier zu verdanken, die vor einem Unglück nie den Kopf eingezogen hat. Weitere Schicksalsschläge trafen die Familie (William Kennedy Smith, ein Neffe von Jackie, kam 1991 wegen Vergewaltigung vor Gericht und wurde nur knapp freigesprochen), aber Jackie paßte auf. Sie hielt stand. Sie war die flatternde, leuchtende Standarte des Clans, der sich hinter ihrem Rücken allmählich auflöste. Der alte Joe hatte die richtige Nase, als er John dazu drängte, dieses Mädchen mit der herrlichen Ausstrahlung und dem umwerfenden Charme zu heiraten. Ohne es zu ahnen, hatte er sich damit seine Erbin gewählt.

Nur sich selbst hat Jackie mit dem Bekenntnis, »für immer und ewig eine Kennedy« zu werden, einen bösen Streich gespielt. Sie gab sich damit ein Image, von dem sie nie wieder loskam. Sie hatte den Anschluß an Jacqueline Bouvier verpaßt. Sie, die doch vor allem eine Individualistin, eine Künstlerin, ein Original war, mußte sich einer starren Form anpassen. Sie verstümmelte sich selbst. Wollte dies allerdings nie zeigen, wodurch sie noch steifer wirkte. Sie ging in Habachtstellung. Weil man nichts anderes erkennen sollte als diesen glatten und mysteriösen äußeren Schein. Als Ausgleich für ihr Opfer wurde sie in eine lebende Ikone verwandelt. Aber hat sie dieses schwindelerregende Schicksal tief im Inneren wirklich gewollt?

Ich glaube nicht. Sie war viel tiefgründiger, komplexer als dieses schöne Bild, das sie von sich selbst vermittelt hat. Ein Bild, das ihr zugleich Schutzschild und Rettungsring war. Sie verlor sich nämlich oft in ihrem inneren Labyrinth: Sie fand Gefallen an der Macht, allerdings nur im Hintergrund; sie besaß die Seele einer Abenteurerin, hatte jedoch ohne einen Beschützer sofort Angst; sie verhielt sich bisweilen sehr avantgardistisch und benahm sich dann wieder völlig spießbürgerlich; sie redete wie ein Kind und bewies im Unglück eine eiserne Faust; sie konnte die distinguierte Marquise hervorkehren und las Sartre. Sie verkörperte zu viele Frauen auf einmal. Hin und her gezerrt zwischen all ihren Sehnsüchten, litt sie so sehr unter ihren Gegensätzen, daß sie sich, wenn die Spannung zu stark war und von ihr nicht mehr unter Kontrolle gehalten werden konnte, in sich selbst verkroch und sich weigerte, weiterzugehen. Dann wurde sie dumm und borniert, böse und engstirnig. Dann zahlte

sie es den Männern und ihrer Macht heim. Weil sie nämlich gezwungen war, sich mit ihnen abzugeben, um die Geschichte ihres Lebens zu schreiben. Sie suchte sich die mächtigsten, die bekanntesten aus (war viel zu hochmütig, um sich mit einer leichten Beute zu begnügen) und ließ sie bezahlen. Im wahrsten Sinne des Wortes. Rächen sich nicht viele verlassene, betrogene und erniedrigte Frauen auf dieselbe Weise?
Durch ein solches Verhalten fiel Jackie in ihre Kindheit zurück und arbeitete sich noch tiefer in ihr ursprüngliches Unglück hinein. Sie wurde wieder zu der kleinen Jacqueline, die zwischen Mutter und Vater, zwischen spießigem Konservativismus, einem Abenteurerleben und verworrenen Vergnügungen hin und her gezerrt wurde; sie wußte nicht mehr, wohin sie sich wenden sollte, und erstarrte zur Salzsäule. Um einen kurzen Augenblick später wie durch Zauberei als hinreißendes, strahlendes Wesen wiedergeboren zu werden. »Du wirst eine Königin sein, meine Tochter ...«
Wenn es ihr nur gelungen wäre, die Stimmen ihrer Kindheit zu vergessen und auf eigenen Füßen zu stehen ...
Das konnte sie nicht: Um auf eigenen Füßen stehen zu können, muß man Selbstvertrauen besitzen. Und um Selbstvertrauen zu besitzen, muß der sanfte, selbstlose und wohlwollende Blick eines Vaters oder einer Mutter auf dem Kind geruht haben. Jackie hat diesen sanften, wohlwollenden und selbstlosen Blick nie kennengelernt. Sie erlebte nur die Säbel zweier gewaltiger Egoisten, die über ihrem Kopf klirrten.
Sie lebte zwischen einem verbissenen Piranha und einem anbetenden Piranha. Sie hätte ständig fliehen müssen, um nicht verschlungen zu werden. Ihr ganzes

Leben war deshalb ein einziger atemloser Wettlauf. Es gelang ihr nie, selbst flügge zu werden, sondern sie flog nur für andere, oder vielmehr für eine andere, die nicht sie selbst war und die sich Jackie nannte. Ich denke, das Schlimmste war, daß sie das wußte. Im Grunde respektierte sie nicht, was sie aus ihrem Leben gemacht hatte. Sie hatte einmal einen Traum... jedoch nicht den Mut, ihn festzuhalten. Sicher sagte sie sich, daß sie mit ein bißchen mehr Charakterstärke ihr Schicksal selbst bestimmt hätte. Ein Schicksal, das nur ihr gehörte. Das die Unterschrift Jacqueline getragen hätte.

Sie selbst war ihre schlimmste Feindin. Weil sie zu scharfsichtig war. Sie warf sich selbst vor, diesen Mut nie besessen zu haben und ihre verspäteten Wutanfälle waren unerklärlich und fürchterlich. Sie war sich einerseits bewußt, daß sie ganz für sich sein, handeln und existieren konnte, und gleichzeitig verstrickt in ihre Komplexe, ihre Ängste, ihre Angst vor dem Versagen und all den Verletzungen, die ihr als kleines Mädchen zugefügt worden waren. Sie verachtete ihre Schwächen, war aber in ihnen gefangen.

Deshalb machte sie aus ihrem Leben eine Filmproduktion à la Jackie. Wieder und wieder spielte sie sich »Die Zirkuskönigin« vor, wobei sie im Lauf der Jahre und je nach Laune das Zelt und die Trapezkünstler wechselte. Eine Superproduktion des zwanzigsten Jahrhunderts mit dem Flitter der Schönheit, der Macht, des Geldes, der Liebe und des Hasses. Ein Lügenmärchen, dessen einziger Vorteil es war, daß es ihr schmerzliches Geheimnis bewahrte.

Das ist das Geheimnis, das die kleine Jacqueline Bouvier, die Tochter von Jack und Janet, mit ins Grab nahm.

Ein Geheimnis, das sie mit so vielen Frauen und Männern teilt, die durch ihre Kindheit gelähmt wurden, blockiert in einem Alter, in dem man flügge wird. Ein Geheimnis, das sie ergreifend erscheinen läßt, weil es sie plötzlich so alltäglich macht und Tausenden von Kindern gleichstellt, die zerstört werden von Eltern, die sich des Bösen, das sie anrichten, nicht einmal bewußt sind. Ein Geheimnis, das sie glaubte dadurch verbergen zu können, daß sie es in die prächtigsten Gewändern des Ruhmes hüllte.

Als sie dahinschied, war sie umgeben von Menschen, denen sie vertraute, die sie liebten: Sie hatten ihr inneres Drama erraten und waren auf ewig der kleinen Jacqueline Bouvier zugetan. Die anderen mußten sich eben zufriedengeben mit dem perfekten Image, den schönen Bildern, die sie ihnen hinterließ; mit all den schönen Geschichten, die von der Nachwelt, die für Trugbilder sehr anfällig ist, bereitwillig weitererzählt werden.

Danksagung

Dieses Buch ist weder eine historische Studie noch eine umfassende Biographie. Es ist ein Porträt oder vielmehr ein Essay in Romanform, zu dem ich von einem jungen Mädchen namens Jacqueline Bouvier inspiriert wurde.
Ich möchte all denen danken, die mir durch ihre Arbeit und ihre Forschung erlaubt haben, mich der rätselhaften Person, die Jacqueline Bouvier Kennedy Onassis war, zu nähern. In erster Linie David Heymann, der mir mit seinem großartigen Buch *Eine Frau namens Jackie*, München 1989, in dem Hunderte von Anekdoten und Augenzeugenberichte aufgeführt werden, sehr geholfen hat.
Meinen Dank auch an:

- Stephen Birmingham für sein Buch: *Jacqueline Bouvier Kennedy Onassis*, Grosset and Dunlap Inc., New York.
- J. B. West, *Upstairs at the White House*, McCann & Geoghegan, Coward.
- Mary Barelli Gallagher, *My Life with Jacqueline Kennedy*, Michael Joseph, London.
- Nigel Hamilton, *John F. Kennedy - Wilde Jugend. Leben und Tod eines amerikanischen Präsidenten.* Frankfurt 1993.
- Kitty Kelley, *Oh! Jackie*, Buchet-Chastel, Paris.
- Romain Gary für seinen in *Elle* (4.-10. Nov. 1968) erschienenen Artikel.

Ich danke ebenfalls Fernande Ricordeau im Archiv von *Paris-Match*, die mir alle Artikel, Augenzeugenberichte und Meldungen über Jacqueline Bouvier Kennedy Onassis zur Verfügung gestellt hat.

Die Liste der Journalisten, die etwas über Jackie geschrieben haben, mitsamt den Referenzen ihrer Artikel ist zu lang, um hier vollständig wiedergegeben zu werden, aber ich danke ihnen allen herzlich, weil sie dazu beigetragen haben, mir die Person und das Schicksal von Jackie Kennedy Onassis vertraut zu machen.

K. P.

Der Star der Goldenen Jahre Hollywoods

Eine Liebeserklärung an Audrey Hepburn, deren außergewöhnliches Talent, deren Schönheit und Persönlichkeit all jene Menschen in ihren Bann zog, die ihren Lebensweg kreuzten.

Herbig